U0446203

世界军装图鉴

1936—1945 卷四

[英]奈杰尔·托马斯 等 著　　[英]斯蒂芬·安德鲁 等 绘　　曾钰钦 译

The US Army in World War II (1) The Pacific © Osprey Publishing, 2000
The US Army in World War II (2) The Mediterranean © Osprey Publishing, 2000
The US Army in World War II (3) North-West Europe © Osprey Publishing, 2001
The Japanese Army 1931-45 (1) 1931-42 © Osprey Publishing, 2002
The Japanese Army 1931-45 (2) 1942-45 © Osprey Publishing, 2002
All rights reserved.
This edition published by Chongqing Publishing House Co., Ltd. by arrangement with Osprey Publishing, an imprint of Bloomsbury Publishing Plc.

本书中文简体字版由重庆出版集团·重庆出版社
在中国大陆地区独家出版发行。
未经出版者书面许可，本书的任何部分不得以任何形式抄袭、节录或翻印
版权所有　侵权必究
版贸核渝字（2013）第338号

图书在版编目（CIP）数据

世界军装图鉴：1936—1945. 卷四 /（英）奈杰尔·托马斯等著；（英）斯蒂芬·安德鲁等绘；曾钰钦译. — 重庆：重庆出版社，2021.1
ISBN 978-7-229-15176-8

Ⅰ. ①世… Ⅱ. ①奈… ②斯… ③曾… Ⅲ. ①军服—世界—图集 Ⅳ. ①E127-64

中国版本图书馆CIP数据核字（2020）第135896号

世界军装图鉴：1936—1945 卷四

[英]奈杰尔·托马斯　等　著　　[英]斯蒂芬·安德鲁　等　绘　　曾钰钦　译

责任编辑：吴向阳　赵仲夏
责任校对：何建云
装帧设计：尚品视觉　周　娟　刘　玲

重庆出版集团
重庆出版社　出版

重庆市南岸区南滨路162号1幢　邮政编码：400061
重庆三达广告印务装璜有限公司印刷
重庆出版集团图书发行有限公司发行
全国新华书店经销

开本：787mm×1092mm　1/16　印张：16.25　字数：480千
2021年1月第1版　2021年1月第1次印刷
ISBN 978-7-229-15176-8
定价：120.00元

如有印装质量问题，请向本集团图书发行有限公司调换：023-61520678

版权所有　侵权必究

目 录
contents

美国陆军 1939—1945 年

太平洋战场 2
战时陆军 3
军队编制 4
制服 7
作战服 11
携具与装备 17
轻武器 21
两栖车辆 29
太平洋战场中的坦克 31
太平洋战场陆军战役简介 32
插图图说 44

地中海战场 50
简介 51
军服 51
编制 58
班组支援武器 67
车辆 72
地中海战场战役简介 75
插图图说 88

西北欧战场 96
简介 97
常服 99
编制 105
炮兵 108
工程兵 113

目 录
contents

坦克	115
坦克歼击车	119
欧洲战区战役简介	122
插图图说	137

日本陆军 1931—1945 年

1931—1942 年 — 146

背景，1894—1931 年	147
军力和组织，1931—1945 年	152
1931—1941 年 12 月，年表	156
1941—1942 年，太平洋战役	160
制服，1931—1942 年	169
昭五式和九八式制服标识	171
头部和脚部装备	173
防护和特种衣物	177
步兵装备	180
武器	180
插图图说	193

1942—1945 年 — 200

防守中的日本陆军	201
年表	203
组织	216
部署	218
特别部队	218
外国辅助部队	224
1945 年，"满洲"和日本	226
制服和装备，1942—1945 年	228
插图图说	248

出版后记　　254

美国陆军
1939—1945 年

The US Army 1939—1945

美国陆军 1939—1945 年

太平洋战场

The US Army In World War II (1)
The Pacific

战时陆军

盟军在太平洋战场的军事行动，大致可以划分为四片区域：中国—缅甸—印度（CBI，中缅印战区）、南太平洋、西南太平洋和中太平洋。历史学家们总是喜欢强调这些不同战区之间、盟军各军种之间的差异，以及各战区指挥官的个人特质。而电影与文学作品也喜欢渲染美国海军陆战队在中太平洋战区那些激动人心的海岛之战。事实上，虽然在中缅印战区中，美国提供了大量的空军与物资援助，但在缅甸—印度地区，战争的重任几乎全落在英军和印度军队肩上；而在中国，则是由中国军队挑起了大梁；在西南太平洋的新几内亚战役中，也是澳大利亚军队担任了主力。

驻缅英军就认为他们是一支"被遗忘的军队"：他们在缅甸长期战斗，付出了高昂的代价，并最终取得胜利，但却始终笼罩在对抗德国的战争的阴影下，不得彰显……在这些疏忽中，最不可思议的是，美国陆军在太平洋战场中的决定性作用几乎也被忘却了。美国陆军在整个战争中投入了超过 20 个师的兵力对抗日军——这几乎是美国海军陆战队总兵力的三倍——而且在珍珠港事件后，正是美国陆军在日军的进攻中首当其冲。

※　※　※

1939 年时，整个美国陆军的总兵力只有 17.4 万人，处于世界三流水平。1940 年，当世界大战在地球另一端刚开始爆发，美国首次提出了和平时期征兵法案①。1941 年，在国会投票中，该法案以简单多数票通过了延长服役期的修订案。美国陆军规模由此急速膨胀，到 1941 年 4 月时，已经拥有 130 万人、29 个师，并还在继续扩大。

入伍的兵员中，既有志愿兵，也有征召兵。同时，迅速扩充的国民警卫队（后备军）也为军队提供了 27 万人的兵源。征召兵的范围为 21~35 周岁，随后该标准又下降到了 18 周岁。但总体而言，陆军征召兵的平均年龄为 26 周岁，相比之下，美国海军士兵的平均年龄为 23 岁。和平时期征兵所用的身体检查条件随着征召量的扩大而不断放松，但仍有大约 1/3 的征召兵源未能通过体检。征召兵的服役期通常是 3 年，如遇战争持续期，即追加 6 个月。

非裔美国人也被允许以征召兵或志愿兵的方式加入美军，他们被编制成由白人担任军官的全黑人军事单位。其中有一小部分被编制为战斗单位，但大多数黑人只能从事后勤、支援工作。1944 年后，随着欧洲战场的快速

1945 年，冲绳：一位装备了卡宾枪的医护兵搀扶着一名受伤的士兵。两人都穿着经典的大口袋版 HBT 作战服，衣摆抄进裤子，裤腿没有打绑腿。医护兵专用的医疗袋吊在他的武装吊带后，而他的 M4 刺刀则别在一根缴获的日军皮带上。

① 指 1940 年《选征兵役训练与服役法》。

推进，兵源紧缺问题日渐严重，这些黑人士兵逐渐以补充兵源的方式整合进入了以白人为主的战斗单位中。1944年底，第92、第93步兵师成为了纯黑人部队，而整个美国陆军中，大约有10%的兵源为黑人。

从1942年起，女性可以通过志愿兵的形式入役，被编入陆军女子辅助军团（WAAC）。1943年，陆军女子辅助军团正式被编制为陆军女子军团（WAC）。在战争末期，大约有10万名女性士兵在陆军中服役。其中有约6000人部署在西南太平洋，1万人部署在欧洲战场。

新的应征兵会进行各种体检，注射疫苗，并进行智力测试，以便军方甄别安排。大多数高分得主都被分配到了空降部队或是某些技术支援单位，其中部分人甚至被推迟入伍时间，送往学院深造以获得能力的提升（ASTP计划）。政府为每个入伍者提供全套"美国大兵标配（GI）"，包括军服、装备以及其他各种必需品。从此，这些投身军旅的士兵也自称为"美国大兵（GIs）"。珍珠港事件后，新兵的集训时间一度被缩减到8周，但不久之后又恢复到了标准的17周。完成训练的新兵被源源不断地补充到正规军和国民警卫队中，或者直接加入新组建的部队。

陆军中的高级军官大多来自于设在本宁堡与莱文沃斯的新参谋学校，而且其中不少人曾经经历过第一次世界大战。初期，美国的高校兵源构成了低级军官的核心，但美军急需更多的指挥人员，因此总参谋长马歇尔将军在西点军校那漫长的四年课程之外，新设了候补军官学校（OCS）。这项计划为美国军队提供了大约65%的军官。一开始，这些候补军官按各自的兵种接受90天的指挥领导训练，他们很快被称为"90天奇迹"。后期虽然课程被延长到了120天，但这样的昵称却延续了下来。还有部分军官则是从拥有特殊技能的平民中直接任命，他们大多是医生、律师、工程师。

野心勃勃的陆军规划者们推想，美国总共需要200个师来取得欧洲战场与太平洋战场的全面胜利。为了达到这一目的，必须持续地从现有部队中抽调精英来搭建新部队的核心骨干。例如，第1步兵师在18个月中被累计抽调了编制人数的80%，而第69步兵师则在16个月中被累计抽调了编制人数150%的人员，以至于几乎不能成军。这项政策对现有部队在训练方面贻害无穷，他们很难塑造团队凝聚力。

最终，在1945年，美国陆军以及空降军总共拥有830万名士兵，组成了91个师的强大战力。

军队编制

1930年代末期，美国陆军开始重组各个师级单位。旧式臃肿的"方阵式"陆军师由四个步兵团组成，拥有24000人。新式的"三角式"陆军师则缩编为 3 个步兵团，15500 人。在新编制与新武器的共同作用下，新编陆军师在增加机动性与灵活性的同时，火力配备也能比肩原有水准。到 1943 年，陆军师依然保持着三团编制，但额定兵员进一步缩编到 14253 人。

在太平洋战场上，陆军的标准步兵师几乎没有外籍士兵。例外之一是由美国和菲律宾联合组建的"菲律宾师"，该师编制 10000 人，但在 1942 年的科雷希多岛战役中被日军全歼。另一个例外则是 1941 年至 1942 年期间存在的 13000 人规模的"夏威夷师"，但该师后来被解散，士兵被调入新组建的第 24、第 25 步兵师充作基干。

第 11 空降师（8200 人）和第 1 骑兵师也曾被投入过太平洋战场。美国陆军的骑兵部队组建于 1941 年，包括两个师。第 1 骑兵师（2 个步兵团以及 4 个炮兵营，总计 12700 人）在新几内亚和菲律宾都被作为普通步兵使用。第 2 骑兵师则逐渐转化成了黑人步兵部队，并在 1943 年解散。美国 / 菲律宾联军中的第 26 骑兵团（菲律宾斥候团）在巴丹之战中被消灭——围城战中，士兵们甚至不得不烹食自己的战马。

团级战斗群（RCT）是当时美国陆军所具有的革命性创新。这些团级战斗群要么是从各师中临时抽取的精英部队，要么就是由军一级直接指挥的独立部队。部分团级战斗群与一些其他部队在 1942 年于新喀里多尼亚合并组建了第 23 "亚美利加"师。大多数情况下，集团军 / 军级层面的独

1942 年，炮兵们在操作 105 毫米榴弹炮时赤膊上阵，身上所穿的是无袋版的 HBT 作战裤。左前方的士兵则穿着在腰部有收缩带的 HBT 作战服。所有人都戴着被称为"黛西·梅"的第一版卡其布软帽。

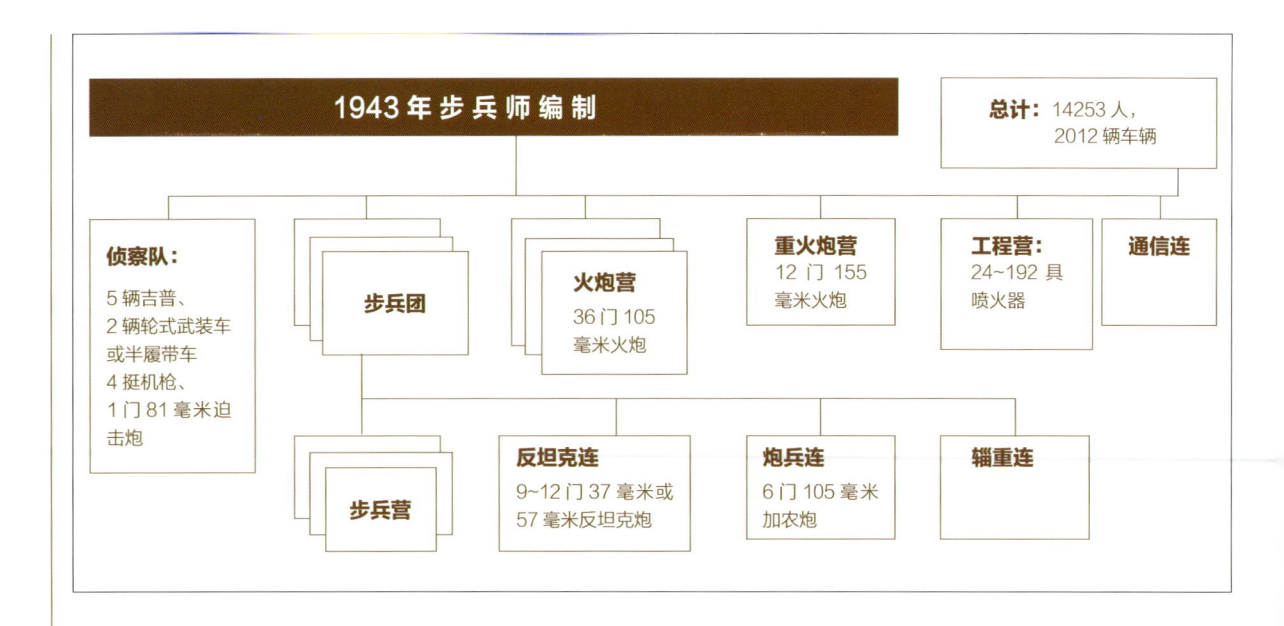

1943年步兵师编制

总计： 14253人，2012辆车辆

- **侦察队：** 5辆吉普、2辆轮式武装车或半履带车、4挺机枪、1门81毫米迫击炮
- **步兵团**
  - **步兵营**
  - **反坦克连** 9~12门37毫米或57毫米反坦克炮
  - **炮兵连** 6门105毫米加农炮
  - **辎重连**
- **火炮营** 36门105毫米火炮
- **重火炮营** 12门155毫米火炮
- **工程营** 24~192具喷火器
- **通信连**

立战斗群往往包括机械化部队、空勤中队、火炮营、防空营、坦克营、反坦克营等。当战况需要时，这些战斗群被加强到师一级或军一级。特别是在欧洲战场，这种加强司空见惯。如果这些独立的战斗群都被合并成正规编制单位，美国就会多出15个师的编制。

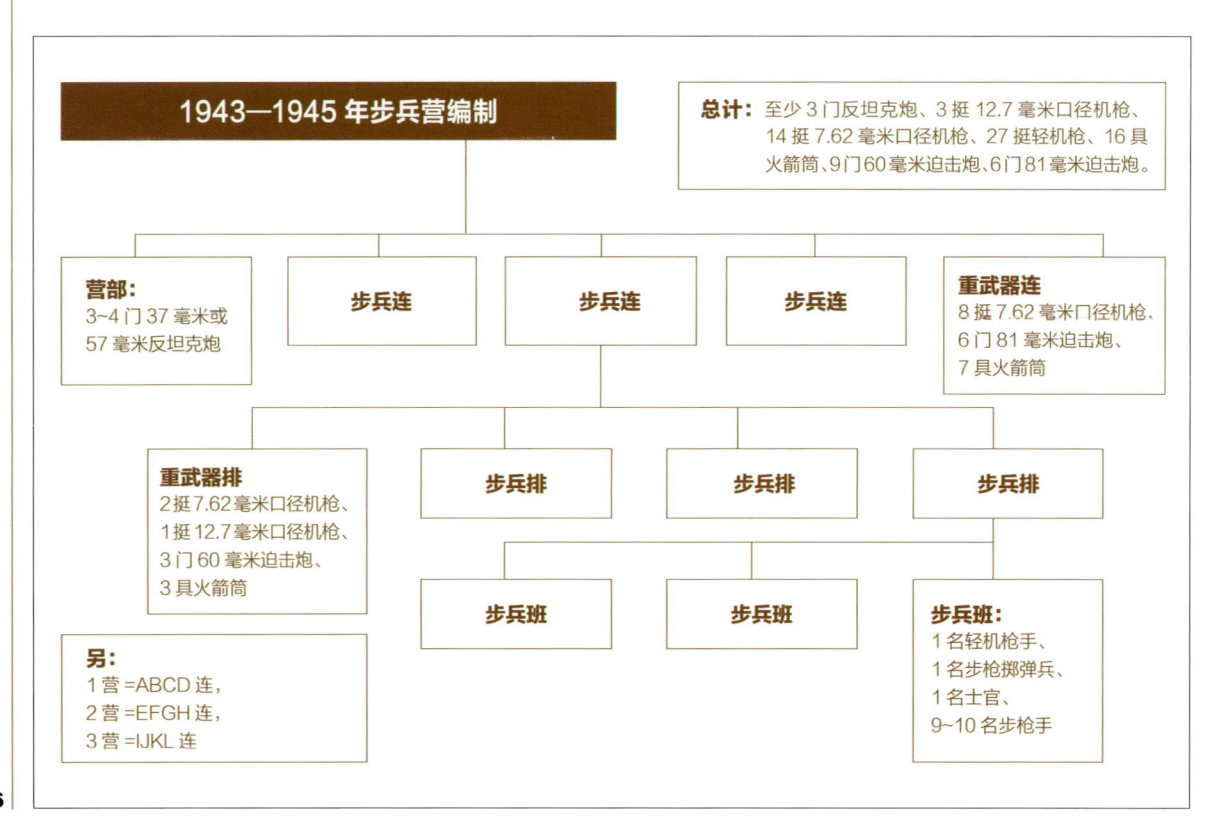

1943—1945年步兵营编制

总计： 至少3门反坦克炮、3挺12.7毫米口径机枪、14挺7.62毫米口径机枪、27挺轻机枪、16具火箭筒、9门60毫米迫击炮、6门81毫米迫击炮。

- **营部：** 3~4门37毫米或57毫米反坦克炮
- **步兵连**
- **步兵连**
  - **重武器排** 2挺7.62毫米口径机枪、1挺12.7毫米口径机枪、3门60毫米迫击炮、3具火箭筒
  - **步兵排**
    - **步兵班**
  - **步兵排**
    - **步兵班**
  - **步兵排**
    - **步兵班：** 1名轻机枪手、1名步枪掷弹兵、1名士官、9~10名步枪手
- **步兵连**
- **重武器连** 8挺7.62毫米口径机枪、6门81毫米迫击炮、7具火箭筒

另：
1营=ABCD连，
2营=EFGH连，
3营=IJKL连

步兵编制

一个标准的步兵团（4000人）拥有一个警卫连、三个步兵营、一个反坦克连（9~12门37毫米或57毫米反坦克炮）、一个加农炮连（6门105毫米炮）以及一个军需勤务连。营级指挥官大多为少校或中校，而团级指挥官则必须是中校。太平洋战场中，团属火炮连有时配备的是75毫米或105毫米榴弹炮。师属炮兵则由一个155毫米炮营（12门）以及三个105毫米炮营（36门）组成。团属炮兵连通常被集中到师属炮兵联合使用。战争后期，105毫米牵引炮被更先进的105毫米自走火炮（M7牧师）所取代。

1943—1945年间，一个标准步兵营由营部、三个步兵连和一个重武器连组成，编制871人。每个连则由三个步兵排、一个重武器排组成，编制187人。连级指挥官为上尉军衔，排长则通常是中尉或上士。1943—1944年间，营级重武器连标准配备8挺重机枪、6门81毫米迫击炮以及7具"巴祖卡"火箭筒。连级重武器排则标配2挺0.3英寸口径机枪、1挺0.5英寸口径机枪、3门60毫米迫击炮、3具"巴祖卡"火箭筒。营部早期装备3门37毫米（后期为57毫米）反坦克炮，1944年之后则提升到了师级装备水平。

在满编条件下，每个步兵排拥有三个步兵班，每班12人，班长为军士。12人中有10人为步枪手，1人为掷弹兵（均装备03式春田步枪），1人为勃朗宁机枪手，为全班提供轻火力支援。但在实战中，这样的标配形同虚设，美国大兵们总是随机应变，一个班里要么增加一名冲锋枪手，要么加一具"巴祖卡"火箭筒或者来一挺额外的轻机枪。

制服

美国陆军早期制服为土褐色与卡其色，搭配以浅黄色携具。到战争后期，军绿色（OD）成为主流。所谓"军绿色"，包含了从橄榄色到墨绿色的所有绿色系。而在官方版本中，军绿色（OD#7）就是那种略暗的绿色，在1943—1945年间被广泛地运用在载具涂装、作训服和携具上。

卡其色军装（基诺服）

卡其色棉布衬衫、裤子作为C级标配，在整个战

两名穿着1941年版卡其色军服的驻防列兵。他们穿戴着折褶军裤、末端收入衬衣的领带、彩色帽绳的宽边毡帽，帽上通常别有彩色金属质地的部队徽章。他们很快就会换装卡其色船形帽。右边的列兵戴着一条军官款的腰带，这很不常见，而且很容易惹起军官们的怒气。

1944年，在霍兰迪亚的训练场上，第六军的沃尔特·克鲁格（右起第二名）将军正与几名"阿拉莫尖兵"部队的成员一起讨论日式7.7毫米机枪的优劣。这支部队是一支成立于1943年末的远程侦察突袭部队，在第二年的2月首次投入战斗。这群人穿着带徽章的卡其色军服军裤，戴船形帽，或穿戴军绿色版HBT作战服和作训帽。

争期间被广泛应用于夏季及炎热地带穿着中。而在南太平洋地区，这套装备则成了四季常服（本文中所提及的"卡其色"，指一种浅沙色）。这款长袖军服有六扣前襟、两个直角翻盖胸前袋。常用领带为黑色（M1936、M1940款），或者华达呢质地的领带（1942年起），通常要求将领带下端收入衬衣第二颗纽扣下方。军官制服与士兵服的区别是另有肩带（肩章）；军官还可以私人定做卡其色华达呢衬衣。部分军官服的口袋翻盖是方形的，有的则是尖状或三角形。行军裤都是有侧缝的直筒剪裁，臀部有裤袋。士兵所配一般是一根一英寸宽的卡其布腰带配铜制开放式皮带扣；军官的皮带扣上则要多出一块光滑的黄铜扣板。除此之外，卡其布短裤也算制式军服，但其实很少用到。

另有美国军官版卡其色棉布四袋常服大衣，曾在珍珠港事件之前使用。1942年9月，陆军配发了一款卡其色华达呢四袋常服大衣，尝试使用了部分合成材料，其中一些早期型号还有布质腰带。而在中缅印战区，美国军官们普遍穿着各种各样的英军热带/雨林四袋卡其色夹克，不过配上了美军标识。

战前，卡其色的常服大檐帽（M1938款）是这套制服的标配，但由于船形帽的流行，大檐帽的配发量很快就减少了。这种船型帽深受英法两国的影响，最早在1930年代中期开始配发。1930年代后期帽子的顶部和上翻的前沿上边缘加上了兵种色绳边（例如，步兵的浅蓝色）；但到了1943年后，士兵版船型帽通常取消了绳边。部队徽章有时也会别在船形帽的左前方。军官的船形帽造型与士兵相同，但在兵种色绳边处则是黑色与金色的绳边，同时会有军衔标识别在帽子前方左侧。将军的船形帽则为金色绳边。

1941年时，陆军战前流行的"蒙大拿山型"作训帽同样因为船形帽的流行而配发很少。在这种帽子上，团队军徽被置于正中，士兵版帽搭配不同兵种色帽绳，而军官帽的帽绳则是黑金两色混合。偶尔，这种大檐帽还会搭配一根棕色的窄边皮革颏带。

基诺服在炎热气候中有时也会被用作战斗服，但这种情况自1941—1942年的菲律宾战役之后便很少出现。因为大家很快发现，卡其色并不利于战斗，整套服装过于醒目。菲律宾之战后，人们认识到只有绿色人字斜纹面料的作战服才是热带战场的唯一选择。

军官军衔标识

军官们把军衔标识别在上衣肩章的底部或是衬衣的右领上。他们通常会在战斗中取下军衔以避免引起注意。事实上，在太平洋战场中，由于敌

军官徽章（除特别说明外均为银色）

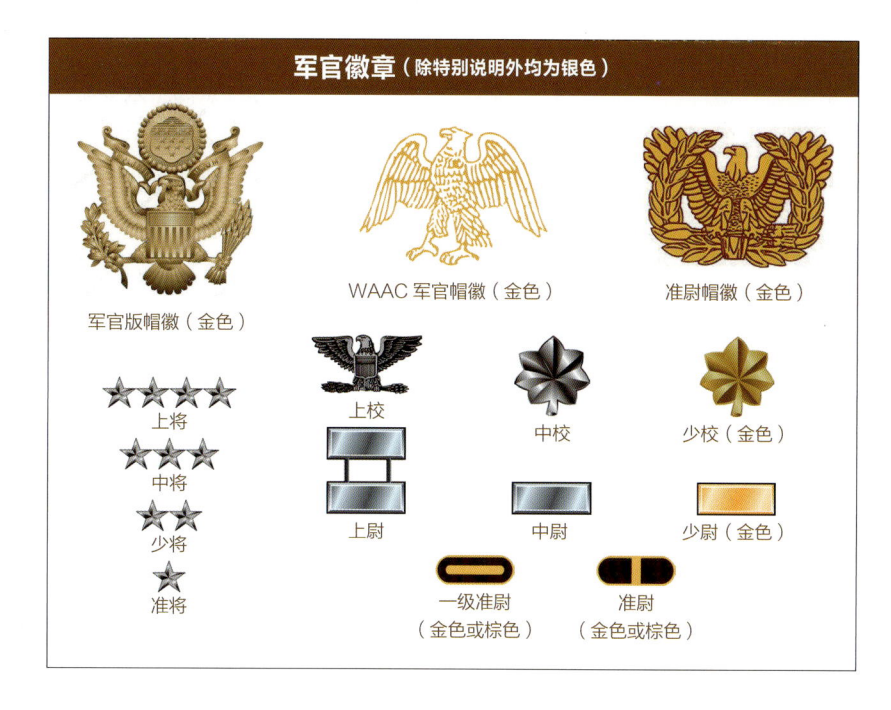

- 军官版帽徽（金色）
- WAAC军官帽徽（金色）
- 准尉帽徽（金色）
- 上将
- 中将
- 少将
- 准将
- 上校
- 中校
- 少校（金色）
- 上尉
- 中尉
- 少尉（金色）
- 一级准尉（金色或棕色）
- 准尉（金色或棕色）

人狙击手的无处不在，戴着任何徽章出现在战场上都非明智之举。军官们有时把他们的军衔徽章别在衣领或是口袋翻盖下。（在欧洲战区的战斗中，军官们往往会在别着军衔标识和兵种徽章的衬衣外再套上一件朴素的夹克。）除常见的金属肩章外，还有雾银色或是金色的军衔标识。

连级军官包括准尉、少尉、中尉和上尉；校级军官则包括少校、中校和上校；将官则包括准将及以上军衔。

准尉军衔低于少尉，但依旧是军官，所有士兵必须向他行礼。这一军衔的设置是为了填充那些专业技术岗位。准尉享有绝大部分的军官特权，但却只拥有特定的职权。准尉通常是滑翔机飞行员、军需专员、行政专员等，他们佩戴特别的雄鹰帽徽及椭圆军衔杠。

陆军女子辅助军团 / 陆军女子军团夏季制服

陆军女子辅助军团（WAAC）成立于1942年，为军队提供额外的"人力资源"。她们在军中只有半官方的身份，均担任行政与后勤支援职责。陆军女子辅助军团沿用陆军军衔，但有不同的军衔名称，例如"二等军官""三等军官""负责人"等，分别对应尉官和士官。她们的津贴也往往比同级军官低一到两个档次。1943年，陆军女子辅助军团改编为陆军女子军团（WAC），从此获得了陆军的正式身份与全额津贴。在10万人的陆军女子军团之外，还有超过6万人的陆军护理队以及1000人的女子航空队（WASPs）在"二战"期间为美军服役。护士与女飞行员有着自己的制服和徽章，但其实与陆军女子军团的配备大同小异。

最初，女兵们在夏季穿着卡其色衬衣与过膝裙。为了便于活动，她们在美国本土也穿着亮色的泡纱作训服，戴"黛西·梅"军帽。军官另有卡其色外套。这种外套的第一版（开始还设计了布质腰带）有短的垂直肩带、假胸袋以及腰部的斜袋。1943年配发的第二版中，肩章带变回了标准版。1944年后，士兵

1945年，一群在美国本土的陆军女子军团士兵。除了技术下士（最右）之外，所有女兵都穿着连体或两件套的女性版HBT作训服，戴着"黛西·梅"软帽作训服有淡绿色和深绿色两种——腿袋上是三角形翻盖。而技术下士则穿着专为女性设计的全新1945年款卡其色军服，戴着别有部队徽章的船形帽。

也可以穿着此件外套。1945年，又配发了卡其色衬衣与长裤套装。除非在极端炎热的情形下，女兵们都必须佩戴领带（下端收入军服）。该套装与棕色的花边低跟鞋、标配手包以及仿法国平顶帽样式的卡其色"霍比帽"共同构成了陆军女子军团的标准制服。1944年还为陆军女子军团还配发了专用的卡其色船形帽。

陆军女子辅助军团通常以戴着头盔的雅典娜作为自己的兵种标识，并有特别的帽徽和衣扣设计。到了陆军女子军团时期，她们要么还是佩戴雅典娜标识，要么根据自身所在的部队兵种分支使用标识，但在步兵与炮兵部队中，女兵只能佩戴雅典娜标识。同时，陆军女子军团还终于换掉了陆军女子辅助军团时期相当丑陋的"走地秃鹰"帽徽，改为使用标准的美军雄鹰帽徽。

服役奖章

在"二战"期间，授予陆军个人的服役奖章或称战役奖章有好几种。授勋时会下发奖章（很少佩戴）与勋略章。随着服役时间的延长，勋略章上也会增加新的金属配件（附件）。陆军勋略章长 $1\frac{3}{8}$ 英寸，高 $\frac{3}{8}$ 英寸，一行排列3~4个。最初这些勋略章采用了背扣别针的设计，但在战争中期，现代的离合背扣也投入了使用。高级军官的勋略章也可以嵌在一块布质饰面上。勋略章被要求安在常礼服左胸袋上方，偶尔也会出现在衬衣上，但作战服或作训服上不允许出现。因作战英勇而获得的勋章被安在顶部，接下来（从右到左）是优秀表现奖励和战役奖章，最后才是海外服役勋章。

本土防御奖章：这款奖章在1941年底颁发，授予对象是那些在1939年9月至1941年12月7日间服役的士兵。这款奖章的作用主要是为了将那些原有的常备军及国民警卫队士兵与后来的应征兵区别开来。而如果此期间该士兵在海外服役（包括夏威夷以及阿拉斯加），则会在其勋略章上增加"海外服务"的标识，即一小颗（$\frac{3}{16}$英寸）铜星。

美国本土战功奖章：这款奖章授予那些曾在1941年12月7日至1946年3月2日之间服役满1年的士兵。所有战斗勤务兵种的士兵都有资格获此奖章。这枚奖章自1942年11月开始颁发，几乎所有的士兵在完成训练后都会得到一枚。

亚洲—太平洋战功奖章（亚太战区奖章）：这款奖章自1942年底开始颁发，授予于1941年12月至1946年3月间曾在亚太战区服役的士兵，而且排序优于欧洲战区奖章。一颗服役铜星代表在该战区参加过1次战役，而一颗服役银星则代表参加过5次战役。在这一战区，个人最多能获得22颗服役铜星。另有一个箭头纹章代表曾参与过任何一次两栖登陆或是空降作战。按例，任何个人都不可能拥有一个以上的箭头纹章，但这项规则往往形同虚设。

欧洲—非洲—中东战功奖章（欧洲战区奖章）：从 1942 年 11 月开始颁发，授予曾于 1941 年 12 月至 1945 年 11 月 8 日间在上述战区服役的士兵。服役铜星与箭头纹章的设置与亚太奖章类似，在这一战区，个人最多只能拥有 16 颗服役铜星。

品行优良奖章：该奖章授予那些自 1940 年 8 月起服役满 3 年，且从未有过不良记录并效绩卓著的士兵。在珍珠港事件后短期内曾将考核期缩短至 1 年。勋略章上还会有像绳节一样的金属饰物，用于记录每一次额外的奖励。由于军官被认为理所当然应成为优良品行的模范，因此他们不会被授予该勋章，但也有例外——那些从行伍中提拔的军官很有可能佩戴该勋章。

紫心勋章：该勋章授予曾在行动中负伤或致残的士兵（脚部冻伤也算，但战壕脚却排除在外）。每多一次奖励则在勋略章上增加一簇橡树叶束纹样。

陆军女子军团奖章：专门颁发给那些在 1943 年自愿从陆军女子辅助军团改编至新的陆军女子军团的成员。而在 1943 年 9 月之后加入陆军女子军团的个人，并无获奖资格。

"二战"胜利奖章：授予全体曾于 1941 年 12 月 7 日至 1945 年 12 月 2 日（"二战"对日胜利日）之间服役的陆军士兵。

作战服

人字斜纹服与蛙纹服

陆军最初的作训服是一套蓝色的丁尼布长裤、衬衣和"黛西·梅"帽——这是一款松松垮垮的大檐帽，昵称来自一部低俗连环画中的角色。1938 年时，原有的衬衣被替换为一套中等质地的灰绿色衣服，布料是人字斜纹（HBT）。而蓝色的丁尼布裤则作为标配一直持续到 1941 年。HBT 作训服原版的灰绿色被发现在日常使用中很容易褪色。在太平洋战场中，为了避免这样的情况，人们通常会将作训服的颜色染得更深一点——甚至接近黝黑色。1943 年后，HBT 作训服的颜色统一换成了更深的 OD#7 军绿色。

大多数美国士兵认为，HBT 作训服穿着时虽然使人有点热，而且服装不容易干燥，但总体而言相当不错。在北非和欧洲战场上，HBT 作训服往往被士兵单穿作为战斗服，或者在外面套上一件棕色呢质制服，以提供更好的防护、伪装和保暖性能。但在太平

1942 年，新几内亚：一名第 32 步兵师的营长和他的同伴。他们都穿着第一版的 HBT 作战服，该服装设计有双扣束腰带和折褶口袋（除了那名来访的陆战队军官，他穿有经典胸袋设计的陆战队军服）。部分陆军的 HBT 作训服在澳大利亚生产并刻意染成了更深的墨绿色。中校手上拿的是 M1928 款的汤姆逊冲锋枪。

11

洋战场，一名第32步兵师的老兵对于制服问题曾经做出精确而又简练的总结："我们不相信有任何一款作战服或者是装备适合丛林作战。"

HBT作训服的显著特点是带盖的胸袋以及外露的黑铁（有时是塑料）"13星"衣扣。作为该作训服四个版本中的第一版，M1942款作训服有一条双扣束腰带、带扣袖口及后部收紧祥扣、带盖褶皱胸袋。更为常见的M1943款作训服有更大的胸袋，但却取消了带扣袖口和双扣束腰带，颜色也比第一版更深。第一批M1943款作训服为无褶皱胸袋，其后则设计了褶皱。数量极少的最后一版HBT作训服（M1945款）的胸袋变小，同时采用了方形翻盖。在战争末期，一款更轻薄的毛葛布质地作训服刚刚开始配发，战争就已经结束。

军衔标识很少出现在作训服上，但偶尔士官的标识会印在HBT作训服的袖管上。按照专门研究第27步兵师历史的上尉艾德蒙·G.洛夫的说法，这支部队曾经用黑墨将部队和军衔印在HBT作训服背后——这是模仿海军陆战队的做法。该师下辖部队以一个矩形轮廓内的不同符号进行辨识：一个大写的"T"、一个对角纹章、一个爱尔兰竖琴的形状。这三种图案就分别代表第105、106、165步兵团。在图案的左边，用数字代表军衔（例如8代表中士，15代表上尉），右边是连队的首写字母。考虑到战场的实际情况以及作训服的频繁更换，这种做法能否长期维持很值得怀疑。即使是在海军陆战队的6个师中，在1943—1945年间，这种做法也很难实施，在当时的战地照片中很难见到类似的例子。

HBT作训服和呢质衬衣一样，通常会在纽扣开口里面额外缝上一条长布料，必要时可折起来以防皮肤受到毒剂腐蚀，而士兵们有时却会把这条"防毒气片"剪下来扔掉。裤子门襟也会有一条同样材质的布料，起相同的作用。（在1944年的诺曼底登陆中，为预防毒气战，作战部队配发的HBT作训服和呢质衬衣预先做了防化处理。）

第一版的HBT作训裤有侧缝及两个非常平民化的后袋。第二版（M1943款）增加了腿袋和侧缝袋，但却取消了后袋。最后一版的作训裤采用的是翻盖褶皱腿袋的设计。

1938年时，根据B1款空军机师连体服，一款连体HBT作训服被设计出来了。到1941年时，这套M1938款作训服开始生产，设计有全扣前襟、内置腰带，以及加了三角布料的背部，左右两边各有一个胸袋、后袋和侧缝袋。这款连体服设计的初衷是为了在其他衣物外罩穿，并且其打通的侧

1942年，新几内亚，伦多瓦岛：士兵们穿着M1942款的连体伪装服，正从一艘步兵登陆艇（LCI）上卸货。这些吃水线很浅的LCI可以搭载200人，它们会先在海中抛锚固定，然后冲上海滩，卸货完毕后则依靠锚机将船拽回海中。

袋可以让穿着者将手伸进衣服里面。这套作训服通常是坦克驾驶员和机师穿着，但偶尔也会有其他前线部队穿着。这套连体服脱起来非常麻烦，并且闷热难耐。之后的 M1943 款，将其设计简化并采用了更深的军绿色。

最初，战场上的女性也只能穿着男性的 HBT 作训服和呢质作训服，因为别无选择。到 1943 年，连体和两件套式的女性 HBT 作训服投入使用。两款服装均有斜翻盖前腿袋，并且采用了褐色的塑料纽扣。作训服上还有两个带盖明贴袋。与服装搭配的是"黛西·梅"软帽，陆军女子辅助军团的软帽前沿比后沿稍微要长一点。

在西南太平洋战场，第一版 HBT 伪装服于 1943 年开始配发。这套被称为"蛙皮服"的 M1942 款拉链连体服，在素色底上布满了绿色和棕色的图案，面料微泛绿光，里料微有棕色反光。但它并非真正的两面穿衣服，只在外面设计了缝合上的内置吊带（但许多美国士兵自行将其去掉）和口袋。这套伪装服设计了一对胸袋和两瓣翻盖式腿袋，背部还缝有三角加厚布料，袖管有袖袢扣合。这套 M1942 连体服穿起来很热，并且当需要解手时脱起来也很麻烦。伪装图案还算有效，但当穿着者移动起来时，却又过于显眼。部分伪装连体服后来被裁成了上衣，搭配 HBT 作训裤穿着。

1944 年，一款改进后的采用同样伪装图案的两件套 HBT 伪装服开始配发。它同连体版有着一样的口袋设计，但采用了暗扣。这套陆军伪装服与海军陆战队的伪装服有着显著的区别——比连体版更受欢迎。侦察部队和狙击手经常穿着这些"蛙皮"伪装服，但大多数太平洋战场上的美国士兵还是穿着普通的绿色 HBT 作训服。（1944 年的诺曼底战役时期，伪装服曾短暂地实验性配发到一些作战部队中，但很快被取消，因为它实在是与德国党卫军的伪装服过于相似。）

1940 款"黛西·梅"软帽最初为卡其色，后来用绿色 HBT 布料制造并配发给后勤和运输部队，有时还配发给太平洋战场的作战部队。1941 年，新的 HBT 作训帽（M1941 款）被生产出来，很像旧式的铁路工人帽。第 11 空降师装备有在这款作训帽基础上改进的特殊军帽（摇摆帽），两者都大受欢迎。

上图 1944 年，菲律宾：这是一支第 1 骑兵师的远程侦察小队，穿着连体"蛙皮"伪装服，并把他们的军绿色软帽也涂上了伪装色。所有人都配备着 M1 卡宾枪，前排中间的士兵装备的是伞兵用折叠枪托版。

下图 1944 年：两名 106 毫米（4.2 英寸）迫击炮手戴着软帽和绲边作战帽，穿着 HBT 裤袋版作战裤，但指挥官（右侧）则还穿着连体版 HBT 作战服。106 毫米（4.2 英寸）迫击炮非常适合用来发射烟雾弹、白磷弹以及高爆弹，这种装备于 1943 年投入使用，大多作为一种集团军级支援武器在战时按需调配。

13

M1941 款战地夹克

短款的 M1941（PDQ-20）夹克被称为"帕森斯"夹克，1940 年由帕森斯将军设计的，在同年末投入生产的。（"M1941"这个术语如今广泛地被军事收藏爱好者所使用，但早已不仅限于当年的范畴，而是泛指一切"军绿色战地款夹克"。）这款夹克的特点是外部面料采用了卡其布，里料为法兰绒或呢质，带扣前襟下有拉链，后部有内置腰带，腰部与手腕处均有袢扣，两个带扣翻盖的"暖手"斜袋。在几次快速的改型调整后，于 1941 年开始大规模生产，生产一直持续到 1943 年晚期。最终生产版的夹克，在肩部前方有三角加厚布料，同时增加了肩章；原始版本中的口袋翻盖被取消。这款夹克有 12 种尺码型号，都是用"博德"防风棉布或毛葛布生产。其设计初衷是用于轻装战斗，并且在恶劣天气时，可以外披呢质罩衣或是雨衣。同时期，还小批量地生产了一些长及腿部、与马金瑙大衣相似的军官版大衣。而女性帕森斯夹克则都是长及腿部，并且纽扣反装。

对于普通步兵而言，随身携带大衣和雨衣让他们不堪重负，所以他们大多数情况下都只能依赖帕森斯夹克，这很自然地迅速引起了士兵们的怨言：这款夹克太短太轻薄，不足以抵御恶劣天气；看上去就灰扑扑的，而且很快就变得肮脏不堪；面料很快就褪色成浅卡其色，以至于过于醒目，某些时候美国大兵们不得不把它反过来穿；有时候士兵们还会自行去掉衣领，因为衣领设计让穿着非常不舒服。

尽管后来配发了改进版的 M1943 款战斗夹克，但 M1941 款依旧在整个战争期间广泛使用。在欧洲战场，虽然这款夹克并不讨喜，但后来已经成为了老兵的标志。同样，在中缅印战区和北太平洋战区，直到"二战"对日胜利时，它都是最常见的战斗夹克。

上图 1943 年 1 月，佛罗里达：这两名穿着毛绒衣的士兵正在接受两栖训练。右边一名套着有侧袋翻盖的原版帕森斯夹克，左边这名则穿着更常见的无翻盖版。两人都戴着没有金属外壳的 M1 头盔里衬，这种做法在驻防和训练时很常见。

下图 1945 年，冲绳：号称"神枪手师"的第 96"神枪手"师的轻装士兵们正在择地布置他们的 M1919 款风冷式勃朗宁机枪。所有人都穿着裤袋版 HBT 作战裤和扣带靴。冲绳岛上为期两月的战斗使第 10 集团军有 7500 人阵亡，另有 32000 人受伤。

头盔

最初，士兵们使用的是 M1917 A1 款"洗碗盆"头盔，由锰钢合金制造，表面粗糙不平，涂装哑光的军绿色。在 1942 年中，大批 M1"圆盆"钢制头盔投入使用。这款头盔在美军中持续使用直到 1980 年代中期。1945 年之前，M1 钢盔的颏带都是用连接支架固定在头盔边缘，之后采用了铰链式的设计。

1942年末，第32步兵师的士兵们登上前往新几内亚的船只：他们混合装备着加兰德步枪和春田式步枪——后者可以发射枪榴弹。他们的头盔上有布质的头盔罩，身上穿着的则是有束腰带的第一版HBT作战服。他们的物品则容纳在大型的军营包里。

两款头盔的颏带都采用卡其色帆布材料，并且采用了抓球爪卡扣。

M1头盔最与众不同的特点是在钢盔内采用了纤维衬垫，用纤维和皮革构成网状。第一个版本的衬垫非常厚实，使用的是压缩纤维外面裹着布料；很快，更轻薄并用布料和塑料制造的衬垫取而代之。这两款设计都有一根棕色的窄边皮革颏带，通常放置在头盔前沿上方。当美国士兵远离前线时，有时甚至会直接将衬垫当做帽子单独戴在头上。

有一些在太平洋与地中海作战的部队，会将他们的头盔涂上大面积的绿色与棕色图案的伪装。1943年时，头盔上用来插附树叶的伪装罩网开始配发，但在太平洋战场上，由于日军普遍使用头盔伪装网，美国士兵们通常不会效仿，取而代之的是流行用粗麻布作为头盔外罩，而海军陆战队式的伪装罩偶尔也会被陆军采用。后期还配发了笨重不堪的防蚊头盔网（面罩）。在头盔上标注军衔与部队标识的做法在欧洲很常见，但在太平洋战场却极少如此。在所有战场上，最常见的佩戴头盔的方式，是不用任何头盔网，并且把颏带绷到头盔前沿上方，或者干脆任其甩来甩去。

美国大兵们发现M1钢盔是一种可以广泛灵活使用的装备，一位陆军护士甚至声称其有21种用途。除了头部防护外，它最常见的用途是被作为洗脸盆、挖壕工具，或者是座位。

1941年后，另一种在军中使用的头部装备是遮阳头盔。该头盔常见于战争早期，由纤维塑模压制，外面覆有卡其布，上面有大量的金属扣眼，还有一条窄边皮革颏带。后期其表面覆料统一被换成了颜色更深的军绿色卡其布。这款遮阳头盔很不受欢迎，在战场中更是难觅踪迹。

脚部装备

1941年，陆军在戍卫或野外作训时都会穿着一款红棕色及踝鞋（学名叫做"常服鞋"）。这款军事收藏者们常说的"1型鞋"有着光滑的外表、包皮的鞋头和皮革质地的鞋底。1941年底出现了"2型鞋"，其显著标志是鞋底混合了皮革与橡胶材质。而1943年的"3型鞋"则是糙皮外表和全橡胶鞋底。1943年中期，一种简化版的及踝鞋也开始配发，同样是糙皮外表，但取消了鞋头的包皮。后两种短靴都经过了深度的防水处理，并只在野外作训时穿着。

M1943款"扣带靴"于1944年晚期开始在欧洲战场与太平洋战场上

出现，并很快受到士兵们的追捧。它拥有糙皮外表，高度为40.6厘米（16英寸），从踝部以上，以皮条鞋索和两个哑光金属鞋扣拴紧，替代了绑腿的功能。它取代了传统的及踝鞋/绑腿组合以及伞兵靴，成为了陆军广泛使用的军靴。

陆军配发标准的军绿色袜子，由棉与人造纤维混合制成。通常袜底还被加入格外的布料以起到鞋垫的作用。这种军袜，直到现在还在美国陆军中配发。除此之外，灰白色的呢质冬袜和普通平民袜也被采用。

浅绿色/卡其色的M1938款帆布绑腿与传统的短靴一起配发，用来防尘、防泥及防虫。一旦虫子爬进裤子，绑腿也会让它们无法爬出——同理，涉水后裤腿里的积水也会因为绑腿而无法及时排出。标准的绑腿用6号细帆布制成，在侧面有9个黄铜挂钩以供捆扎固定，在后期版本中挂钩减少为8个，每个挂钩都有两个金属眼扣，这使得穿上或脱掉绑腿都成为一件极耗时间的杂务。在太平洋和地中海战场上，绑腿往往都被剪短或者干脆弃之不用。在炎热的天气里，裤子通常不会扎进绑腿或是靴子里。

在太平洋战场，不消几天，最多几周，珊瑚砂石、岩石和湿滑的雨林地表很快就会消磨或者腐蚀掉鞋底。从来没有一种真正有效的方法可以解决这个问题。唯有澳大利亚制造的平头钉军靴情况稍好一点。（英国也小规模生产了一部分平头钉军靴，投入到了欧洲战场。）

1942年末，一种在当年8月设计定型的专用丛林靴开始投入西南太平洋战场使用。本质而言，它不过就是一种将踝部增加到11英寸的帆布网球鞋。鞋底、边条、鞋尖都是橡胶质地，鞋面则是直接采用绿色帆布。在踝部以上，直接采用了挂钩方式而非金属孔洞来固定鞋绳，以求更快的穿着速度。在鞋绳下方，是全长度的下藏式鞋舌。这款丛林鞋轻便、速干，适合静默作业，但却缺乏对脚部与踝关节的保护。鞋子的高帮部分经常摩擦腿

1944年，莱特岛：这名来自第96步兵师机枪小组的步枪兵正单膝跪在地上。这是太平洋战场上美国士兵的经典形象。他戴着迷彩涂装的头盔配有丛林急救包和两个水壶，并把"小风笛"野战包当做背包。（包上突出的是武器清理工具。）

①即第5307合成部队，是"二战"美国陆军在中缅印战区的一支突击队。指挥官为法兰克·麦雷尔准将，故称"麦雷尔掠夺者"，简称"麦支队"，约2900人，在缅甸战场上，与中国远征军共同作战。

部，所以常常被剪短。丛林靴本身并未大获成功，但士兵们对它的评价却也不低——一位原"麦雷尔掠夺者"[①]的突击队员就曾经形容穿着这款鞋"像踩在美女们的乳房上行走一样"。1945年时，一种皮革与帆布合成质地的丛林鞋开发出来，与现在的美军装备差别不大，但没有机会接受实战的检验。

战场上的军官们则穿着各种各样的鞋，从配发的低帮鞋到伞兵靴。有时高级军官还会穿着三扣、高帮的骑兵扣带靴。

防雨装备

雨衣中，土褐色的涂胶帆布长款雨衣（M1938）是标配。这种无里衬的油布雨衣在欧洲很受欢迎，但因为过于笨重，并不适合随身携带（而且很不幸的是，这款雨衣也会使美国士兵看上去与穿着大衣的德国兵外形相差无几）。这款雨衣为五扣前襟，后部有一个宽大的开衩。

海军陆战队配发的伪装披风很快被陆军采用，并涂装成绿色投入到太平洋地区。美国大兵把这种披风当做帐篷组片、防潮布、装备罩，最后才是防雨衣。该款雨衣最开始采用了质地很厚重的帆布（1.4千克），后期则采用轻巧的尼龙材质（0.5千克）。它在颈部有一根拉带，但没有头罩，边缘则可以用按扣合起来当做袖笼。

携具与装备

1945年2月，科雷希多：第503独立伞兵团的空降行动得到了第24师从海上发起的登陆行动的支援。当时岛上驻扎了5000名日军，大多数隐蔽在巨大的坑道体系内，这支第24师的7.62毫米口径机枪小队正监视着一个被破坏了的坑道出口（大多数日军都会突然发起连续两次的突围攻击）。值得注意的是，右边这名士兵在更大的丛林急救包下还钩挂了一个原版的急救袋。

美国士兵在整个战争期间都使用M1910携具，以及这款携具从1910年后的各种改款。战争早期的携具都是卡其色或浅绿色，其中大多数还是在"一战"时期生产的。随着战争进行，后期生产的携具统一采用了标准军绿色。尽管携具上设计了金属掀钮，但大多数情况下都是采取一种被称为"LTD"（弹簧按扣）的按合紧固方式，按扣设计有弹性圈，卡住突出的大头钮钉中部。这种按钮更适用于那些冻僵的、满是泥泞的手指，抖抖索索地试图打开袋口的情形。这些野战携具通常会印上"US"字母，同时，因为有众多的厂商生产携具，可以在口袋底部或是携具背面找到这些厂商的名字与生产日期。各种各样的装备，例如水壶、刺刀、急救盒等，都可以用挂钩挂在携具带边缘的黑色金属孔眼上。1944年时，军需部门还对所有的帆布携具都进行了化学处理，以期减缓在太平洋战场中出现的腐蚀现象。

整个"二战"期间，步兵的基础携具是M1910款、M1923款和M1936款三种弹药腰带。这些弹药带

有10个口袋，每个口袋可以装下2板5发装03式春田步枪子弹或是1板8发装M1加兰德步枪子弹。拥有12个口袋的M1938款弹药腰带也曾少量配发。M1910款骑兵弹药腰带也投入过使用，甄别方法是它在左前端少了一个小袋。当步兵们奔赴前线时，会配发额外的六袋子弹袋（可装60发子弹或是六板加兰德子弹），布质束带上有一个结，可以调节长短。

无袋式M1912/1936款手枪武装带专为那些不用携带步枪弹药带的士兵而设计。这款手枪武装带同样设计了许多金属扣眼用来安装各种附属装备，比如M1928款背包。

针对汤姆逊冲锋枪手，陆军设计了一款很少见的挎背式弹药袋，里面可以装上一个冲锋枪弹鼓[1]；后来很快设计配发了采用LTD按扣的五袋弹药袋，以搭配该冲锋枪后期使用的20发弹匣，而且该弹匣能被装在手枪武装带上。大战临近结束时，一种全新的三袋LTD弹药袋被生产出来，可以装下30发汤姆逊弹匣或是M3冲锋枪弹匣。而在欧洲战场上，还出现了一种可装30发弹匣的窄边挎背式弹药带。

M1937款的勃朗宁机枪弹药袋有六个口袋，每个可装2板20发弹匣。"二战"早期大量使用"一战"的弹药袋，将其改进增加到六个口袋，并采用了如今的7.6厘米（3英寸）铜制/钢制带扣。此外，三袋版的机枪弹药袋也有生产。

M1936款的携具吊带可以与任何携具腰带搭配，以减轻腰带的配重，但最初只是将它配发给军官用以搭配他们的M1936款野战包。战争后期，M1944款携具吊带的简化版开始配发。臭名昭著的M1910/28款背包当装满就变得过于复杂，且不便携带，与其用携具吊带固定，还不如简单地将其背在肩上，人们只会把它与武装腰带结合起来使用。在进攻行动中，这款背包需要装的东西更少、更轻，但不幸的是，每当要取出物品时，只能把它整体放倒并全部打开。美国士兵们会把毯子卷入帆布口袋中并放在背包的底部，但更多时候是直接把毯子卷成马鞍状并挂在背包外面。虽然士兵们对M1928款背包有各种不满，但其作为标配依然在整个战争期间配发使用。

M1943款丛林背包是M1928款背包最早的一款替代品，它其实就是一个长包，有着完整的肩带，可以不钩挂在武装腰带上单独配备。它既有绿色帆布版，也有伪装版。美国士兵很喜欢这款背包，但却从来未曾被大批量生产。M1928款背包的各种缺陷最终被M1944/1945款野战包所弥补。这两款野战包有着相近的设计，都分成两个部分——上部是配吊带的普通野战包，下方则捆绑着装载包。

1944年，卡洛琳群岛，乌利西岛：一名第81步兵师的军官及其士兵正在上岸。这名装备了卡宾枪的军官配备在由M1936款吊带系着的手枪弹药带上装备了掘壕锹、两个水壶、丛林急救包和急救袋，另外还配了一条肩挂袋。通信兵装备的是SCR300无线电，右边的士兵则拿着有两个喷嘴的充气救生圈。1943年开始配发的丛林急救包中包括战地止血带、杀虫剂、碘酒、凡士林（用作烧伤药膏）、止血带和一些绷带。

[1] 汤姆逊冲锋枪的早期型号采用弹鼓式弹匣。

作战时，下方的装载包可以取下不用。这两款用绿色帆布做成的野战包在对日战争胜利日前只向部队配发了很小一部分。

M1936款野战包"小风笛"更多时候被当做挎包使用（就像M1943款防毒面具包一样）。这款其实是为军官准备的野战包，通常与M1936款武装吊带的D形环用两根束带连接起来并背在背后。

帆布帐篷组片通常用毯子包裹成马蹄形，或者折叠起来收入包中。当需要时，两张帐篷组片扣在一起即成为一个矮小的双人帐篷。这顶帐篷另外还需要4根木桩、绳索和木质撑杆。雨披也时常被用来拼合成隐蔽帐篷。在太平洋战场，1944年开始配发一款深受喜爱的吊床。但不幸的是，前线的士兵势必很少有机会能够使用这款吊床——它的寿命一般只有45天，到期就会腐烂而不堪使用。

M1905/1942款刺刀一般被放在腰带或背包的左边；常见的25.4厘米（10英寸）长的M1步枪刺刀则通常插入用绿色薄型塑料做成的鞘里并挂在腰带上。老式的M1910款T形锹或M1943款E形锹都配有帆布外罩，可以挂在腰带上或背包背部。M1908/1938款钢丝钳则装在腰带上的一个LTD式的开口袋里。

一款大型的多用途帆布挎包式弹药带在1943年被生产出来，它可以容纳一大盒子弹（例如250发7.6毫米口径机枪子弹）以及各种手雷或是枪榴弹。1944年时，专用的2袋/3袋式手雷袋配发并投入使用，每个口袋可以装两枚手雷。这些不受欢迎的装备通常挂在武装带下方，还有束带绑在腿上以助固定。

医护兵装备着一种大型军用袋（M1942款）用来携带物品，可以成对系在手枪武装带上，并且搭配特制的肩带式武装吊带。有些医护兵则宁愿使用普通挎包或是"小风笛"来代替。

所有的美国士兵都随身携带着一盒战地绷带，放在武装腰带前部的M1910/1942款（LTD按扣）盒袋中，或是一种英国生产的M1942款非LTD袋，两种盒袋都使用黄铜、帆布或是塑料制成盒体。在太平洋战场上，更常见的丛林急救箱则更大，有两个翻盖盒袋，而且通常装备在武装腰带后部。

M1910不锈钢水壶基于"一战"时的铝制水壶设计，能够容纳946毫升（1夸脱）的水，"一战"版本有一个铝制壶帽，而M1942款则换成了黑色塑料壶帽。容量为473毫升（1品脱）的便携水杯放在隔热设计的水壶套底部，水壶就插在水杯和水壶套中。大战早期，还有部分水壶使用的是黑色或者深蓝色陶瓷表面。在太平洋战场上，一名士兵携带两个水壶司空见惯。水壶与水杯的底部通常会标注生产厂家名称以及生产年份。囊带式的水壶虽不常见，但在太平洋战场上却广受欢迎。有时，士兵们还会携带配发的净水药片或是漂白粉。

识别标牌

不锈钢的"狗牌"呈带圆角的矩形，每人配发两块，用链子或绳子挂在士兵的脖子上。当士兵阵亡后，其中一块留在尸体上，另一块则收回指挥部或是用来标记坟墓。"狗牌"会印上士兵的名字、服役号码、宗教信仰、血型、接种破伤风疫苗的年份，以及近亲地址——最后一条之后被删除了。

一旦参军，每个士兵都会被分配一个8位数的服役号码。正规军士兵以"1"开头，国民警卫队以"2"开头，征召兵则以"3"开头。军官的号码则都是以"O"开头，并且有时会在他们的"狗牌"上印上军衔。

"一战"样式的野战炊具是所有美国士兵在战场上加热食物的标配。碟子的边缘可以和炊具钩在一起，直接丢进热水中清洗，餐盘设计为可以互相夹合的形式，以方便单手握持。在战斗中最受欢迎的餐具却是水壶的配套水杯和最简单的汤勺。在配给口粮袋中一般会有一个小巧的开罐器，但有时候美国士兵们把它直接拴在自己的兵牌链子上。

士兵们最初大量使用绿色的行军袋来搬运自己的其他衣物和装备，但很快就换成了专用的长绳帆布携具袋。携具袋上一般会有使用者的名字，当士兵们开赴前线时，这些袋子就留在后方。一种小一点的防水紧口袋也被配发用来收纳装备（一款与此相似的军用带直到今天仍在使用）。

配给口粮

美国陆军提供给前线的有 B、C、D、K 四级口粮。如果一个士兵足够幸运，他的食物会由连队军厨做好，盛在保暖桶里热气腾腾地端上来。小巧的方形火炉"罐头加热器"或者 C2 火药都可以用来加热口粮。卫生用品、香烟和糖果则通常分地域搭配并配发给美国士兵。

B 级口粮包含数量巨大的罐头食品——先是 5 合 1（即单人五餐量，或是五人一餐量），后来是 10 合 1。它们深受大兵们的欢迎，但在战时携带起来却太过笨重，除非使用卡车搬运。

C 级口粮最初只选取了三罐食物：汤、杂碎、猪肉豆。但在通常情况下，C 级口粮包里还会搭配 D 级口粮包（见下文）、咸饼干、硬糖、葡萄糖药片、咖啡、可可和柠檬粉饮料。美国大兵很少喝柠檬粉，却发现它的酸性用来清洗地板很有效。C 级口粮笨重难携（2.26 千克），本来只是按照一天左右的摄入量搭配，但前线的大兵们经常在几周的时间内都不得不只吃这一款口粮，很快就开始产生厌恶情绪。

1943 年中期，一款辅助罐头也加入到 C 级口粮配给中，包括烟草、口香糖、厕纸和净水药片（哈拉宗，即双氯胺酸）。1943 年，意大利面加入配给口粮，而到了 1944 年中期，其食物种类增加到了 10 种，杂碎被去掉，而奶糖取代了葡萄糖药片。太平洋战场的美国士兵从 1942 年就开始食用 C 级口粮，对其尤为厌恶，几经改良后的 C 级口粮虽然称不上广受赞誉，但总算被人们勉强接受。一位陆军 37 步兵师的士兵曾说过："我们厌恶 C 级口粮，但当我们别无选择开始挨饿时，这些杂碎、猪肉豆、牛肉汤和饼干最终取得了胜利。"

这张 1942 年摄于美国本土的照片中，这名士兵对他面前的罐装配给口粮和巧克力棒并没有表现出什么热情。他在早期版本的帕森斯夹克下穿着战前的蓝色丁尼布作战裤，他的毛绒船形帽上有步兵的亮蓝色绳边，并别着第 29 步兵团的彩色帽徽。

D级口粮则是113.4克（4盎司）重的巧克力和威化棒，通常包含在其他级的口粮包中。这款口粮最初被设计作为能量补充配给，在48.9摄氏度（120华氏度）的高温下都不会融化。其口感最初故意被设计得难以下咽，希图以此控制摄入，没过多久这种思路就被颠覆，但其实从效果而言并没有显著差别。一位老兵曾这样描述："非常难吃，像石头一样硬，还苦不堪言，……我不得不把它削成小碎片才能防止崩坏我的牙齿！"有的大兵干脆就给这款口粮起了个昵称叫"希特勒的秘密武器"。

K级口粮从1943年开始投入使用（最初供应伞兵部队）。它被设计为一款单兵口粮，利于携带与进食，两份K级口粮相当于1份C级口粮。这款口粮包括早餐（小牛肉）、午餐（午餐肉）、晚餐（香肠），还有各种调料、奶酪、饼干、糖果、口香糖、混合饮料、厕纸和香烟。含蜡的口粮盒刚好可以用来燃烧加热一杯咖啡，口粮盒最早是牛皮纸颜色，印着黑色的文字，但后期印上了颜色编码的图案。老兵们这样评价："……通常而言K级口粮要比C级更受欢迎一些，但当你连着几个星期都吃同样的食物后，这两种口粮都提不起你一丁点食欲。"（欧洲战场方面曾经派人前往英国学习他们的英式混合口粮，结果让他们更为失望。）

在太平洋战场上，1942—1943年间，曾经尝试过发放专门的丛林口粮，包括午餐肉、干果、饼干、烟草和口香糖。虽然大兵们很喜欢其中的干果，但这款口粮毕竟过于笨重，而且耗水过多。在激烈的战斗中，大兵们往往只吃掉干果和口香糖，而将其他的部分扔掉。太平洋战场的进攻口粮实际上就包含28种各式口味的糖果、口香糖、烟草和士力架（巧克力花生棒）。这款进攻口粮从1944年2月开始配发，并一直广受欢迎。在西南太平洋战场，米饭也是配给中的一种。

在大多数口粮中，午餐肉是重要的组成部分，以至于士兵们很快就厌烦了它。它最大的优点是不需要冷藏。在大战期间，数量巨大的午餐肉被提供给了英国和苏联。后来赫鲁晓夫还表示过，这种"罗斯福香肠"支撑了红军。

轻武器

M1903、M1步枪

7.6毫米（0.3英寸）口径的M1903款春田式，是1941年美国陆军中最常见的步枪。这款5连发的步枪采用了德国毛瑟式枪栓设计，以其准确性和可靠性著称。它采用了灰/绿色的古铜色磷酸表面

这幅刊登于《北方人》杂志上的漫画反映了士兵们对于"午餐肉"的普遍看法。当时图的下方配有这样的说明："我们的人派我来提出投降——只有一个条件——不准强迫我们吃那名为'猪肉罐头'的美国美食！"

1944年，菲律宾：当同伴在做射击前准备时，第31步兵师的一名81毫米迫击炮手正在用指南针测定方位。与大多数机枪手和迫击炮手一样，他装备了一支手枪作为自卫武器，身上的丛林包和制式砍刀也很显眼。迫击炮的三脚架在搬运时会拆分开，重约20千克（44磅）。

① 春田的昵称来源是因其早期主要生产厂商是美国斯普林菲尔德兵工厂（Springfield），即春田兵工厂。

1943年，瓜达拉哈拉：这名端着加兰德步枪的士兵通常被认为是一名陆战队员，但他穿着一件折褶口袋的第一版陆军HBT作战服，他的"狗牌"也更接近于陆军样式——海军陆战队版本的"狗牌"更圆。在当时，M1加兰德步枪也是陆军装备而非陆战队武器。图中他还佩戴着薄型、浅边的早期版本头盔里衬。

处理涂层，重3.6千克（8磅），被美国士兵称为"春田"或"03式"①。欧洲战场第83步兵师的一位老兵回忆道："在需要火力覆盖或近距离战斗时，我们用卡宾枪或是M1步枪，但在远距离战斗时，没有什么枪械的准确性能比得上春田式。"

战争早期，还有一小部分M1917款"恩菲尔德"步枪投入使用，特别是在菲律宾地区。1942年，春田式A3款开始生产，最大的变化是将准星从枪的前端移到了后部。03式和03A3款由雷明顿和史密斯—科罗娜两家工厂生产，一直持续到1944年，而春田式的枪榴弹版则一直持续生产到战争末期。

用来搭配春田式和M1加兰德步枪的枪带，最常见的是M1907款，用棕色皮革制成，带有铜制/钢制的爪形调节扣。1943年时，出现了更简洁的卡其色帆布枪带，之后开始大规模普及。但也有极小部分的卡其色帆布M1917/1923款"克尔"枪带投入使用。

春田式步枪和M1加兰德步枪最初共用一款刀锋经过磷化处理的40.6厘米（16英寸）长的1905/M1942款刺刀，但从1943年开始，M1步枪开始使用25.4厘米（10英寸）长刺刀并逐渐推广。许多原有的M1942款刺刀被返工切割成了10英寸长度（M1905E1）。搭配使用的M7型塑料刺刀鞘通常装备在士兵背包一侧或是挂在武装腰带上。

M1加兰德步枪是春田式的替代品，如今已被广泛认为是战争时期最优秀的步枪——乔治·巴顿将军称其为"最伟大的战争实践"。虽然早在巴丹岛之战中，极少量的加兰德步枪就已被投入使用，但这款1938年就批准采购的武器，直到1942年才开始大规模列装部队。加兰德步枪由斯普林菲尔德兵工厂和温彻斯特兵工厂生产，采用了与春田式一样的刺刀和弹匣设计，但却是一把半自动步枪——8连发，射击者扣动扳机的速度决定了它的连射速度。它长91.4厘米（36英寸），重4.5千克（10磅）。八发装的弹夹从枪机上方装入（同时，如果误操作，大拇指也往往会卡进枪机，"M1拇指伤"在战时很常见）。当弹夹最后一发射出后，弹壳和弹夹一起被枪机抛出，会发出独有的"扑吟"的声响。

海军陆战队曾经考察过M1步枪，但却决定还是选择使用春田式，他们还考察过约翰逊半自动步枪，但认为其各种设计倒是符合要求，耐用性却太差。当美国发动工业机器开始大规模生产M1步枪后，海军陆战队最终还是转变思路，做出了和陆军一样

的选择。在瓜达拉哈拉岛之战中，很多装备着春田步枪的海军陆战队士兵从增援的陆军士兵手里"捡来"了珍贵的 M1 步枪。到 1945 年时，美国总计生产了超过 500 万支加兰德步枪，而直到 1957 年，这款步枪都还在小规模生产。

狙击手使用的是 M1903A4 款步枪（雷明顿），装有 330C/M73B1 型 2.5 倍瞄准镜，并采用了手枪式握把设计。但令人吃惊的是，狙击手们很不喜欢这款春田步枪，并且称其瞄准镜耐用性也不好。狙击版的加兰德步枪（M1C 型）直到战争末期才投入使用。

当时配发的 7.6 毫米（0.3 口径）弹药是 M2 子弹，通常被称为"30-06"，是具有铜质被覆层的"尖头弹"。这款富有威力、射击平稳的子弹有普通弹头、穿甲弹、曳光弹等多种型号。但与日军和德军使用的弹药相比，这款子弹射击时的枪口抖动与烟气更为明显。

1943 年，布干维尔岛：两名士兵开着疏散伤员的吉普车。坐在引擎盖上的士兵穿着裁短的迷彩短裤，戴着绳边软帽握着一支 M1 卡宾枪，驾驶员则戴着一顶头盔里衬帽。这辆吉普被改装用以携带担架，并按照丛林战中的惯例，在轮胎上安装了铰链以增强抓地力。

M1911A1 手枪

这款手枪是"一战"时期 M1911 款"柯尔特"的改进版本，坚实耐用，采用半自动枪机，被广泛装备于军官、士官和机枪手队伍中，可装 8 发 11.43 毫米（0.45 英寸）口径手枪子弹。这种广受欢迎的"45"口径手枪在美军中使用的历史已长达 80 年。这款手枪一般放在印有"US"字样的棕色皮革枪套里，佩在右腰上，手枪带前部另有两个弹药袋。有时候坦克驾驶员和军官会采用另一种肩背式枪套（M3/M7 款）；还有一条搭配的棕色系带，但很少使用。（将官们配发的是特制的柯尔特 0.32 或是 0.380 口径自动手枪）

左轮手枪

史密斯 & 维森公司生产了一款 0.38 口径的军警两用（M&P）左轮手枪，柯尔特公司也生产了一款类似的手枪，被称为"胜利式"。左轮手枪一般被配发给飞行员，也有很少部分被配发给了宪兵及其他人员（直到今天，飞行员按传统配备左轮手枪而非自动手枪），而前线部队很少使用这款武器。另外还有小部分的老式 M1917 款左轮手枪被配发给部队。左轮手枪一般收纳在棕色皮革质地的 M1909/17 款或 M2/M4 款翻盖枪套里。

M1 卡宾枪

这款手持武器自 1943 年开始生产，用以替换原有的 11.43 毫米（0.45 口径）手枪，用于配发给军官以及包括驾驶员、炮兵、宪兵等在内的二线人员。M1卡宾枪——有时被昵称为"小加兰德"——总共有10家生产商，其中甚至包括IBM和安德伍德打字机公司。这款枪搭配的是可拆卸式15发弹匣，战斗全重仅为2.7千克（6磅）。与加兰德使用的"30-06"子弹相比，卡宾枪使用的0.3口径子弹威力很小，比强化的手枪子弹好不了多少，由此得了个外号"射豆枪"，杀伤力过小的毛病让人忧心忡忡。但因为它便于携带，而且15发的弹匣可以提供可观的火力，这使其很快成为了一款前线士兵的常用武器。美国士兵倒是很喜欢这款卡宾枪，很多士兵用其取代了加兰德步枪。而且士兵们甚至依据选择卡宾枪还是加兰德步枪分成了两派，他们选择的标准重点在于是否能够接受这款枪械在射程和威力上的匮乏。

装备卡宾枪的士兵通常还配发M3战壕刀，在1944年末，基于M3战壕刀研发的M4款刺刀开始投入使用。这款刺刀有着皮革握把，装在M8款塑料刀鞘里。在1943年，伞兵部队率先使用了可以折叠的M1A1型卡宾枪。配发的弹药袋设计为佩在武装带上，但经常被直接安放在枪托上。在1945年，全自动的M2卡宾枪逐渐开始配发，搭配了30发容量的"香蕉"式弹匣。在对日胜利日前最后的几周里，美军还使用了一种野战专用的实验性T3卡宾枪，安装有红外线瞄准镜。

冲锋枪

拥有回冲式枪机的汤姆逊冲锋枪，最早生产于1919年，绰号"战壕扫荡者"，但直到1939年才被美国陆军采用。圆鼓装弹的M1928款0.45口径"汤米枪"是一款结构复杂但威力强大的冲锋枪。它的标志是顶部的拉机柄、50发的弹鼓，以及枪口刻有沟槽的抑扬器，防止开火时枪口上扬。战时的简化版M1/M1A1型号设计为侧部拉机柄，没有抑扬器，枪栓进行了简化。除了M1928款使用50/100发弹鼓，所有型号都是使用20/30发弹匣。汤姆逊的卡其色帆布枪带是"克尔"步枪枪带的改进款。

汤姆逊冲锋枪不仅受到美国士兵的喜爱，英国和澳大利亚的士兵也对其钟爱有加并大量使用。它通常是班长或是低级军官的装备。它的缺点则是生产成本过高、有效射程太短——大约只有45米（50码），以及6.3千克（14磅）的重量。虽然它的射速高达每分钟600~700发，但如果保养清理不当，很容易卡壳。汤姆逊冲锋枪的火力与近程杀伤力都令人满意，但在丛林中，它的枪声听起来很像日本的轻机枪，容易导致误判。

1943年配发的M3冲锋枪（注油枪）是一种造价低廉的枪械，每支只

1944年，塞班岛：一队工程部队的士兵正在检视一具日军士兵的尸体。握着30发弹匣M1款"汤姆枪"的冲锋枪手穿着第一版的HBT作战服，另两人则穿着连体版的HBT服。蹲在地上的士兵将自己的两块"狗牌"绑在一起以防碰撞发声，同时在臂上还有罕见的"CIO"（反间谍军官）袖标。

1943年11月，马金岛：一名第27步兵师的轻机枪手在一棵倾倒的棕榈树后静候敌军。他装备着M1928款背包，并有大型六袋BAR弹药袋——每个弹匣有20发子弹，每个弹药袋可装2个弹匣，总共能容纳240发子弹。

1944年，布干维尔岛：一名第37步兵师的士兵正蜷曲身体准备以投掷垒球的方式投掷手雷——但大多数士兵认为教科书上规定的直臂高投的方式才是最佳的姿势。放大图片观看则会发现这名士兵将他的两块"狗牌"用一根深色的胶圈捆在了一起。

① 铅径是度量霰弹枪枪管膛径的单位。指1磅铅能铸出多少颗与枪管膛径同尺寸直径的铅弹，如12铅径就是1磅铅可以铸造出12颗同尺寸的铅弹。铅径数字越小，枪管膛径越大。

需20美元。它的显著标志是采用了穿指式设计的无柄枪栓。它使用与汤姆逊一样的0.45口径子弹，但30发弹匣却不能通用。它通常被配发给装甲车辆驾驶员，但偶尔也会有步兵使用。它的射速较慢（每分钟400发），而且由于生产质量不佳，给人的印象没有汤姆逊可靠——其实这种比较是不公平的。1945年，它的小改款，M3A1型研发完成。这款丑陋但却轻便（3.6千克）可靠的冲锋枪，虽然没能得到广泛的认同，但却有忠实的小众支持者。

勃朗宁机枪（BAR）

M1918款勃朗宁轻机枪在1918年投入实战，重7.26千克（16磅），可采取半自动或全自动模式射击，使用标准的美式"30-06"步枪子弹。它的设计初衷是在冲锋过程中持于腰部射击，提供直线火力支援。"二战"期间，改进型的勃朗宁轻机枪只保留了全自动射击模式，但可以设置400发每分钟的慢速或是600发每分钟的快速模式。当装备机枪脚架、铰式枪托和握把（M1918 A2型）时，战斗全重超过9.08千克（20磅），所以战斗时一般把这些附件都去掉，恢复到基本的7.26千克（16磅）重量。作为步兵班的支援武器，它的设计初衷是要兼具自动步枪和轻机枪的功能。最初它是一款完美而且广受欢迎的武器，但在战争后期，枪管过热时无法更换，以及20发弹匣的火力不足，成为了致命的缺点。同期，还有一种更短更轻的M1922款"骑兵"勃朗宁轻机枪小规模地被投入使用。

M97/M1912款霰弹枪

这些12铅径①的泵动式"暴乱"霰弹枪很少被使用，它们射程有限，但在近距离战斗中非常完美，通常是战时宪兵部队用来看守俘虏的武器。在太平洋的战斗中被少量地投入使用——帕奇将军在瓜达拉哈拉战斗中就随身带了一把——但麦克阿瑟将军却试图禁止使用该武器。最终，总计有六个型号的霰弹枪被陆军采购。最常见的温切斯特M97/M1912款霰弹枪有着50.8厘米（20英寸）长的枪

25

管，重量为3.6千克（8磅），在枪管下方的管状弹匣内装有六发00号铅弹。硬纸壳质地的弹壳在潮湿天气里偶尔会膨胀，1918年在法国战场上尝试采用了黄铜弹壳来解决这个问题，但在"二战"中直到1945年才重新采取了这样的方法。

军刀

"一战"时期的老式护手战壕匕首、海军陆战队的K型军刀、取下的刺刀、平民的狩猎匕首，这些刀具在整个战争期间都四处可见。1942年末，全新设计的M3战斗匕首开始配发。这款匕首有着17.8厘米（7英寸）长的磷化处理刀身，最昂著的特征是在刀柄上有弯曲的拇指凹槽。这是一款广受欢迎的多用途军刀，搭配着皮革刀鞘，后期则采用塑料刀鞘。与此相近的M1卡宾枪军刺刀在1944年投入使用并替代了M3型。（在欧洲战场上，第一别动队使用的是他们特制的V42款战斗匕首。）

M1939款砍刀由柯林斯公司生产，刀身长55.9厘米（22英寸），配有皮革刀鞘，而M1942款砍刀刀身长19英寸，搭配帆布或是塑料刀鞘。除此之外，短小宽刃的M1910/1917款砍刀和陆战队"博罗"大砍刀也曾小范围地被使用过。

手雷

Mk Ⅱ A1型碎片手雷，昵称"菠萝"，虽然在起爆装置和拉环上的设计有所不同，但其实来源于英国经典的18号/36号系列手雷（米尔斯炸弹），在两次世界大战中都被广泛使用。它重约595克（21盎司），并有4秒的延时引信。早期生产的引信在起爆前会发出"扑"的一声，并冒烟闪火，在潮湿的太平洋战场上，经常因此出现哑弹，后期经过改进的引信就要可靠很多。在战争的第一年，手雷通体都刷成黄色（训练弹是蓝色）。后来，战斗中使用的手雷通常只在顶部涂上一条黄色纹路或者字母。与德国或日本手雷比起来，美国手雷威力强大、杀伤力十足。

396克（14盎司）重的Mk Ⅲ A1型手雷是一种外表光滑的高爆/冲击手雷，但美国大兵们却觉得使用起来过于危险，而且效果范围不如"菠萝"手雷。（当时的大多数军队通常把高碎片手雷称为"防御"手雷，用来在掩体后扔向冲来的敌军；而把低碎片手雷称为"进攻"手雷，在冲击时越过头顶扔出，起到震慑作用。但这种区分更多只停留在理论上。）

1943年，新乔治亚岛：一名第27步兵师的步枪掷弹兵正搀扶着同伴通过泥泞崎岖的道路。这名汤姆逊冲锋枪手（装备50发弹鼓）穿着连体的伪装服，而高个子士兵则装备着1903年款春田步枪，脚上踩着一双橡胶质地的减震鞋。奇怪的是，这名冲锋枪手佩戴的是步枪兵的弹药袋，而另外一人则还配备了一个大型的防毒面具包。

烟雾手雷通常用来提供掩护或是做标记。圆柱形的 M16 款烟雾手雷可以释放绿色、紫色、橙色、黄色以及红色等各种颜色的烟雾，1944 年时则配发了更有效的 M18 款烟雾弹。M8 款（白色）和 M2 款（红色）烟雾弹也曾小规模列装。这些"烟雾罐"都是灰蓝色涂装，在腰部涂上黄色的条纹和文字，而顶部则涂装了所释放的烟雾的颜色。

M15 款白磷手雷，用来散发烟雾、指令开火、标记目标、压制碉堡都有很好的效果。这款白磷弹重 878 克（31 盎司），昵称为"威利—皮特"，同样是圆柱形，但为了和普通烟雾弹区别开来，将底部设计为半圆形。它有 4 秒的延时引信，而且作用范围比投掷距离更远。它同样使用了灰蓝色涂装，腰部条纹用黄色注明"SMOKE WP"。

M14 款铝热手雷被用来标记以及摧毁装备。这款重 907 克（32 盎司）的手雷有 2 秒的延时引信。灰蓝色涂装，腰部条纹上用紫色注明"TH INCENDIARY"。

化学（毒气）手雷在"二战"中极少使用，但 M6 和 M7 款催泪手雷有时会被用来驱赶洞穴和碉堡中的敌人。催泪手雷同样是灰蓝色涂装的圆柱罐体，腰部条纹上用红色注明"GAS IRRITANT"。

枪榴弹

美国士兵装备的枪榴弹射程不到 200 码，可以用来反坦克、制造烟雾以及用作跳伞照明。它通常使用一种特制的空包弹来发射，有时还会加入 M7 款"维他命药丸"附加火药，使射程增加 40~50 码。春田式、M1 步枪和 M1 卡宾枪都使用了相似的枪口榴弹紧固装置。M1/M1A1 款榴弹适配器是一款带尾翼的坚固管状物，有 3 个或 4 个尖状夹钳用来固定"菠萝"手雷（甚至是 60 毫米迫击炮弹）。春田式使用了 M1 同款的发射器来发射榴弹，并且可以发射榴霰弹，而 1917 款步枪则使用了 M2 款的发射器。1944 年中期，陆军配发了 M1 加兰德步枪使用的 M7 款榴弹发射器，但因为不能发射榴霰弹，该发射器并未受到欢迎，改进后的 M7A2 款可以发射榴霰弹，但直到对日胜利

1945 年，冲绳：一辆第 713 坦克营的 M4 谢尔曼喷火坦克正在向一个洞口喷射，以协助第 7 步兵师前进。改装喷火器的谢尔曼坦克于 1944 年开始投入使用。并在冲绳岛战役中发挥重要作用，它们可以喷射 65 码远的火焰，并持续大约 1 分钟。在太平洋战场中，喷火坦克大多分成许多小部队，分别配属使用，第 713 坦克营是唯一的成编制喷火坦克营。

日之后才开始配发。在 1944 年早期，M1 卡宾枪适用的 M8 款榴弹开始投入使用。

大多数枪榴弹发射时都将底部抵在地面，以高抛物线射出，但 M9/M9A1 款反坦克枪榴弹（尖椎装药）使用了触发引信，通常是从装甲车辆或碉堡里采取肩扛式射击。春田式和 M1 步枪都有一种安装在枪托底部的橡胶制底垫，用以减少发射时的后坐力，但实战中很少见到。木质的枪托在发射榴弹时偶尔会因后坐力而破损，这种情况在 M1 卡宾枪上更为常见。同时，一般不会使用折叠枪托的卡宾枪发射榴弹。在太平洋战场上，由于常见的砂石地面和腐蚀环境，枪榴弹并不是很受欢迎。而且在茂密的森林地形中，使用枪榴弹也有很大的风险——很可能击中树干而反弹回射击者头上。

1944 年，布干维尔岛：一名第 37 步兵师的喷火兵正离开一处烧毁的日军碉堡。当时，改进后的 M1A1 和 M2 型喷火器成为了摧毁日军据点的小队战术中的重要组成部分——这种战术被称为"迂回喷射"。操作手有时会对目标"浇灌"足够多的燃油之后，才将其点燃。

士兵登上水陆两用车：1944 年的 LVT-4 可以搭载 34 名士兵，并设计了坡道，使得装卸更为方便安全，其特征是鸥翼形的履带。图中所有人都将 M1936 款"小风笛"野战包当做背包。

喷火器

1939 年时，美国陆军并没有喷火器，但很快就研发出来并配发给了战斗工兵。第一款（E1-R1）喷火器在 1942 年的新几内亚战斗中投入实战，但表现得威力不足而且可靠性差，"……狄雷尔下士爬过低矮的木丛，来到距离日军 30 步远的地方，打开他的火焰喷射器开始喷火。燃烧的汽油只射出大约 15 步的距离，点燃了草丛。狄雷尔一次次地试图让火焰接近碉堡，但并未奏效。最终一发日军的子弹擦飞了他的头盔，将其击晕在地"。设计糟糕、装置易损，加上太平洋战场上闷热、潮湿的气候，都使得 E1-R1 以及 M1 款喷火器表现不佳，使用汽油作为燃料也带来射程不足的问题。经过艰苦持续的改进，后来的 M1A1 款（1943 年）以及 M2 款（1944 年）喷火器变得越来越可靠。

在 1942 年，一个陆军师只装备了 24 具喷火器，但到了 1944 年，它成为了太平洋战场上的一种关键武器，师级装备量达到了 192 具。获得成功的 M1A1 和 M2 款喷火器使用了一罐助燃氮气和两罐"凝固汽油"，射程也提高到了 40~50 码。M1 和 M1A1 款喷火器重约 70 磅（31.7 千克），5 加仑的燃料容量只能提供 8~10 秒的持续火力。每个喷射手都配有一位助手，在开火前协助

其打开罐体开关，到 1944 年，助手还会携带一罐补充燃料。E1、M1 和 M1A1 款喷火器的电子打火装置都偶尔会出现问题，因此有的喷火小分队会随身携带 WP 铝热剂手雷，以确保目标着火。M2 款喷火器射程为 50 码，并采用了日军式的"热点火"装置。在 1944—1945 年间的太平洋战场上，还出现了斯图亚特和谢尔曼喷火坦克。（欧洲战场上也有喷火部队，但使用没有如此广泛。）

没有保护的孤立喷火小组很容易被压制或消灭。到 1944 年，许多陆军师（以及陆战队）都组织了 15~25 人的碉堡爆破队，采取"迂回喷射"的战术。队员包括两名喷火手，以及步枪兵、机枪手、爆破手和火箭筒手。他们使用喷火器烧掉日军洞穴和碉堡外的掩护草木，然后步枪手、机枪手和火箭筒手为喷火器接近目标提供压制火力，强大的射击火力迫使敌军不敢探头，最后依靠投掷的爆破物、火箭弹和近距离的火焰喷射解决战斗。在靠近战线的位置，依靠吉普车机动的补充/修理站会为这些依旧容量有限、耐用性差的喷火器提供支持。这样的小队被证明卓有成效，但并不是每个陆军师都有如此的战术组织。

1945 年 4 月 1 日，冲绳：第 96 步兵师的士兵们正从水陆两用车前端的两挺 0.5 口径机枪之间翻出，爬上哈古斯海滩的堤坝。这场投入四个师的"四月愚人节"登陆行动并未受到抵抗。这些士兵装备着老式的 M1928 款背包，前排中间一人则戴着迷彩涂装的头盔。

两栖车辆

在太平洋、地中海和欧洲战场上，成功的两栖作战都成为了赢得战争的关键。幸运的是，在 1930 年代，美国海军陆战队——在空军和陆军的有限协助下——一直致力于两栖作战的理论和物质准备，这才让这些胜利成为可能。从水上发起进攻，向来是军队能够采取的策略中最艰难的部分。1942 年，英国和加拿大军队在迪耶普①发动的突袭行动以惨败告终，预示着任何进攻性两栖登陆都会是一场灾难。1943 年开始，美国军队开始验证自己在两栖行动中的理论学说和相关装备都是行之有效的，而到了战争的最后两年，美军应对这种挑战的能力变得无与伦比。

大战期间，标准的登陆艇是"希金斯艇"，由希金斯公司应海军陆战队的要求（抵住了来自海军的反对意见）研发生产。按照艾森豪威尔的说法，各种型号的希金斯艇，或称为 LCVP（车辆人员登陆艇），是为盟军赢得战争的三大利器之一（另两种分别是 C-47 达科特运输机和吉普车）。这种前部有斜坡设计的鞋盒型登陆艇大约可以装载 36 名全副武装的士兵。在对日战争胜利日之前，总计有超过 22000 艘 LCVP 被生产出来。

陆军的主要两栖载具是六轮的 DUKW（它通常被称作"鸭子"，但实

①法国港口城市。1942 年 8 月，盟军对其发起了针对德军的第一次有组织的登陆进攻，但未能成功，参加登陆的 6086 人中损失了 3623 人。

1944年4月，新几内亚：M4A1谢尔曼坦克和步兵正准备进攻霍兰迪亚岛上的潘科克山。步兵们都背着迷彩丛林野战背包，坦克手则戴着皮质坦克帽或M1头盔。夜间，坦克会组成紧靠的临时车阵，炮口向外，以防受到突袭。

际上的官方称谓是"M1942式六轮双轴两栖登陆车"）。这款登陆车其实就是一辆2.5吨载重量的卡车，安装了船舵和螺旋桨，可以开进水域里，然后在另一侧驶上陆地。在1940—1941年间研发，1942年开始在美国陆军中列装。DUKW登陆车的路上行驶速度约为每小时72.4千米（45英里），水中前进速度约为每小时11.1公里（6节），可以搭载25人或2.5吨重的物资。它最早在1942年科德角的一场意外中声名鹊起，被形容为"……陆军卡车拯救了海军搁浅船只上的人员"。盟军很快依靠它来维持连接船只和滩头阵地的补给线。在太平洋战场上，美国陆军运用了好几支DUKW运输部队，而在地中海和诺曼底的战斗中，美国海军驾驶的DUKW两栖车也参与了登陆作战。

陆军在太平洋战场上还使用了海军陆战队研发的水陆两用车支持登陆作战，这款载具最初是由约翰·罗布林[①]设计的民用"沼泽地车"。敞篷的履带式登陆车（LVT-1）或称"短吻鳄"，依靠它采用的有凸缘的履带，可以运送部队越过礁石和沙堤抵达海滩。LVT-1在3名驾驶员之外，还可以装载20名士兵或2吨的物资，速度为每小时5英里（4节）。它最少可以搭配3挺机枪，但在最初设计中并没有武器，更多的是用作运输工具而非战斗车辆。1943年起，改进型的LVT-2或称"水牛"投入战斗，可以搭载24人或3吨物资。LVT1-和LVT-2上搭载的士兵都必须翻出船体侧面才能上岸，而LVT-4（1944年）和LVT-3（1945年）则设计了坡道，可以搭载一辆吉普和一门37毫米火炮，或是一门105毫米火炮，或4吨物资，或最少32名士兵。

在水陆两用车的基础上，很快诞生了水陆两用坦克，依靠轻装甲和较强火力为登陆部队提供支援。（尽管它的各种缺点显而易见，但其最重要的作用无非是让那些"真正"的坦克尽早上岸。）1944年生产的LVT（A）-1和-2型基于斯图亚特M5A1轻型坦克，有搭载37毫米火炮的炮塔；而LVT（A）-4型则是敞篷炮塔，装备了一款短75毫米榴弹炮。小部分的

[①]德裔美国工程师(1806—1869)，设计和主持建造了布鲁克林大桥。

水陆两用车也经过改装，加载了火焰喷射器、火箭发射器、几挺12.7毫米（0.5口径）机枪或是37毫米防空炮。LVT（A）系列水陆两用坦克装甲都很薄弱，只能抵挡轻武器射击，但在登陆作战最初的几分钟内，它们出现在海滩上，可以为登陆部队提供关键性的火力支援。

海军陆战队享有登陆载具的优先装备权，而美国陆军的水陆两用车营则迟至1944年2月马绍尔群岛的夸贾林礁登陆战才投入实战。每个营拥有119辆LVT，分配到两个连队和营部，每个连队各有51辆战车。很快陆军装备的两栖载具就超过了海军陆战队——陆军拥有23个水陆两用车战斗营，陆战队为11个；陆军的水陆两用坦克营为7个，而陆战队为3个。1944年6月，在马里亚纳群岛，陆军第一个水陆两用坦克作战单位，即第708两栖坦克营投入实战——其后该部队在塞班岛之战中获得"杰出集体"嘉奖——全营包括4个连，每连有13辆LVT（A）-1和4辆LVT（A）-4，由第534、第715、第773两栖运输营支援作战。

太平洋战场中的坦克

当珍珠港事件爆发时，美国陆军在太平洋战场中所有的坦克仅为临时组建的坦克集群（第192、194坦克营）配属的100多辆M3斯图亚特轻型坦克，驻扎在菲律宾的吕宋岛。虽然M3轻型坦克的火力和装甲都低于国际主流标准，但在巴丹陷落之前，这些坦克在面对比它们更孱弱的日本95式坦克时，还是表现得勇敢顽强并在战斗中卓有成效。

1943年开始，更重型的M4谢尔曼坦克投入使用，但直到1945年，一些混成坦克营中还是装备着改进型的M5A1斯图亚特坦克。在太平洋战争中，美军大概投入了所有坦克营总数的三分之一，这些坦克营并没有被整合入陆军师中，而是拥有独立编制，根据战时需要由军或者集团军级指派加强到作战部队。

在战争前半期的丛林与海岛战中，并没有多少坦克的用武之地。即使在整个战争期间，坦克的主要作用也是为步兵提供直射火力，它们的坦克炮与重机枪在压制敌人与摧毁碉堡时能够产生重要的作用。1943年开始，有一部分斯图亚特轻型坦克被改装加上喷火器。而在1945年的冲绳岛战役中，全部由喷火谢尔曼坦克组成的第713坦克营发挥了极其重要的作用。这场战役的战壕争夺尤为血腥惨烈，几乎与"一战"的壕沟战不相上下。除了1944年12月至

1944年，莱特岛：这些士兵背着通常配发给山地部队的背架，搬运物资穿越丛林。前景中的士兵带着橡胶涂层的箱子，用以搬运电子设备或其他需要隔水的装备。

1945 年的吕宋岛之战外，很少出现美日坦克之间的战斗，即或偶有发生，美军坦克也一直优于日军。（在 1944 年 12 月的贝里琉岛战役中，海军陆战队的谢尔曼坦克手甚至直接使用高爆炮弹来确保有效击杀面对的日本 95 式坦克——对手的装甲太过薄弱，以至于穿甲弹很容易直接对穿而无法摧毁目标。）

太平洋战场陆军战役简介

菲律宾战役

1941 年 12 月 22 日日军采取两栖登陆策略进击吕宋岛。训练不精的菲律宾军队迅速溃退，12 月 26 日马尼拉沦陷。道格拉斯·麦克阿瑟将军组织了一次有效的战略撤退，以期固守巴登半岛。随后美菲联军节节败退，并最终于 1942 年 4 月 9 日投降。科雷希多岛要塞则坚持战斗，直到日军两栖登陆，才于 5 月 6 日投降。麦克阿瑟虽然未能保住巴登和科雷希多，但这场防御战消耗了日军宝贵的五个月时间。

新几内亚战役

1942 年冬天，澳大利亚第 7 步兵师和美军第 32 步兵师，在世界上最恶劣的丛林地形中英勇作战，成功地迫使日军从莫尔兹比港撤退，转而防御布纳。盟军于 1943 年 1 月，在几乎耗尽所有炮弹的情况下，终于占领了布纳。美军付出了 2700 人的伤亡代价，并且作战部队中 60% 的人员都因疾病丧失战斗力。经历了一年的战斗，美军在艾塔佩/霍兰迪亚两栖登陆，付出 5000 人的伤亡代价后，击败了日军第十八军。1944 年 6 月，美军第 41 步兵师攻占比亚克岛之战是这场战役的最后几场战斗之一。训练有素的澳美联军在 1944 年 8 月终于攻克了新几内亚全境。

所罗门群岛战役

1942 年 10 月，美国陆军投入第 23 步兵师联合海军陆战队开始了瓜达拉哈拉之战。1943 年 1 月间，第 25 师也投入到陆战 2 师和陆军第 23 师的联合进攻中。到 2 月份，该岛被攻克，美军付出了 6000 人伤亡以及 9000 人患病的代价。

1943 年，陆军第 37、43 步兵师登陆新乔治亚岛，后来又投入了第 25 师，并于 8 月份消灭了激烈抵抗的日军，最终占领该岛。

1943 年 11 月，海军陆战队在布干维尔岛的皇后湾占据了一块 10 英里长、5 英里宽的阵地，后来由陆军第 23、37 师负责防御此地。到 1944 年中，该岛被完全占领。

新不列颠战役

1943年12月，为了夺取位于该岛北端具有战略意义的拉包尔，美军第1骑兵师和海军陆战队在南面（格罗斯特角）登陆。1944年3月，第40步兵师和陆战1师开始向海岸推进，这场行动给麦克阿瑟的军队带来了超过2000人伤亡的损失，却收获甚微。随后，澳大利亚军队夺取并控制了拉包尔。1944年2月，第1骑兵师则占领了格斯内格罗斯岛。

阿留申群岛战役

在经过了沙漠作战训练后，1943年5月，美国陆军第7步兵师却登陆了寒冷、潮湿的日军控制下的阿图岛。为了消灭2500人的驻守日军，第7步兵师付出了1700人的战斗伤亡和2100人的非战斗减员代价，特别是战壕脚区域。最后，日军采取了自杀式的攻击，战斗中仅有29名俘虏生还。一支美/加联军（包括第1别动队）在1943年8月登陆了附近的基斯卡岛，却发现岛上的4500名日本驻军已在7月末撤退。

吉尔伯特/马绍尔/马里亚纳群岛

第27步兵师于1943年11月占领了马金岛（吉尔伯特群岛）。第7步兵师于1944年2月登陆夸贾林岛（马绍尔群岛），在一周时间内以1000人伤亡的代价夺下该地。当月晚些时候，第27师在海军陆战队的支援下登陆艾尼威托克岛，并取得了相近的战果。1944年6月，第27师增援了在塞班岛（马里亚纳群岛）陷入苦战的两个陆战队师。日军疯狂的抵抗持续了近30天，最终在7月13日结束，美军损失了16000人。在这场战斗中，第27师师长因缺乏进取精神被海军陆战队司令就地解职——但其实陆军和陆战队之间不同的战术要求才是最主要的原因。1944年7月，海军陆战队和第77师则夺下了关岛（马里亚纳群岛）。

收复菲律宾战役

陆战1师和第81师首先于1944年9月在帕劳（贝里琉群岛）登陆，激烈的战斗使得陆战队伤亡6500人，而第81师伤亡3300人。10月间，麦克阿瑟的部队在未受到抵抗的情况下登陆莱特岛，撤退后首次踏上菲律

医疗

"二战"期间，疏散和治疗伤兵的手段有了较大的进步，特别是美军医护部门。包括盘尼西林、磺胺、吗啡在内的"特效药"以及进行战地输血的能力，极大地减少了因为感染和休克而导致的死亡。医疗兵和部分士兵都携带了在散兵坑中就可立即使用的磺胺粉及吗啡针剂。如果——仅仅是如果——一名受伤的士兵可以得到有效的疏散和治疗，他的存活率会达到令人吃惊的高度——1941—1945年间平均为95.5%。75%的腹部伤员，以及高达95%的胸部伤员，都可以被救治。甚至四肢断掉或头部受伤的伤员，只要他们能够被迅速地转移到后方，都经常能够免于一死。

通常，疾病才是主要的麻烦。在整个"二战"时期，战斗负伤人次和患病人次之间的比例是1∶27。在地中海和欧洲战场上，陆军最高发的疾病是性病。在北非和西西里，疟疾也是常见的疾病。在太平洋战场上，性病不是问题——但几乎所有其他人类已知的疾病都时常爆发。瘴气弥漫的丛林和西南太平洋的恶劣环境尤其危险。疟疾在几乎所有的战场都普遍存在，而痢疾、登革热和伤寒则会使人发烧、腹泻。为了对抗疟疾，盟军生产了用以减轻症状的人造奎宁药片，但其副作用是会使人皮肤发黄——甚至还有谣言说它会导致不育，以至于士兵们很难鼓起勇气按照命令服用该药片。

但是相较于恶劣的环境带来的不良后果而言，伤病只占美国士兵日复一日的悲惨境遇中的小部分。在太平洋战场上，轻微的割伤、擦伤和蚊虫叮咬都会很快引起感染，并且士兵经常需要经过长时间治疗才能恢复健康。长期穿着潮湿、磨损的衣物导致了广泛发作的皮肤感染和溃疡——统称为"热带皮肤病"。在太平洋战场上，还有另一种不可忽视的医疗问题——因为高温和闷热引起的中暑。

因为日军总是优先攻击救护站和医护兵，后来所有的医护兵都不再佩戴红十字标识并通常装备武器。西南太平洋的土著居民经常义务帮助军队将伤员转运到后方。而牧师也通常与医护兵共同行动。（在欧洲战场上，德国军队通常不会刻意向医护人员开火。因此，为了标明身份，担架员和医护兵会戴上红十字袖标，并在头盔上涂装白底的红十字标识。）

宾的土地。日军迅速投入增援部队，使对该岛的占领和绥靖行动一直持续到日军全面投降，美军为此付出了 16000 人伤亡的代价。随后在 1945 年 1 月，麦克阿瑟的部队登陆吕宋岛。陆军一边集结部队，一边缓慢地向马尼拉和克拉克机场推进。27.5 万名日军在能干的日军指挥官山下奉文大将的领导下，于北部崎岖的丘陵地带布防，准备进行一场消耗战。美军以第 1 骑兵师和第 37 步兵师为先锋，在经过艰苦的战斗（特别是惨烈的城市争夺战）后，终于占领了马尼拉和克拉克机场。收复马尼拉的日期是 1945 年 3 月 4 日。科雷希多则在之前的一场大胆的空降和两栖登陆联合作战中于同年 2 月 27 日光复。直到日军全面投降之前，麦克阿瑟的部队还在争夺菲律宾周边列岛，并准备进攻日本本土。在整个菲律宾战役中，美军战斗伤亡达 64000 人，另有 10 万人的非战斗减员。

1945 年，冲绳：一名罕见的被活捉的日军士兵。美军士兵在 M1936 款的武装吊带上别着一枚 "WP" 铝热剂手雷，他的头盔下，颌托卷进了制式的橡胶头盔带中。有意思的是，他的左手上戴着三块腕表。

冲绳岛战役

1945 年 4 月 1 日，在未受到抵抗的情形下，第 10 集团军在 65 英里长的冲绳岛上登陆了 4 个师。而在南部的山地里，近 10 万名日军掘壕以待。在陆战第 1 师、第 6 步兵师的协助下，第 10 集团军投入了陆军第 7、第 27、第 77 和第 96 步兵师。海军则发射了超过 60 万发大口径炮弹以提供火力支援。步兵、坦克和喷火兵在冲绳岛南部一步一步地艰难推进，战斗就像太平洋战场上其他海岛争夺战一样血腥残酷，而且双方都投入了越来越多的士兵以期长时间鏖战——冲绳岛直到 6 月 21 日才被完全攻克。日本空军对美军支援舰队发动了残忍的神风自杀式攻击，整个冲绳岛战役使美军付出了 5 万人的伤亡代价。

中—缅—印战区

美国在这一战区的主要贡献是提供了空军和物资援助。由陆军工程兵修建的道路以及数量巨大的空中运输为中国战场的胜利做出了关键性的贡献[①]，而空中火力支援则为英国/印度联军提供了极大的帮助。除了军事顾问和用以整训中国军队而部署的小规模部队外，在中—缅—印战区存在的唯一美军战斗单位是 3000 人的第 5307 合成特遣队（他们在不同时期有很多别名，如"加拉哈德""麦雷尔掠夺者"等）。他们于 1944 年被部署在缅甸，帮助英国/印度联军夺取了密支那具有战略意义的机场。

①原文如此。

1945 年，日本："亚美利加"师的士兵在返回美国前正在接受表彰。士兵们穿着 HBT 作战服，戴着头盔里衬，在对日胜利日后，士官条纹带也成为了标配。

各师战役经历（及臂章）

第 6 步兵师（第六观光团）新几内亚、菲律宾	第 37 步兵师（鹿眼）蒙达岛、布干维尔岛、林加延湾、马尼拉
第 7 步兵师（沙漏）阿图岛、夸贾林、莱特岛、冲绳	第 38 步兵师（旋风）巴登
第 11 空降师（天使）莱特岛、马尼拉、甲米地宾	第 40 步兵师（灰熊）艾德迈尔提斯、菲律宾
第 23 步兵师（亚美利加）瓜达拉哈拉、布干维尔岛、宿务岛宾	第 41 步兵师（日落）新几内亚、马绍尔群岛、棉兰老岛、巴拉望
第 24 步兵师（胜利）新几内亚、菲律宾	第 43 步兵师（红翼）新乔治亚岛、新几内亚、吕宋岛
第 25 步兵师（热带闪电）瓜达拉哈拉、新几内亚、菲律宾	第 77 步兵师（自由）关岛、莱特岛、冲绳
第 27 步兵师（纽约）马金岛、艾尼威托克岛、塞班、冲绳	第 81 步兵师（野猫）安加尔、贝里琉岛、乌利西岛
第 31 步兵师（迪克西）菲律宾	第 93 步兵师（血手）布干维尔岛、西南太平洋、菲律宾
第 32 步兵师（红箭）新几内亚、莱特岛	第 96 步兵师（死亡之目）莱特岛、冲绳
第 33 步兵师（大草原）吕宋岛	第 1 骑兵师（第一队）新不列颠、艾德迈尔提斯、菲律宾

1942年，菲律宾
1：菲律宾师，美国步兵，下士
2：美国骑兵，中尉
3：菲律宾步枪兵

1942—1943 年，加利福尼亚 & 夏威夷
1：1942 年，步兵，列兵
2：1943 年，陆军女子辅助军团，上尉
3：1943 年，炮兵，上尉

1942—1943年，瓜达拉哈拉
1：1942年10月，第23步兵师，步兵列兵
2：1943年，第25步兵师，步枪掷弹兵
3：1943年，第23步兵师，步兵中士

1943—1944年，西南太平洋
1：机枪手下士
2：机枪手列兵
3：装弹手列兵

1943—1944 年，饭点
1：陆军狙击手
2：第 93 步兵师，医护兵
3：坦克营参谋中士

E

1944—1945 年，菲律宾
1：游骑兵或侦察部队，军官
2：第 11 空降师，营长
3：第 26 军需战犬排，列兵

1945年，冲绳
1：第77步兵师，BAR机枪手
2：第77步兵师，喷火兵
3：美国海军陆战队，步兵列兵

G

其他
1：1943 年夏天，阿留申群岛，吉斯卡特遣部队，步枪兵
2：1943 年，西南太平洋，军需中士
3：1945 年晚期，日本，第 8 集团军司令部，一级军士长

插图图说

A：1942 年，菲律宾

A1：菲律宾师，美国步兵，下士

这名下士是在菲律宾抗击日军突击的 23000 名美国与菲律宾正规军中的一员。他穿着的卡其色棉布 C 级（基诺）军服非常舒适，但这套军服过于明亮的色彩与易磨损成为了战斗中的缺点。他的两个衣袖上都有 V 形军衔标识。他的头盔是 M1918A1 款的"洗碗盆"，配有新的卡其色颊带。虽然在菲律宾战斗中已经使用了少量的 M1 加兰德步枪，但这名士兵和大多数人一样，还是装备的栓式枪机的标准 1903 款春田步枪。这些被美国遗弃的"巴登私生子"们曾抱怨过，他们"无父、无母，也没什么山姆大叔"。

A2：美国骑兵，中尉

军官的卡其色衬衣与士兵服的区别是有肩章（肩带），而且在菲律宾时期，口袋翻盖的样式正如图所示。这名军官按照战前条例的要求，将自己的军衔标识配在肩带末端，并在领尖处别有镂空的国徽和兵种标识。这样的搭配很快变成了把军衔标识别在右领尖、兵种标识别在左领尖。这名骑兵被分配成步兵投入战斗，因此穿着相对应的短靴和绑腿。他的 M1936 款手枪武装腰带和吊带上，搭配了收纳在黄褐色枪套里的 0.45 英寸口径半自动手枪、双袋弹匣袋、"一战"式急救包和（图上看不见）军用水壶。他手持的汤姆逊冲锋枪是战前的 M1928 款，有着明显的顶部枪栓和 50 发的弹鼓。

A3：菲律宾步枪兵

麦克阿瑟将军曾推断对日战争不会早于 1942 年中爆发，为了应对这场势在必行的战争，他曾计划训练组织 10 万人的菲律宾军队。但当 1941 年底战争爆发时，整训计划尚未完成。初期，这些菲律宾军队表现糟糕，但当美/菲联军防御巴登时，他们已经成长为可靠的士兵。这名装备精良的士兵配备着"一战"时的 M1917 款（P17）步枪和头盔。如果他能够在战斗中幸存，也不得不被迫参加"巴登死亡行军"——其中有超过 600 名美军和 5000 名菲律宾士兵因为糟糕的看护、筋疲力尽以及暴力侵害而丧生。他将作为战俘在日军集中营中九死一生，直到 1945 年被解放。

B：1942—1943 年，加利福尼亚 & 夏威夷

B1：1942 年，步兵，列兵

这名站岗的士兵还没有被配发新的 M1 头盔和 M1 加兰德步枪。他还佩戴着骑兵样式的弹药带，相比步兵版少

1942 年早期，菲律宾：一名穿着卡其色基诺服、佩带 M1928 款汤姆逊冲锋枪的美国军官站在他的菲律宾同伴旁。两人都佩戴了 M1917 款 A1 型头盔，并系上了下颏托。菲律宾军官佩戴了医护兵款的吊带，还有一把装在民用版枪套里的左轮手枪。

了一个口袋——装备手枪的骑兵通常在这个部位搭配他们 0.45 英寸口径双弹匣袋。"一战"样式的长刺刀插在帆布与皮革制造的刀鞘里。按照 1942 年的要求，他的左右领尖上分别有兵种标识和"US"字母，但这一着装条例很快便被更改了。他的领章末端收入衬衣中，这一要求贯穿整个战争始终。等到了秋天，这位士兵则会穿着普通的深褐色呢质制服。而一旦当他被配发了新的 M1 头盔和加兰德步枪，就意味着他的部队几乎肯定马上要开赴海外了。

B2：1943 年，陆军女子辅助军团，上尉

这名军官所在的部队即将全部正式编入美国陆军，改制为陆军女子军团。她穿着第一版的军官卡其色棉布外套，这种制服与男性的卡其色常服类似，也可采用华达呢面料。虽然一大帮顶尖的平民设计师对 WAAC 的制服设计提出了许多建议，但最后方案却是对所有意见的折中吸纳，因此显得不伦不类。值得注意的是横向的肩带设计，它很快就被肩章取代——用以佩戴金属徽章。另外的特点则包括假胸袋和腰部侧袋。在领口和翻领上是"US"及兵种标识。服装还搭配有带肩带的手提包、人造纤维的长袜、棕色的牛津鞋。军帽则根据 WAAC/WAC 的指挥官奥维达·卡尔普·霍比的名字起了个绰号，叫"霍比帽"，帽上还配着 WAAC 时期的"走地秃鹰"帽徽，但很快就换成了陆军军官标准的雄鹰帽徽。

B3：1943 年，炮兵，上尉

卡其色的外套和帽子是战前样式，用中等质地的棉布制成。1942 年，一种更轻便的合成华达呢也用于制造这

44

1945年，冲绳：三名第77步兵师的士兵穿着大战晚期前线士兵标配的军服和装备。医护兵（中间）携带了标准的医疗包，但并没有装备吊带。左边的士兵装备了"一战"式水壶，并在大腿前方有一个三袋式的手雷袋。两名步枪手都背着M1928款的野战包，由两根肩带交替系于胸前。

些外套。这种外套和搭配的长裤直到"二战"前都是标准装备。袖口上显著的单条编织纹路，是所有委任军官的标识。虽然也配发了军官专用的大檐帽，但这位上尉还是戴着卡其色的船形帽，在帽顶和前部卷边有金色/黑色的绳边，军衔标识则佩戴在前方左侧。国籍字母佩戴在衣领和翻领上兵种标识的上方，后期则偶尔会有部队编号，但这一做法并不常见。他的勋略章上有美国本土战功奖章和亚太奖章，后者上的古铜色"服役铜星"则标识他曾参加过新几内亚或瓜达拉哈拉的战斗。

C：1942—1943年，瓜达拉哈拉

C1：1942年10月，第23步兵师，步兵列兵

"亚美利加"师首先投入瓜达拉哈拉战役，以支援苦战已久的海军陆战队的陆军步兵师。这名列兵还穿着一体化设计的HBT连体服，大多数人都认为这件战斗服穿着时太热，而且当痢疾发作（这很常见）时脱起来非常麻烦。他没有穿戴绑腿，只携带了最低限度的附属装备，可以看到，他的武装腰带上装备着"一战"样式的水壶和急救包。和战时绝大多数美国士兵一样，他并没有扣上颌带，他宁愿在奔跑时用手按住头盔也不愿冒险让颌带勒断脖子。与他的陆战队同伴不同的是，这位士兵装备的是M1加兰德半自动步枪。在瓜达拉哈拉岛上，陆战队员们很快就认识到了这种步枪的各种优点，尽可能地"获取"了许多。在他的右前胸袋中还装着一枚碎片手雷。

C2：1943年，第25步兵师，步枪掷弹兵

这位"冒失鬼"穿着一件根据海军陆战队样式设计的全新便利斗篷。这种墨绿色的斗篷有无数用途，当作为雨衣使用时，边缘可以扣合在一起，形成宽松的套筒，将身体和装备都罩在其中。他装备着一把M1903 A3款春田步枪，最显著的特点是照门的位置与原版不同，并且在枪口安装了榴弹发射器。他使用的"一战"式短柄T形锹在整个大战期间都很常见，但它的替代品（理论上）——根据德军样式设计的可折叠锹——很快就会配发。第25"热带闪电"步兵师拥有许多战前正规军骨干，在瓜达拉哈拉岛战役中获得了"杰出集体"嘉奖。

C3：1943年，第23步兵师，步兵中士

虽然他将上衣抄进了长裤里，但因为独特的褶皱胸袋，还是能看出这是第一版的HBT两件套军服。因为这种军服的绿色在使用中很容易褪色，因此有时会刻意染成墨绿色。这位士官没有佩戴军衔标识，装备着一把温切斯特M97款泵动式12号铅口径霰弹枪、一把0.45口径手枪，还有一枚战争早期生产的MkIIA1碎片手雷。手雷通体涂装黄色——这很快就简化为在手雷上部涂装一根黄色的条纹。在太平洋战场中，美国陆军和海军陆战队都装备了霰弹枪，但数量极少，而且引起了不少非议。

D：1943—1944年，西南太平洋

D1：机枪手下士

步兵营属重武器连通常装备8挺水冷式的M1917A1型机枪。这名美国士兵就抱着其中一挺——重41磅（18.6千克）并配有水冷套。这款机枪和更轻便的风冷式M1919款在战场上的职责几乎一样，但有笨重三脚架和水冷套的M1917款更多地用来提供防御火力。这名下士穿着晚期版本的HBT作战服，该款作战服设计有长型无褶胸袋，并且在裤子上有腿袋（上衣和长裤口袋都可以用来装新配发的K级口粮盒）。他并没有佩戴军衔标识，能够辨认他机枪手身份的特征是他的手枪武装腰带和插在枪套里的0.45口径自动手枪。

45

D2: 机枪手列兵

和他的同伴一样,他也穿着第二版的 HBT 作战服。军服上的黑色金属质地"13星"纽扣——有时会被称作"自由星光"——之后不久就被换成了标准的墨绿色塑料纽扣。虽然并不受欢迎,但头盔上的大网眼盔网在大战期间也配发到了军队。他脚上穿的是最新设计的丛林鞋,因为轻便和速干的特点受到很多美国士兵的喜爱。(当时还有一种短靴版本。)他携带着勃朗宁机枪重52磅(23.6千克)的三脚架,还有通用弹药袋、M1卡宾枪及其双弹匣弹药袋,以及一把掘壕锄。

D3: 装弹手列兵

每挺机枪会指派2名及以上的士兵携带弹药,每人可以携带250发链式子弹,重5磅(2.2千克)。"一战"时期古旧过时的木质弹药盒还在小规模地使用,但金属质地的弹药盒才是标配(而且直到今日,美国陆军还在使用这种只经过几次细节修改的弹药盒)。这名士兵穿着战争中期款的HBT作战服——不过却搭配了绑腿——以及一把制式的用来砍断丛林藤蔓的砍刀。他的武装腰带和一次性子弹袋里装着M1加兰德步枪的弹夹,刺刀则挂在左腰。这种M1936款的武装吊带在太平洋战场上往往被弃之不用。他还在吊带上别着一枚MkIIA1手雷——大兵们有时用胶带来固定它们。

E: 1943—1944 年,饭点

E1: 陆军狙击手

这名狙击手穿着M1942款连体伪装服,戴着M1941款软帽——这种软帽非常受欢迎,有时还会被士兵们戴在头盔里。这套连体伪装服是陆军设计配发的第一款专用丛林作战服,但同绿色的HBT版连体服一样,穿着时闷热且笨重——当士兵们要上厕所时,不得不取掉武装带并把连体服的整个上半部分褪下来。虽然这套伪装服在米黄底色上设计了绿色和棕色的伪装图案,但当穿着者移动时,还是很容易被发现。虽然如此,对于狙击手而言——他们在战斗时很少移动——而且不失为一种有效的掩护。这名士兵装备着一款M1903 A4型步枪,安装了韦弗公司的2.5倍瞄准镜。他还装备着轻便的60发子弹带,背后是全新的M1943款丛林背包。

E2: 第93步兵师,医护兵

这名属于非裔美国人部队的医护兵穿着与狙击手同样的1943年开始配发的连体伪装服。他的脚上是帆布和橡胶质地的丛林靴,头上则戴着比之前M1940款卡其色"黛西·梅"帽颜色更绿的HBT版软帽。一对医疗包配在特制的吊带上。这名士兵并没有配备武器,但在太平洋战场上的医护兵其实通常都会携带武装,因为日军有向他们射击的恶习,也正因此,他也没有佩戴红十字标识。他脚边的提袋,原本设计用来容纳金属弹药盒,但在战场上被广泛用作其他用途。通常非裔美国人士兵都分散在陆军的各个部队从事支援工作,但有一支全黑人师——第93师,"一战"中在法军的指挥下功勋卓著——被部署到了太平洋战场。

E3: 坦克营参谋中士

这位参谋中士穿着专为驾驶员和机师设计的HBT连体服。就像HBT作战服惯常那样——但在太平洋战场上很少见——袖子上有军衔标识。他装备着为坦克手和驾驶员专门设计的第一款0.45口径肩带式手枪套。他用自己的纤维皮革质地坦克帽装着K级口粮,早餐、午餐和晚餐食物盒上分别有不同的颜色。

美军坦克可以很轻松地战胜日军坦克,但敌人的47毫米反坦克炮也能从侧面击穿谢尔曼坦克。携带爆破杆和炸药包、反坦克手雷的工兵发起的自杀式攻击也能给坦克造成极大威胁。在太平洋战场上部署的陆军坦克和坦克歼击车部队包括:

在这张不同寻常的照片上,位于后方的第6游骑兵营的军官和他的部下们配备了军衔标识,并有迷彩头盔罩。对于游骑兵而言,战斗中不会佩戴军衔,并更多地会选择绳边软帽。前面的军官穿着伞兵靴。第6游骑兵营组建于1944年,在菲律宾战役中战功卓著。

1944 年，缅甸：弗兰克·D. 麦雷尔准将的第 5307 合成部队（麦雷尔掠夺者）中的战犬教员。装备卡宾枪的士兵背着迷彩野战包。汤姆逊冲锋枪手（左边）穿着橡胶和帆布质地的丛林靴，并在头盔下戴了一顶绲边软帽，他的战犬携带了一个急救包。在 1944 年 4 月，第 5307 合成部队执行第三次作战任务时，被拆分成了三支：(亨特上校) 第 1 营，另有中国第 150 师组成红白战斗群；（麦吉中校）第 2 营和 300 名克钦游击队；（金尼森上校）第 3 营，另有中国第 88 师，组成橙色战斗群。

西南太平洋：1944 年，布干维尔岛，第 193 坦克营（M3 李式坦克）；1944 年，新几内亚，第 4 坦克营、第 632 坦克歼击车营（M10 狼獾）、第 603 坦克营。

中太平洋：1943 年，马金岛，第 193 坦克营（M3 李式坦克）；1944 年，马绍尔群岛，第 767 坦克营（M4A1、M5A1 坦克，M10 坦克歼击车以及喷火坦克）、第 766 坦克营；1944 年，马里亚纳群岛，第 706、第 762、第 766 坦克营；1944 年，帕劳群岛，第 710 坦克营、第 819 坦克歼击车营（M10 式）；1944—1945，菲律宾，第 44、第 716、第 754 坦克营、第 632（M10 式）、第 637（M18 式）坦克歼击车营。

冲绳：第 706、711、713、715 坦克营。

F: 1944—1945 年，菲律宾

F1: 游骑兵或侦察部队，军官

这名军官穿着新配发的 M1942 款两件套丛林伪装服。到战争的最后一年，大多数美国士兵都配发了标准的军绿色版 HBT 作战服，伪装服的使用越来越少。但是在执行远距离侦察任务时，他们还是经常装备这种伪装服，并搭配软帽而非头盔。这名军官没有佩戴标识，但他很有可能属于第 6 游骑兵营或第 6 集团军的"阿拉莫尖兵"[1]部队。他穿着新配发的扣带鞋，由于便于快速穿着，这种鞋在战争的最后一年成为了标配。他的 M1 卡宾枪弹匣袋配在武装腰带和枪托上。他携带着一把当地的"博洛"刀而非制式砍刀，用来清理通向丛林深处的路径。

F2: 第 11 空降师，营长

因为在地面作战，这名营长去掉了他头盔衬垫上特制的护颏——因此脚上的科克伦伞兵靴就成了辨识他空降兵身份的特征。虽然他没有佩戴任何营长应有的中校或少校军衔标识，但他配备的肩带式手枪套还是表明了他的军官身份。他头盔上的迷彩是战争最后一年被少数几支部队采用的图案。装备的 M3 款野战匕首很快会被 M1 卡宾枪刺刀替代。另外他还配备了绿色的丛林大急救包。

规模较小的第 11 空降师在整个战争期间都只有 8200 人的编制，首次参战是于 1944 年 11 月增援莱特岛。麦克阿瑟手下还有第 503 独立伞兵团，曾先后在纳扎布（1943 年）、诺姆弗（1944 年）空降作战，以及——也是最著名的——1945 年 2 月的科雷希多空降。

F3: 第 26 军需战犬排，列兵

这名左撇子列兵正在听一台 SCR536 型步话机，因此很有可能是名传令兵。他也戴着迷彩头盔，穿着晚期版本的 HBT 作战服，但却穿着老式的 M1941 款短靴，裤子上没有口袋并搭配绑腿。装备着 M1 加兰德步枪和 MkIIA1 "菠萝"手雷。就像他一样，士兵们一般会把即将

---

[1] "阿拉莫尖兵"是第 6 集团军在太平洋战场上成立的一支侦察部队，因 1945 年 1 月在菲律宾营救美军战俘的卡巴那图营救行动而成名。阿拉莫的名称来历是为了纪念德克萨斯州为脱离墨西哥暴政而爆发的阿拉莫战役中的英雄。

使用的加兰德弹夹塞在武装吊带上，有意思的是，这位士兵持有的是一整板红色弹尖的曳光弹弹夹（黑色弹尖的则是穿甲弹）。排/连级使用的 SCR536 步话机有效距离大概为两英里，通常单部配置。它并没有单独的外部开关，当要使用时，只需简单地扯出天线即可操作。

陆军中"征召"了 1 至 5 岁龄、肩高 20 英寸（50.8 厘米）、体重至少 50 磅（22.7 千克）的中等体形犬以组建"K9"部队。德国牧羊犬一般是首选，但陆战队则更喜欢杜宾犬。有意思的是，军需部门不仅要提供战犬，还要负责提供教员。战犬被训练用来侦察、传递、驮运物资和看守战俘。在漫长艰苦的战争后，许多战犬都被发现变得对炮声极度敏感，体弱多病（犬恶丝虫病）并筋疲力尽（可是战犬们却没法得到紫心勋章）。

G: 1945 年，冲绳

G1: 第 77 步兵师，BAR 机枪手

勃朗宁轻机枪（BAR）——此图中配齐了所有附件——为步兵小队提供火力支援，并在战争最后一年组建的碉堡爆破小组中扮演着重要角色。穿着标准的晚期 HBT 作战服的同时，这名机枪手也穿着此时标配的扣带靴。他的头盔上有第 77 师在冲绳岛战役期间涂装的"自由女神"标识——外围是白色轮廓。但也有一些特写照片（比如该师一位连队指挥官，克里尔上尉在被授予银星勋章时的照片）中显示，有些头盔在左右两边都有白底黄/蓝符号的图案。除了伪装迷彩，头盔上涂装任何符号的做法在太平洋战场上都很少见，只是军衔标识偶尔会被印在头盔背部。有一段时间，第 27 步兵师使用的黑绿交错伪装头盔上也有一个白色轮廓的四边形标识。值得注意的是，这款头盔还搭配了一根战争最后一年才配发的弹性头盔带。而这种金属框架椭圆形镜片的眼镜则是近视的美国士兵的标配。

G2: 第 77 步兵师，喷火兵

这名战斗工兵穿着战争晚期版本的 HBT 作训服，装备着 M1A1 型喷火器。当发射时，他必须双手持握，并站稳脚跟，不然就会被助推凝固汽油的氮气带来的后坐力推倒。

G3: 美国海军陆战队，步兵列兵

在瓜达拉哈拉、塞班、冲绳，陆战队员和陆军士兵们都并肩作战。尽管存在激烈的竞争，但陆军第 77 步兵师与海军陆战队却有着不同寻常的默契。这名"掉队"的陆战队员——大概 18~20 岁，比第 77 步兵师的士兵平均要年轻 8~10 岁——自愿以喷火兵助手的身份加入了陆军的战斗小队。这名装备着步枪的助手要负责保卫载荷沉重的喷火兵，还要打开凝固汽油和助推气罐，以及携带 5 加仑

1945 年，冲绳：这名来自第 96 步兵师的老兵——很典型地——尽可能轻装上阵。因此他只携带了匕首、弹药腰带、急救包和一个空的水壶。

的凝固汽油备用罐为喷火兵补充燃料。

借以识别这位陆战队员的装备包括标准的陆战队版 HBT 作战服，带有显著的 USMC 标识以及由雄鹰、地球、船锚组成的图案；陆战队制式的伪装盔网以及独有的 K 型战斗匕首。陆战队员没有配发扣带靴，因此他穿着陆战队标配的战靴。在他的口袋里应该装着一枚铝热剂（WP）手雷，用以在喷火器枪口的点火装置失效时使用。

H: 其他

H1: 1943 年夏天，阿留申群岛，吉斯卡特遣部队[①]，步枪兵

虽然理论上算是被部署于太平洋战场，但这位士兵还是必须穿着冬季装备——阿留申群岛远在白令海峡。他穿着拉链门襟、毛绒里衬的棉质帆布坦克手冬季长裤，搭配 M1941 款帕森斯夹克。他的鞋子要么是一款早期型号的 M1944 款绑带靴，要么就是款式相近的民用款。这些高筒冬靴，虽然能够保暖，但很容易让双脚出汗，而后结冰。

---

① 1943 年 8 月，盟军为进攻吉斯卡岛组建的特遣部队，共有陆军 34000 人，海军有 3 艘战列舰、18 艘驱逐舰、30 多艘两栖战舰。

吉斯卡特遣部队的士兵随心所欲地把战刀肩袋背在左右两边。第 7 师经过激烈的战斗后占领了阿图岛，但在吉斯卡岛上，虽然日军已经撤退，但美国陆军依然因为失足和疾病伤亡了 2000 人。美军在此战役中试验了多种冬季装备，包括厚毛毯和加长的北极版帕森斯夹克。

H2: 1943 年，西南太平洋，军需中士

这名大后方的士官为了舒适，穿着卡其色衬衣和短裤。因为任何一点刮伤或是蚊虫叮咬都几乎无一例外地引起感染，所以太平洋战场上的一线士兵很少穿着短裤（炮兵有时会穿短裤，但相对而言他们运动得更少）。他的附近放着战争早期配发的遮阳头盔，但他却戴着半官方的"摇摆帽"，这款帽舌稍长一点的 M1941 软帽深受第 11 空降师的欢迎。他脚上穿着的是澳大利亚生产的低帮平头钉作训鞋。他的手枪武装腰带上配着指南针包、水壶和左轮手枪套——也许是 M1917 款 0.45 口径手枪，但更有可能是史密斯 & 维森公司生产的 0.38 口径左轮手枪。

H3: 1945 年晚期，日本，第 8 集团军司令部，一级军士长

在日本寒冷的秋天里，这位资深士官穿着深棕色呢质常服，享受着胜利的果实。他的船形帽上有象征步兵的蓝色绲边。身上的"艾克"夹克——官方名称是 M1944 款军绿色绒线战地夹克——作为出行服非常受欢迎，每个获得它的人都迫不及待地用其替换掉原有的四袋毛绒外套。在左右两边的翻领上各自别着黄铜圆盘状的"US"标识和步兵特有的交叉步枪的领徽。左袖上的服役年限斜纹显示，这位战前常备兵已经完成了两轮服役并派驻海外长达 2.5 年。他现在所属的第 8 集团军司令部标识则出现在左肩部，同时在右肩部他还被允许保留佩戴他曾经服役战斗过的第 25 "热带闪电" 师的标识。在他左胸的蓝/银色战斗步兵徽章下方是勋略章，勋略章中包括带有 V 字形纹章的铜星勋章，以及缀有四颗服役铜星的亚太奖章。图中虽然看不见，但在他的右胸口袋上方，应该还配有蓝色的"杰出集体"嘉奖奖章（战后更名为"总统集体"嘉奖奖章）。

49

美国陆军 1939—1945 年

地中海战场

The US Army In World War II (2)
The Mediterranean

简介

在1942年末被投送到地中海战区的那支美国陆军，初出茅庐，毫无经验。美国直接对抗纳粹德国的急迫心情世人皆知，而这一政治需要使得战斗必须尽快开展。盟军在维希政权的北非领土的登陆，以及随后在突尼斯的一系列血战，使得原本青涩的美国军队和指挥官们在实战的腥风血雨中成长起来。挟地中海战役胜利之威，以及登陆法国计划延缓到1944年之后的现实，英国的将军们成功说服盟军在1943年中登陆西西里及意大利本土。这场战役预言了轴心国势力的坍塌，意大利首先投降，并加入了同盟国阵营。这些战斗还给美国陆军及美国海军提供了宝贵的两栖登陆经验，在随后的1944年6月诺曼底登陆中发挥了重要的作用。

但北线战场优先的战略，使盟军在意大利投入的战争资源不足，从而导致1944—1945年间，困在意大利山区中的盟军部队军需物资不断增长，超出了供给能力，最后几乎在战略上陷入了穷途末路。

美国陆军在意大利战场上投入了其最好的三支部队：第442（日裔）步兵团、第1别动队和第10山地师。但有意思的是，这三支部队都被艾森豪威尔将军排除在了法国战场之外。马克·克拉克将军的美国陆军第5集团军在意大利时还接收了两个全征召兵新建师，即第85步兵师和第88步兵师，以及由非裔美国人组建的第92步兵师。

到欧战胜利日之前，美军在欧洲战场的"底部"还保留了6个师以上的兵力，配合来自英国、加拿大、印度、新西兰、南非、波兰、法国、北非、巴西以及"战时盟国"意大利的部队，对抗着大部分时候由陆军元帅阿尔伯特·凯赛林指挥的且战且退但负隅顽抗的德国国防军。

1942年11月，海上：一位非武装神父正准备参加登陆北非的"火炬行动"。他穿着美国士兵标配的军绿色绒布质地衣裤臂上有国旗肩章，右腰上有皮革底的"小风笛"挎包，另一边则是放置防毒面具的大挎包。他的左衣领上有基督十字，左臂上应该还绑着神父的紫色窄披肩作为标识。

军服

防寒服

美国陆军基本上是穿着"一战"式的冬季军服开始投入大战的。标配是土褐色毛绒上装和长裤，搭配1941年短款"帕森斯"野战夹克。这款夹克另有长款双排扣设计。32盎司土褐色毛绒质地的大衣被用以御寒。这款大衣有着宽大的绳边衣领、肩章，背后有蓬松的折褶以及内嵌的半束腰带，还有两个侧边斜袋。这款大衣在整个大战期间基本都是采用的将军款黄铜鹰扣，但在战争后期更换成了绿色的塑料纽扣。由于后勤短缺，缺乏其他可以御寒的衣物——特别是在1944年的比利时和法国战场——一线的美国士兵们纷纷重新穿起了这款怪兽一样的衣服以抵御大战的最后一个寒冬。虽然保暖性能良好并且防水，但它毕竟太重，除非是为了对抗最严寒的冬季气候，军队都避免穿着这款大衣。（卡车驾驶员有时会刻意裁掉这款大衣的腰部以下，就是为了便于活动。）在弱光环境下，穿着这款大衣时的轮廓也会很不幸地被误认为是普遍装备大衣的德国军人。它在整个大战期间都作为常服大衣，士官的军衔斜纹会用黑底军绿色印在两边的袖子上。另外也有长款的前排扣雨衣被作为冬季防寒服配发给了一线部队。

另一款从"一战"时期遗留下来的防寒服是马金瑙厚短衣。大战期间该款大衣总共有三个版本，都是长及腿部，设计有双排扣、青果领、束腰带。虽然对于战斗穿着来说还是有点笨重，但它毕竟穿着舒适而广受欢迎。尽管穿着它的更多是一线军官，但它在卡车司机中颇为流行。它同更轻便的帕森斯野战夹克一样，

1944年1月，拉皮多河附近：第19战斗工兵团指挥所的军官们，其中一人穿着第一版带绒毛衣领的马金瑙大衣，左边的通信兵则在他的技术下士军衔徽章上佩戴着第2军的臂章。天线杆是旧式的骑兵款，骑兵可以像携带长矛一样携带这种天线。

普利策奖得主厄尼·派尔（右侧）穿着一件马金瑙大衣，戴着一顶配有护目镜的吉普帽，正在意大利战场上和坦克手们交谈。左边的一位穿着冬季版的"坦克手夹克"。作为一名作家，派尔因其平易近人而广受赞誉，他几乎就是美国普通士兵的非官方代言人。在对欧战争胜利之后，他跟随第77步兵师前往太平洋战场，在冲绳的一次行动中牺牲。

面料都采取了经过防水处理的 10 盎司卡其色 / 淡绿色棉布，里衬则使用了 26~30 盎司绒毛。战前款的马金瑙厚短衣采用的是绒毛面料衣领，而 M1941/42 款是采用布料衣领。三种款式都采用了褐色塑料纽扣、束口袖带以及两个翻盖腰袋的设计。M1941/42 款更为轻便，但保暖性差一点，最后一版则取消了内嵌腰带。

在战争爆发初期，还配发了一种纽扣式及膝款北极大衣 / 派克大衣。本质上来说，这就是一款更长的皮毛里衬的马金瑙大衣，设计有帽兜，取消了腰带。但除非在最寒冷的天气下，否则这款大衣都显得过于沉重而没有必要使用。为了应对 1944、1945 年的冬天，陆军配发了一款带帽兜、毛皮里衬的派克大衣，搭配着一款与山地部队作战服相近的外部腰带。虽然很少在战争时期的照片中见到这款大衣的实物，但在巴顿将军和布拉德利将军的照片中倒是曾见两人穿着过。

作为战争早期配发的冬季战斗服，陆军的绒毛里料围兜裤和防风衣式夹克更受欢迎。与马金瑙大衣类似，冬季战斗裤采用了防风防水的棉质面料和毛毯质地的土褐色毛绒里衬，其前部有一个延伸到胸前的围兜，并搭配了吊带。它的特色是在前方设计了拉链，靠近臀部的拉链则收入裤袋中，另有"快尿"拉链设计在襟门。这款围兜裤被设计穿着在正规的绒毛裤和上衣外。

坦克手的冬季战斗夹克在袖口、腰部和颈部都设计有弹力编织的部分，并有侧面的"暖手袋"。这款夹克设计了宽大的后背布料，无肩章。（但有小部分早期版本夹克有翻盖口袋和肩章。）因为弹力针织袖口、腰口和领口设计，这款衣服保暖性胜于 M1941 款帕森斯夹克，在所有的一线士

第 1 别动队的一名突击队员，他的肩章被新闻审查官有意"抹黑"。他穿着新款的 1943 年夹克和山地作战裤——这款裤子裤袋翻盖上的纽扣使其有别于空降兵用揿钮按合裤袋的相近款式。我们可以看到的武器包括一挺汤姆逊冲锋枪、一把 0.45 口径手枪和一颗 Mk II 手雷。同时他还装备着 10 袋版的步枪武装腰带。

1944 年 6 月，罗马附近：第 1 别动队的医护兵们看着一位伤员被抬上一辆半履带医疗疏散车。作为第 1 别动队的士兵，他们穿着特征明显的伞兵靴和山地作战裤。

53

兵中都广受赞誉。尽管对于步兵而言有些笨重,但围兜裤也同样需求广泛。所有阶级的军官们通常都穿着坦克手战斗夹克,将军衔标识别在肩上或是惯常的肩章上。这套夹克和围兜裤总体而言是配发给装甲作战部门的,大多数时候是坦克手专用服,但偶尔也会看到他们的伴随装甲步兵穿着。

陆军军需部门总是按照"多层保暖"的原则配发新的防寒服,因此军绿色的弹力针织毛衣也遵循这一原则。有袖和无袖的套头毛衫都很常见。有袖版的套头毛衫在胸前有 5 颗纽扣,并采用低领设计,通常有点紧身,既可外穿,也可内穿。1943 年冬天时,还同时配发了毛绒弹力的"夜行者"无边绒帽和更厚重的 18 盎司羊毛裤。

陆军还装备了淡棕色皮革手套。他们在冬季使用的则是弹力针织军绿色/深绿色手套。带指手套则更为常见,其中一个版本在手掌和指头部分有棕色皮革。还有一种连指手套是帆布/皮革混合质地,有特设的"扳机扣指"。大战期间还配发过一种土褐色/军绿色的绒毛围巾。

因为长期物资短缺,陆军总是会季节性地为冬季罩靴以及"长筒靴"的配给问题而头疼。因为配给不足,引发了普遍的战壕脚和脚部冻伤。部署在意大利的第五集团军,在 1943—1944 年间的冬天,因为战壕脚而损失了 20% 的兵力。而在 1944 年 12 月的突出部战役中,因为脚伤导致的减员占到了总伤亡人数的 40%。

主要在 1943—1944 年间配发的黑色帆布/橡胶质地 M1942 款罩靴,在前部有 4 个金属鞋扣,脚踝部约 10 英寸高。但是其橡胶鞋底很容易从帆布鞋面上脱落。在大战晚期,军方配发了一种更新的 5 扣式版本。在大战早期还配发了一种橡胶/皮革混合质地的 16 英寸高"布鲁谢尔"系带靴,大部分靴子的材质是上油皮革。但当部队行军时,这种皮靴往往导致各种严重的脚部损伤,很快就被弃之不用。最好的——至少是缺点最少的——冬季靴是 M1944 款防水系带"长筒靴"。它有着橡胶鞋底、皮革鞋面,12 英寸高的鞋帮,并且具有良好的防水性能。

这些冬季靴在搭配呢质袜子或制式滑雪袜时都能为士兵提供基本的保暖功能——但也都无法彻底解决部队在冬季行军中所遇到的各种问题。

部队军官们通常都穿着和士兵一样的防寒服。在极少数的情况下,可以看到他们在战场穿着军官版的军绿色防水短大衣,大多数连级军官宁愿选择坦克手夹克、M1943 款四袋作战夹克或是马金瑙大衣。

作为常服,军官们会穿着几种版本的防水短大衣或是米黄色青果领马金瑙绒毛外套。将官们的穿着则按照惯例有更为广泛的选择空间。可以看到那些派驻海外的将军们穿着各种各样的战斗夹克,甚至包括空降兵的皮革尼龙质地飞行服,自由裁剪或量身定制的外套也很常见。1944—1945 年间,两到三款宽大样式的"艾克服"——M1944 款军绿色绒毛野战夹克——在将官和其他高级军官中广受欢迎,特别是参谋和非战斗军官。(老

(右图):第 91 师的士兵展示着新配发的 M1944 款"长筒靴"和 M1943 款夹克(上面甚至还有制造商标签和配发标签)以及绒布质地的睡袋。1944 年时,位于意大利的部队基本上都能及时收到冬季装备,但许多位于法国地区的美军士兵则要等到 1945 年 1 月。

虽然对睡袋的评价很高,但其实前线的士兵很少能够有机会使用它。因为有机会必须在紧急情况下迅速拿起武器奔赴站位,他们不可能有时间从睡袋中钻出来,还要再把靴子穿上。老式的土褐色绒毛毯、雨衣斗篷才是一线士兵们最佳的睡觉装备。这种睡袋是一种"木乃伊"式的大袋子,在脚部有布条可以系紧,另在头部有帽兜设计,有时还配有防水的外罩,但陆军士兵基本上只把其当作一条双层折叠且有拉链的毛毯而已。冬季时,美国士兵有时会非常有创造性地在这种睡袋上挖出两个露出胳膊的洞,并保留帽兜,将其穿在夹克下御寒。

第1别动队的士兵几乎会穿着陆军配发的所有种类的靴子。这排于1943年摆在蒙大拿州哈里森堡某个铺位上的鞋子，从左到右包括：低帮常服鞋、两双及踝短靴、山地—滑雪靴、跳伞靴、冬季四扣式罩靴。

式的1904年款黄铜扣黑色皮带也偶尔被高级军官们佩戴，巴顿将军尤其钟爱它。时至今日，这种皮带依然是美国陆军将官们的特权服饰。）

山地部队军服

第1别动队和第10山地师都配发了数量可观的专用装备。冬季大衣则是其中最明显的独特装备。

为了应对欧洲山地作战，陆军配发了M1941款褐色棉绸滑雪服。将军版的滑雪服长及腿部，带帽兜，套头穿戴，胸前有两个"暖手袋"。在颈部有细绳拉带，袖口可以扣合，采用了两面穿白色面料。另有带扣翻盖袋和无扣翻盖袋版本。晚期版本则在领口部位设计了3颗纽扣。

第一个版本的滑雪服上有翻毛缀边的帽兜和袖口。该版本设计了白色衬绒和弹力袖口以增强保暖性，在雪天中，里衬可以外翻穿着。同时，山地部队还配发了衬绒版的北极派克大衣。

M1942款山地外套专为山地师设计。它几乎就是M1943款战斗夹克的翻版，以至于很多人第一眼都会将两者混淆。它采用了同样的军绿色棉布，有两个胸袋和两个内袋。矮一点的口袋设计有裸露的军绿色塑料纽扣，同时还有藏在前襟下的拉链。这款山地外套设计有可分离的帽兜，没有肩章，其明显的标志是裸露的腰带和带扣，而且有着特别明显的内置"驼峰式"后背袋设计。这款背袋侧面有拉链，不用时可折叠起来，用束腰带固定。而当需要使用时，设计在手臂和肩部的内置束带则可将其绑定。

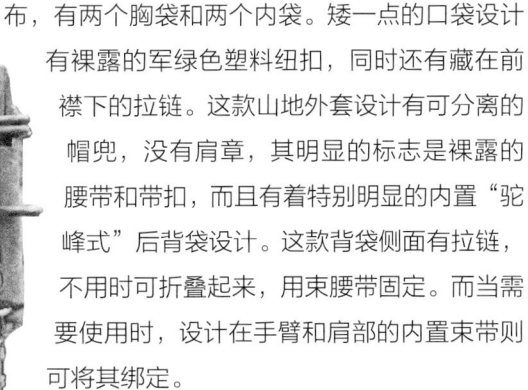

M1942款山地裤是一款简单耐用的军绿色棉质军裤，裤口收紧，有腿袋，前部有三角形拉链裤袋，两侧和臀部都有翻盖袋。同时，它为吊带和腰带袢带都设计了纽扣。在收紧的

裤口上设计有弹力带。另外第 10 山地师和第 1 别动队还配发了土褐色毛绒 M1941 款滑雪裤，同样在裤口上有弹力带，并配有一条 3 扣式的宽束型腰带。除此之外，专为第 10 山地师和第 1 别动队配发的特殊装备还包括滑雪衫、雪靴、帆布背包以及短款欧洲山地靴和长筒橡胶靴。

空降部队军服

在尝试了带有拉链袋的绿色"气球布"跳伞装和 HBT 作战服之后，空降部队最终选择了卡其色斜纹棉布面料的两件套跳伞装。与德国或英国空降部队不同，美国陆军最终决定放弃跳伞连体罩衫。军方希望美国伞兵在跳伞时能够携带自己的武器和大多数单兵装备（大部分放在口袋里）。在试用过一种本宁堡[①]裁缝店创造的"M1941 款跳伞服"之后，军方开始配发改进后的 M1942 款制服，采用了卡其色或黄褐色的防风防水棉质布料。

这套 M1942 款跳伞服带有四个反折褶的明贴袋，袋盖用两个揿钮扣合。这款前部有拉链的夹克最明显的特征是内置束腰带、肩章，以及覆盖脊椎和后肩部的三角形插布。搭配的作战裤两侧都有侧缝和反向折褶的腿袋，内接缝处则有布质腿带，用来绑定腿袋和装备。作战裤采用了收口设计，以便于塞入跳伞靴中。

头部装备中，最早配发的是 A2、A8 款战斗无边帽，但很快就被替换为橄榄球式的里德尔防撞头盔。接下来部队则大规模配发了钢制锅形头盔，在其里衬上有一根特制的织物带，用以配装皮革质地的下颏托。通常士兵们还会在头盔里面穿戴绒毛弹力的吉普帽（无檐小便帽）作为着陆时的缓冲。

跳伞靴，最早可能是由平民"跳伞消防员"使用的 11 眼高帮靴演变而来。原来的版本用束带和带扣来固定踝部，而改进后投产的美军版的黄褐色皮质 11 眼靴，则去掉了踝部束带，将鞋头包皮、鞋底前部斜切，并采用了橡胶鞋底以适应空运空投。在这种靴子的几家生产厂商中，科克伦最为出名，以至于这款大获成功广受欢迎的靴子很快就以"科克伦靴"作为泛指昵称。建队之初曾接受伞降训练的第 1 别动队通常也穿着这种跳伞靴，其他足够幸运获得它的军官和士兵们也时常穿着。

在欧洲战场上，M1942 款跳伞服通常会在膝盖和肘部加上补料（有时还会加上补垫）。还有部队担心该款军服的颜色过于明亮，会在其上喷涂绿色或黑色的条纹。在 1944 年晚期，陆军开始为伞兵部队大规模配发全新的 M1943 款军绿色 4 袋战斗夹克和扣带靴。新夹克被人们所接受，但士兵们还是尽可能地保留使用原有的伞兵靴。除此之外，伞兵部队还接收了一批 M1943 款军绿色裤袋版作战裤。

1944 年，意大利：第 34 步兵师的一名士兵正冒着炮火指挥交通，随时准备躲进掩体里。他将一件 1943 年夹克的绒毛里衬翻过来穿在外面——原本的外料是棉质的。

宪兵一般从属于两种单位：各师宪兵队以及军和集团军级后方指挥所的宪兵队。后方指挥所宪兵队主要负责执行纪律、维护条例。他们可以对包括当众酗酒、军容不整或是有其他犯罪行为的当事人执行罚款或进行逮捕，除此之外还负责交通指挥和普通安全。师级宪兵队则负责交通、区域保安、战俘管理和纪律管理。他们也会被部署在非常靠近前线的地方，当负责疏通交通时，往往会顶着猛烈的炮火。师级宪兵队对普通步兵有很高的约束力，正如第五集团军的一名老兵比尔·莫尔丁所说："当一名佩戴着宪兵标识的小兵对另一名士兵发号施令时，后者往往言听计从。"

①本宁堡为美国重要军事基地。

除了军服之外，为空降部队专门配发的装备还包括 M2 款弹簧匕首、"一战"式黄铜带指套战壕刀、M1A1 折叠枪托卡宾枪，以及专为空降部队设计的各种版本的武装腰带。另外，在 1944 年，美国伞兵还在空降时配备了专用的伞降急救袋，包括止血带、止血包和吗啡针剂，通常配在肩带或头盔上。

M1943 款作战服

长及臀部的 M1943 款作战夹克（PQD370）的设计灵感来源于 M1942 款伞兵夹克。它采用了军绿色版滑面棉缎面料与棉布里料。设计有两个前胸明贴袋、两个内袋、肩章、塑料暗扣，以及更便于穿着的拉绳束腰带。M1943 款作战服最早在安齐奥战场①由第 3 步兵师试用，很快被大规模普及。该款的大口袋设计尤为受到推崇，美国士兵们甚至发现有了这些大口袋，他们几乎都可以将携具弃之不用了。对其的抱怨主要集中于该款作战服既不防水，也不够保暖。冬季时，士兵们一般都会在里面加上内衬或是毛衣。M1943 款夹克里衬是一种人造皮毛（马海毛/阿尔巴卡）衣物，有着巧克力色的外露纽扣和弹力袖口、衣领，设计有两个侧袋，用六颗塑料纽扣和束衣带扣合。这种简单的里衬很受欢迎，经常被用来单穿或是搭配派克大衣。还有一种并未被普遍接受的方式是将毛绒的"艾克服"与 M1943 款夹克混合穿着。偶尔还会看到士兵们在 M1943 款作战服下穿着 M1941 款帕森斯夹克。这款 1943 年的制服，还有一个可分离的帽兜，用来戴在头盔里面或罩在外部。

在意大利的第五集团军很快就接受了 M1943 款作战服，但直到 1944 年末欧洲战场其他部队才开始大规模装备。如今看来，M1943 款作战服也许是整个大战期间最好的作战服，并且成为了大多数现代作战服争相仿效的对象。一个证据就是，今日美国陆军装备的 BDU 伪装服的设计便是源自于它。

另外与作战夹克一起配发的，还有 M1943 款军绿色滑面棉缎布料外裤（PQD371）。它们可以穿在毛绒裤外面，有侧缝设计，侧面有斜袋，右前方则有一个小表袋。它们同样也有腰带袢带和吊带纽扣设计。美国大兵们有时还自己动手给这款外裤加上腿袋。

1944 年，意大利：这名一等兵穿着坦克手夹克和扣带靴，配着一把根据德军制式设计的可折叠战壕锄。他正用一部 SCR 300 步话机保持他的连长与营部的通信畅通。"SCR"意为"成套（Set）、完整（Complete）、无线电（Radio）"——亦即收发一体——而非有时大家误解的"通信（Signal）、部队（Corps）、无线电（Radio）"。

美国陆军在无线电方面的配置非常奢华，大部分战术无线电都是调频式。SCR 194/195/300 系列背包式无线电，被称为"步话机"，通常配属到营/连级使用，有效通信距离大约为 5 英里。可以手持的"手话机" SCR 536 通常是排级单位使用，有效距离大约 1 英里（在良好情形下据说只要大声喊，通信距离就会更远）。大多数坦克和指挥吉普车都配有无线电。无线电的可靠性是部队机动和分散配置战术的基石，正是这些装备使得美国陆军在步炮/坦炮协同水平上达到了一个空前的高度。

①位于意大利，详见后文。

1942 年（重型）装甲师

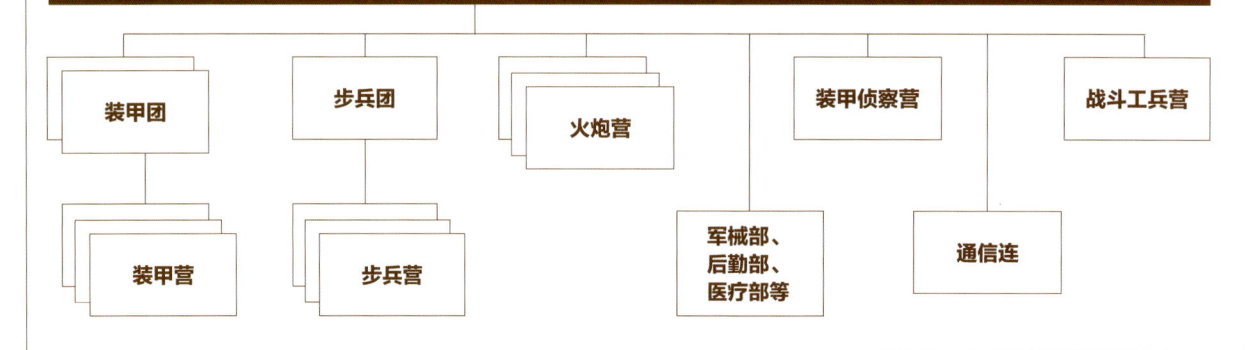

```
                    1942 年（重型）装甲师
    ┌──────┬──────┬──────┬──────┬──────┐
  装甲团   步兵团  火炮营  装甲侦察营  战斗工兵营
    │      │      │      │
  装甲营   步兵营  军械部、 通信连
                 后勤部、
                 医疗部等
```

编制

"重型"和"轻型"装甲师

  当德军的装甲洪流席卷法国时，美国还在实验改进陆军装甲部队的组织形式。1940 年 7 月，美军首先编制组建了第 1 和第 2 装甲师。最初这两个师都各自规划了两个轻型坦克团和一个中型坦克团。到 1942 年，一个装甲师包含了两个三营制的装甲团，另有一个三营制的机械化步兵团。1942 年的装甲师总编制为 14620 人，390 辆坦克和大约 800 辆半履带车（各型载具总计 3500 辆）。这种组织形式很快被冠以"重型装甲师"的名称。战时调度时，拥有这种装甲师的部队会被拆分成 A 战斗群（CCA）和 B 战斗群（CCB）。这种战斗群组织其实就是按照作战任务需求组建的作战团体，能够独立遂行作战任务。

1943 年 1 月，北非：第 1 装甲师的 M3 中型坦克（格兰特）驾驶员们正从黑色纸板运输管包装里拆出 75 毫米弹药。他们中的大多数人都穿着 HBT 连体服，罩着 M1941 款帕森斯野战夹克或冬季版"坦克手夹克"。左边的三人穿着轻型纤维填充的卡其布"冬季战斗头盔"，该头盔被设计用以穿戴在右边三人戴着的硬化皮革质地"装甲兵头盔"下。在突尼斯战役结束时，美国陆军坦克部队中的大多数 M3 系列坦克都换装成了 M4 谢尔曼坦克。

1943年（轻型）装甲师

- **装甲团**
  - 53辆M4坦克
  - 17辆M5坦克
  - 12辆半履带车
  - 3门M8自走榴弹炮
  - 3门81毫米迫击炮
    - **装甲连**
      - 17辆M4坦克
        - **装甲排**
          - 5辆M4坦克
    - **轻型装甲连**
      - 17辆M5坦克

- **装甲步兵团**
  - 71辆半履带车
  - 3门105毫米火炮
  - 3门81毫米迫击炮
  - 9门60毫米迫击炮
  - 9门57毫米反坦克炮

- **火炮营**
  - 31辆半履带车
  - 3辆M4坦克
  - 18门105毫米自走火炮

- **战斗工兵营**

- **装甲侦察分队**
- **通信连**
- **军械部、后勤部、医疗部等**

到1943年，第1、第2和第3装甲师（重型）被认为架构过于笨重。之后建立的装甲师都被拆分到团级作战指挥模式。每个装甲师编制三个坦克营、三个装甲步兵营、三个火炮营和一个侦察分队。这些新的"轻装装甲师"拥有10900人和260辆坦克。投入战斗时，这些营会被拆分成CCA、CCB以及新的后备战斗群（CCR）。1944年7月，第1装甲师改组为新的轻型装甲师，但第2和第3装甲师则在整个大战期间一直保持着重型装甲师的编制。正是这些配有无线电、自走火炮和空勤联络队的全机械化美国装甲师，真正践行了大战爆发时德国人提出的闪电战构想。

一个美国陆军坦克营包括大概71辆坦克和729人，编制为3个坦克连（1943/1944年间装备M4谢尔曼），一个轻型坦克连（装备M5斯图亚特），以及营部和后勤连。这个由中校指挥的营，还拥有3门81毫米迫击炮以及3门搭载在坦克车身上的M8短管75毫米自走榴弹炮。每个坦克连有三个排，各配5辆坦克，连部则有2辆坦克。在战争的最后一年，每个坦克连还加强配备了1门自走榴弹炮。

1944年8月：法国南部，拉莫特附近：第1空勤别动队的机降步兵与他们的韦科CG-4A滑翔机。看起来这是一次幸运的着陆。所有人都装备着卡宾枪。这款韦科滑翔机可以搭载13人或一辆吉普车另加4人。

除了归属装甲师的坦克营之外，还有可以临时加强到集团军、军、师直属的总司令部（GHQ）独立坦克营（1944年时，已组建65支，另有29支在编训中）。由于步兵师并没有配备坦克作战单位，在欧洲战场上，美军经常将独立的坦克或坦克歼击车营临时配属到各个步兵师。

空降师

同装甲师一样，美国空降军的成立也效仿了1940—1941年间的德国空降部队。空降训练营（第501营）很快被扩充为一个团，而第82步兵师则整体转为空降师。来自第82步兵师的精锐则构成了新建的第101空降师的骨干部分。第82空降师参与了西西里和意大利的战斗，之后则投入到西北欧战场。101空降师的首次参战是在诺曼底登陆日配合82空降师作战，之后他们直到欧洲胜利日之前都在西北欧战场鏖战。之后美军则设立了第11、第13和第17空降师。第11空降师投入到太平洋战场，第17空降师参与了突出部战役和德国战役，第13空降师在1945年被部署到欧洲，但并未参战。另外还组建了非裔美国人伞兵营（第555空降营），但这支部队从未离开过美国本土。

（图右上）1942年11月，北非：第1游骑兵营的士兵正在搜索一处法国要塞。他们穿着短款的绑腿，左肩上有国旗臂章和白色识别袖标。右边的士兵配着一款非官方的上敞式枪套。

（图右下）第1游骑兵营的威廉·O. 达比上校，骑着他的哈雷戴维森摩托。他最爱的03式春田步枪插在皮革枪套里。

1942年制空降师

- 伞降步兵团
  - 伞兵营
    - 44挺0.3口径机枪
    - 9门60毫米迫击炮
    - 4门81毫米迫击炮
- 机降步兵团
  - 机降步兵营
    - 18挺BAR轻机枪
    - 10挺0.3口径机枪
    - 12门60毫米迫击炮
    - 6门81毫米迫击炮
- 空降炮兵团
  - 伞兵炮兵营
  - 机降炮兵营
- 空降战斗工兵营
  - 空降防空/反坦克炮营
- 空降通信连
  - 军械部、后勤部、医疗部等

1944年制空降师

- 伞降步兵团
  - 伞兵营
- 机降步兵团
  - 机降步兵营
- 空降炮兵团
  - 伞兵炮兵营
  - 机降炮兵营
- 空降战斗工兵营
  - 空降防空/反坦克炮营
- 空降通信连
  - 军械部、后勤部、医疗部等

所有的伞兵——均为志愿兵——在获得他们的"伞兵双翼"资质章之前都必须完成严格残酷的体能训练及5次跳伞演习。因为会将裤腿卷入他们所珍爱的科克伦伞兵靴里，伞兵部队（PIR）的士兵将所有非伞兵部队戏称为"直腿人"。而滑翔机机降步兵部队（GIR）的士兵"滑翔机骑手"则通常是被配属到空降师的普通步兵士兵。当第82步兵师最初被告知要转制为空降师时，因为对乘坐只能紧急着陆的滑翔机参与战斗并且没有任何特殊待遇和津贴提出质疑，几天之内就有大约四分之一的人哗变（直到1945年，为滑翔机步兵设置的徽章和危险任务津贴才姗姗来迟）。他们搭乘的韦科CG-4A滑翔机很可能是由一位被淘汰的空军飞行员（准尉）驾驶，并很有可能会在着陆时摔得粉身碎骨。另一个让人不安的因素是，据说部分韦科滑翔机是由棺材制造商生产的。当测试乘坐滑翔机时，圣路易斯市的所有城市议员都因该机的机翼折断而坠机身亡。韦科滑翔机也许是战时最好的滑翔机，但它依然不可避免地脆弱易损。有一名日裔士兵在搭乘滑翔机参与进攻法国北部的作战时，在机身上掏出一个小洞以观察外部，但在剩下的整个飞行途中他都不得不用力塞住这个漏洞，以免整个机身被撕裂。

最初的空降师编制规划较小：总共8400人，包括一个伞兵团和二个滑翔机降步兵团，另外还有一个三营制的空降炮兵团被分散配置到两种步兵团中。每个机降步兵团有两个营，编制1600人，而伞兵团则有三个营，编制1000人。部署在太平洋战场上的第11空降师一直保持着这种编制。但由于在这一战场上滑翔机数量稀少，于是美军将其大部分机降步兵重新整训为伞兵。空降炮兵包括三个（后期四个）滑翔机降/伞降75毫米/105毫米榴弹炮营。到了1943年，空降师架构已经变成了1个机降团和2个伞兵团，并且人数编制都有增长。在现实状况中，每个空降师的组织形式和力量强弱都随着时间的推移和战役的需要各不相同，并且互有调动。第82空降师在地中海部署了3个团。但当他们1944年被调动到英国时却留下了一个团——该

61

师的第504空降团参加了安齐奥战役。到诺曼底登陆时,第82空降师投入了1个滑翔机降团和3个伞兵团,但此时已经归建该师的第504空降团留在了英国。到了1944年12月的突出部战役时,为了赶上已经扩充的第82空降师和第101空降师的现实状况,美军又批准了更大的13000人的空降师编制。

空降师的作战单位规模较小而且往往轻装。虽然拥有高水准的士兵素质,但由于天生缺乏车辆、火炮和人力资源,空降师往往很难在战斗中支持较长时间。将他们像普通步兵那样投入突袭之后的长时间作战是一种资源浪费。但在战斗中的紧急时刻,这种权宜之举却屡屡发生。例如在萨勒诺战斗进行到最绝望的时刻,第82空降师的部分兵力就不得不直接被空投到滩头阵地上作为紧急增援。要想使空降师持续战斗,就必须为他们提供额外的补给和战斗部队。

游骑兵

美国陆军对英国突击兵表现出来的活力和效率印象深刻,因此批准组建了一支由经过特别训练的士兵组成的类似部队。1942年6月,500名从第34步兵师和第1装甲师中挑选出的志愿人员在北爱尔兰成立了第1游骑兵营——以此纪念在对法战争和印第安战争中的殖民地游骑兵连——指挥官是第34步兵师的炮兵少校威廉·O.达比。这些士兵通过了位于苏格兰的英国突击兵学校苛刻的训练。第1游骑兵营在登陆北非及突尼斯战役中作为先锋部队发挥出了重要作用,由此激励了更多的游骑兵营得以组建。

第2游骑兵营于1943年4月在美国本土成立,于诺曼底登陆日在奥马哈海滩和奥克角第一次参战。第3和第4游骑兵营则是在北非,以第1游骑兵营的老兵为骨干成立,于1943年7月参加了西西里登陆。第5游骑兵营于1943年9月在美国本土成立,并在英国接受了突击兵训练,之后在奥马哈海滩首次参战。第6游骑兵营于1944年8月在太平洋战场组建,并参加了1944—1945年间的光复菲律宾战役。

游骑兵营的编制很小,只有26名军官和354名士兵,通常由1个营部连队和6个游骑兵连组成。每个连编制3名军官和59名士兵,分为2个排,每个排包括2个攻击分队和1个特种武器分队。1944年时,游骑兵营的重火力配备包括6门81毫米迫击炮,18门60毫米迫击炮,14具2.36英寸的巴祖卡火箭筒,以及24挺0.3英寸口径的机枪(通常会被替换为相同数量的勃朗宁轻机枪)。在北非的战斗中,第1游骑兵营的D连集中使用81毫米迫击炮,但很快他们就改变了这一做法并把迫击炮分配到各个连队使用。在西西里战场中投入的3个游骑兵营还被加强了4.2英寸迫击炮。到登陆意大利时,游骑兵营还增强了一个4门编制的105毫米半履带加农炮连。

游骑兵是非常杰出的先锋部队,事实上除了在法国南部的登陆外——

津贴标准

士兵们的津贴按照津贴等级计算,高级士官为"1级"。但在战后,等级次序进行了颠倒,也就是说一级军士/军士长变成了"8级(E8)"。技术军衔拥有者的津贴水准比其同级稍微高一点。熟练士兵每月多5美元,而一线战斗步兵每月多10美元。伞兵每月另有50美元的"危险任务津贴"。在同一等级中不同的服役时间也会带来津贴的不同。在欧洲战场上,津贴一般都用本地货币发放。1942年战争晚期的基本津贴标准如下:

列兵—新兵—21美元
列兵—7级—30美元
一等兵—6级—36美元
下士—5级—54美元
中士—4级—60美元
参谋军士(上士)—3级—72美元
技术军士—2级—84美元
一级军士/军士长—1级—136美元
准尉—150美元

在那里，他们的作用被第 1 别动队所取代——他们参与了欧洲战场的每一场两栖登陆。但就跟伞兵一样，有时游骑兵也会被战地指挥官错误地当做普通步兵使用。游骑兵最大的问题是，相对于更小巧的突击分队而言，他们编制过于庞大；而对于持续作战来说，他们的规模又过小而且资源不足。在安齐奥战斗中就有一个著名的例子——第 1 和第 3 游骑兵营在那里凭借血肉之躯与敌军的坦克陷入了残酷的一天激战。由于在安齐奥损失惨重，第 4 游骑兵营直接被解散，部分游骑兵被调入了第 1 别动队，他们既佩戴别动队的箭头标识，也保留了游骑兵的标识。在欧洲胜利日一周前，已升任上校的威廉·O.达比作为第 10 山地师的特遣部队指挥官，在一次行动中牺牲。

第 10 山地师

不管是为了实验轻装步兵师编制，还是受到欧洲山地部队的启发，美国陆军都觉得十分有必要组建一支山地师。第 10 山地师的士兵主要招募自西部各州的野外活动行家，他们都在科罗拉多落基山接受了滑雪和登山训练，并配发了特制的衣物。这个有 14100 人的师有三个步兵团（第 85、第 86 和第 87 步兵团），同时还有 6000 匹骡马，另外有一些用以替代卡车的 M29 鼬鼠式履带雪地车。师属火炮则为 36 门榴弹炮。由于欧洲战场拒绝接收这支前途无量的部队，他们于 1945 年 1 月被部署到意大利，并在意大利阿尔卑斯的战斗中大放异彩。

1944 年 1 月，安齐奥滩头阵地：这名第 1 空勤别动队的加拿大突击队员，穿着第 2 版的可两面穿白色派克大衣，他还戴着双套绒帽手套，拿着一挺 M1941 款约翰逊轻机枪，这是别动队特有的武器——在离开美国本土前他们用 2 吨塑料炸弹从海军陆战队手上换来了 125 挺。

1944 年 8 月，法国南部：第 1 空勤别动队的英国伞兵和美国士兵们正在休息。他们分别佩戴着各自国家的国旗袖标和臂章。左手边的美国士兵似乎还在作战服上染上了迷彩色。

第 1 别动队

1942 年 7 月 20 日，前海防炮兵上校罗伯特·T. 弗雷德里克奉命成立一支旅级战斗群，以应对丘吉尔提出的占领挪威的任务。与众不同的是，这是一支由两个国家的士兵组成的部队——其中 30%~40% 的人员是优秀的加拿大志愿兵。从"伞兵、雪地兵、突击队员"里响应弗雷德里克号召的美国士兵，也绝大部分都是志愿兵。其中一些士兵在原属部队曾有"纪律问题"，想按照惯例借由这次机会洗清自己的履历，但所有人都必须经过弗雷德里克上校的亲自面试。他要为自己设想中的突击队式的部队挑选那些富有攻击性且又聪明的特战尖兵。他们进行了大量徒手格斗、爆破、冲刺、冬季行动、空降和两栖登陆的训练。这支被命名为第 1 别动队（FSSF）的部队，拥有 1800 人并组成了 3 个"团"以及 1 支 500 人的支援单位，由美国士兵和加拿大人混合编制。

第 1 别动队首次参战并非投入挪威战场，而是于 1943 年 8 月奔赴阿留申群岛。但当他们抵达吉斯卡岛时，发现日军早已撤退。随后的 1943 年 11 月，别动队被派往意大利，并加强了一个空降炮兵营。在安齐奥滩头和群山的战斗中，他们证明了自己作为一支精锐部队的价值。在安齐奥的一名德军士兵的日记上写道，别动队员们"这些黑色恶魔每每在我们的战

1944 年 11 月，法国东部：442 团级战斗群，F 连指挥所。白人中尉（右侧，穿着马金瑙大衣）应该是连长，他身后是操作 SCR 300 无线电的通信兵。4 名日裔士兵都穿着 M1943 款野战夹克。该团因其在贝尔福峡口的英勇作战而备受赞誉。

线上神出鬼没，我们却无从知晓"。在法国南部，他们以经典的突击战术占领了疏于防御的岸防炮阵地。之后，部队的剩余人员被调派到已升任将官的弗雷德里克新成立的第 1 空勤别动队。这支绰号为"魔鬼旅"及"北美人"的第 1 别动队在 1944 年 12 月被解散。

第 1 空勤别动队

1944 年 8 月进攻法国南部的战役计划需要使用空降力量，但当时在地中海区域并没有可供调动的空降师。因此美军拼凑建立了第 1 空勤别动队（1st ATF），由第 1 别动队的弗雷德里克将军指挥。在罗马郊区，弗雷德里克调集了当时战区中所有的独立空降部队，并在附近的机场成立了跳伞训练营。构成第 1 空勤别动队的主要伞兵部队包括：第 509 营、第 517 团、第 551 团 1 营、第 550 营以及英国的第 2 独立伞兵旅（第 4、5、6 营）。配属加强了第 460、463、602 空降炮兵营，以及第 442（日裔）团的一个滑翔机降反坦克炮连。整个空勤别动队合计 10000 人。

第 1 空勤别动队缺乏足够的伞兵靴，因此至少有一支下属部队采取了非常极端的方式来解决这个问题：这伙人冲到罗马，洗劫了附近地区的美国士兵和宪兵——只要他们的脚上穿着按规定并非配发给他们的伞兵靴。

和在西西里一样，在法国南部的空降，最终着陆区域分散得太过广泛，但弗雷德里克的部下们还是完成了所有的目标任务并在德国占领区内杀了个天翻地覆，他们甚至还俘虏了一个军司令部。令人惊讶的是，在没有运输和后勤支援的情况下，弗雷德里克的这支还不足一个师编制的部队在该地区持续战斗直到 1944 年 11 月（后期用第 1 别动队的士兵替换了英国伞兵旅）。他们变得非常擅长偷袭运输卡车并借此补充自己的战斗所需。该月，第 1 空勤别动队最终解散，剩余人员被调入了第 101 和第 82 空降师。

日裔部队

拥有 1500 人的第 100 步兵营，因其主要从夏威夷的日裔美国人国民警卫队改编得来而著名。这些士兵经过重新整训后，最终投入到欧洲战场，从属于第 34 步兵师，于 1943 年 9 月抵达意大利。同时，从夏威夷和美国本土的"安置营"①中征募的日裔组成了第 442 团级战斗群，编制有 3 个步兵营和 1 个火炮营（第 552 炮兵营），军官中既有日裔，也有白人。在留下了一个营的部分兵力后，第 442 步兵团同样划归了第 34 步兵师。而在 1944 年 7 月，安齐奥战役之后不久，第 100 步兵营被归并到第 442 步兵团中。1944 年 9 月，第 442 步兵团被重新部署到法国南部，归属第 36 "德州"步兵师。在第 36 步兵师的支援下，日裔军队在贝尔蒙进行了其最为著名的战斗。在经过两天的血战之后，第 442 步兵团成功解救了一营被困的德州士兵。在将炮兵营留在德国境内之后，第 442 步兵团又被重

1943 年，意大利：第 100 步兵营的一位只穿着衬衣的士兵——从隐约可见的双筒望远镜盒子可以猜测，他应该是一名士官——正在指挥他的连属重武器排的 60 毫米迫击炮。他佩戴着第 34 步兵师的"红牛"肩章。第 100 步兵营取代了该师原有的第 133 步兵营，并在 1943—1944 年间的卡西诺山战役中表现卓越。

①即"二战"中美国本土的日裔集中营。在 1942 年 2 月 19 日，罗斯福总统授权陆军部在国内设置集中关押日裔的集中营。从 1942 年 5 月 27 日到 1947 年 12 月间，共有 12 万日裔被强迫在此集中居住。

新划归意大利的第 34 步兵师。战争结束时，第 442 步兵团归属重建的第 92 步兵师。第 442 步兵团是美国陆军中载誉最多的部队，而第 100 步兵营则单独受到了"杰出集体"嘉奖。

并非所有的日裔士兵都在第 442 团中服役，在欧洲战场上的其他单位中也有部分日裔士兵。而另有一部分则在太平洋战场充任翻译和审讯职责。

非裔部队

虽然陆军早在美国内战时期就有全黑人部队（主要由白人充任军官），但即使在"二战"期间，人们也总体上认为（虽然其实并没有什么历史证据可以支撑）黑人们并非合格的战士。因此，大多数非裔士兵最初只是在后勤、工程、通信、运输等部门服役。事实上，著名的"红球特快专递"运输部队的 60% 人员都是黑人。后期，由于兵源短缺和来自总参谋部的压力，美国陆军将大约 5% 的黑人士兵编组成了 2 个师（第 92、93 步兵师）及超过 30 个的独立火炮、坦克单位。

1944 年 12 月，意大利北部：第 5 集团军司令，特拉斯科特将军，正在检阅非裔美国人组成的第 92 步兵师部队。右边的士兵佩戴了"水牛"臂章。特拉斯科特穿着一件皮质飞行员夹克，还有一双他私人购买的扣带靴。士兵们则穿着 M1943 款夹克，搭配绒布裤和 M1944 款长筒靴。

人们对这些新组建的黑人作战单位抱有很高的期望。不幸的是，许多因心怀不满而被故意指派到这些黑人部队的白人军官都是南方人，对他们的部下并不抱有什么希望。在太平洋战场上，第 93 步兵师虽然只参加了有限的战斗，但却表现出较高的水准。

各个独立营也令人欣慰，其中最值得提及的是第 969 炮兵营和第 761 坦克营。但是相比之下，第 92 步兵师就表现更差劲了。由于缺乏训练和指挥不当，他们在 1945 年间意大利北部的战斗中乏善可陈。这个师最初下辖第 365、370、371 步兵团，最终重组为包括 1 个白人团、1 个黑人团和 1 个日裔（第 442 团）步兵团的编制。

虽然陆军依然不愿意采取正式的混编方式，但对补充兵源的极度渴望，使得艾森豪威尔将军号召欧洲战场上的后勤黑人士兵们志愿加入战斗部队。有 10000 名黑人——其中包括自愿降阶为列兵的士官们——以班排级补充兵源的方式编入了白人部队。总体而言，这一方式取得了良好的效果，并由此推动了陆军开始迈向全面的混编。

班组支援武器

机枪

在 1918 年的战壕战中，美国陆军开始使用 M1917 款勃朗宁水冷式机枪。作为"一战"时期最优秀机枪的有力竞争者，这款结实耐用的武器成为了"二战"期间所有美军机枪的雏形。1941 年之前，美国陆军将保有的（7000 挺）M1917 款机枪小改为 M1917A1 款。在"二战"期间，洛克岛、柯尔特和布朗公司总共生产了大约 55000 挺 M1917A1 款机枪。战时改款内容包括将部分铜制部件换为钢质，并改进了枪栓。

M1917A1 款机枪是采用水冷式设计、0.3 英寸口径、使用弹带装填的重机枪，枪身与三脚架重 93 磅（42 千克），射速为每分钟 500~600 发。它在防守时可以提供非常优秀的持续火力和中距离的覆盖面，但在快速移动投入进攻时就显得过于沉重。这款机枪通常被配属给重武器连，有时则会搭载在半履带车上。由于重量上的缺陷，有些重武器部队更愿意选择风冷式的 M1919A4 型重机枪。

这种风冷式的 M1919 机枪是在 M1917 款基础上的改进型（去掉了水冷套），在"一战"之后投入使用，主要装备给坦克和战机。在 1930 年代为了便于步兵使用进行了各种改进，最终定型款就是 M1919A4 型。柯尔特、萨基诺和水牛公司在战时大约生产了 389000 挺该款机枪。这款机枪及其搭配的 M2 型三脚架被认为是最佳的标配，全重 45 磅（20.4 千克），配有修长的风冷管，每分钟射速 500 发。A4 款机枪广泛地被配备于排级步兵单位和坦克上。在坚硬的地面上，它还可以搭配轻机枪使用的勃朗宁式两脚架。另外，还有轮式推车可以用来搭载这一机枪，但这种搭配并不常见。

1944 年，更轻的 M1919A6 款重机枪被投入使用。A6 款机枪改造自 A4 款，设计了可拆卸的枪托、折叠两脚架、可以手持的更轻的枪管，战斗全重 32 磅。所有陆军部队都配发了该款机枪，但主要由空降部队使用。新造 A6 款机枪主要由萨基诺公司生产（共生产约 43000 挺），但另有许多由旧款 A4 机枪改造而来。

虽然需要搭配厚重的手套握住枪管或是临时用吊带固定，但 A4 和 A6 款机枪毕竟都可以在移动时

1943 年 9 月，那不勒斯附近：一名第 36 步兵师重武器连的士兵正在操作 M1917A1 款重机枪。他背着 1928 年款野战背包，腰上悬挂着鹤嘴锄，他的头盔下颏托挂在了头盔罩网上。远处是皇家苏格兰骑兵团的一辆英国谢尔曼坦克。

1944 年 10 月，意大利：一名机枪手正借助肩托操作 M1919A6 款机枪开火射击。白色的弹带在此处与其他战场上一样，非常显眼。

手持于腰部开火。当采取这种射击方式时，原有的 250 发弹药带往往被截短使用。这种令人不快的非标准射击方式，因为有害身体及精确度欠佳而并不被推荐使用。

美国士兵总体而言都喜欢 M1919 系列款重机枪提供的强大而可靠的火力，但当和德国的 MG34/42 系列重机枪作比较时，各种抱怨就浮出水面：MG42 机枪格外轻便（25 磅），使用者可方便地更换过热的枪管，而且其射速也高得吓人（每分钟 1100 发）。不管军火供应商们如何解释他们需要在精确度和火力密度上寻求平衡，人们总还是觉得德国的机枪更有优势。士兵们还不喜欢机枪的白色布质弹带，这种布带有时会卡进枪械里。该弹带在大战最后一年终于更换为直到今日都还在使用的军绿色金属弹带。A6 款机枪可以适配新的金属弹带，但 A4 款却不能。为了避免卡带，优秀的机枪手会花大量的时间来清理和重整弹带上的子弹。

一个重机枪小组包括一挺机枪和 5 名人员：机枪手和助理机枪手负责射击及填装，另有两名携弹手，以上 4 人都听从一名下士的指挥。

1919 年，在 M1917 款机枪和"一战"德军反坦克步枪的基础上，0.5 英寸口径重机枪被研发出来，用作反坦克/防空武器。美国陆军和海军最终采购了大约 1000 挺 M1921 款 0.5 英寸口径重机枪，主要用于防空。1930 年代，一种枪管更长、枪身更重的风冷式机枪被研发出来，用以车辆搭载或地面使用，定型名为 M2HB。该款机枪重 81 磅（36.7 千克），搭配的 M3 三脚架另重 44 磅（20 千克）。它的射速为每分钟 450 发，可以发射"大 50"[1]燃烧弹、穿甲弹和曳光弹，并采用金属弹带两侧供弹的装填方式。另有水冷式的 121 磅重 M2 重机枪用以防空。在大战期间，各大厂商总共为地面使用生产了 347000 挺 M2 机枪，由包括 AC 火星塞、富及第公司在内的 7

1943 年 6 月，北非：一个来自第 82 空降师第 505 伞兵团的巴祖卡战斗小队，用迫击炮弹药背心携带着额外的 2.36 英寸火箭弹。射击助手的职责是装填火箭弹并把导火索系在发射管的尾部。接下来他就要拍拍主射手的头盔，然后躲开喷射尾焰。他们都装备着早期的 T 形战壕铲，主射手还配着一把折叠枪托的 M1A1 卡宾枪，携带着一卷绳索和自制的弹药袋。

[1] 指 0.5 英寸口径子弹。

家不同厂商提供。0.5英寸口径机枪一般被配属给步兵连的重武器排使用，也广泛地搭载在包括坦克、卡车和吉普在内的载具上，但在轻型载具上开火时，其强大的后坐力使得枪身很难稳定。搭载在半履带车和拖车上的"四联装"0.5英寸口径重机枪有4根枪管，主要用作防空，但也可以摧毁除了重型装甲在外的几乎所有地面目标，由此获得了"绞肉机"的昵称。即使是单独一挺配置在散兵坑的0.5英寸口径机枪，在开火时也可以有效地将一整连的德军步兵压制得喘不过气来，它那700喱[①]单位装药的火力射在人体上的威力简直难以描述。时至今日，这种经典的武器依然在世界范围内被广泛使用。

巴祖卡火箭筒

早在战前，美国陆军的军械部门——就像拿破仑时期的前辈一样——不停地摆弄着各种型号的火箭，探寻将其作为战争武器的可能性。1942年时，他们研发出一种管状肩扛式火箭发射器，但还未能确定其发射物的种类和用途。为了供给陆军作为反坦克武器，他们尝试在火箭前端安装了一枚M10反坦克手雷，这种创造很快就被认可成为一种完美的步兵反坦克武器并投入生产。它的非官方名称为"巴祖卡"，源于一种漫画中的虚拟乐器。通用电器获得了一份在30天内生产5000具的合同，合同期的一半时间都耗费在了试制母模上，在合同有效期的最后90分钟前，这批巴祖卡火箭筒才被运送到港口。这些新鲜出炉的巴祖卡立即就被分发到正在登船的莫名其妙不知所以的士兵手里，他们即将奔赴1942年11月的北非登陆之战。

巴祖卡火箭筒是一具4.5英尺长的钢制管状发射器，重18磅（8.1千克）。它被用以发射2.36英寸口径的火箭弹头，这正是M10反坦克手雷的尺寸。第一个版本（M1）有两个发射握把及粗瞄具，在木质托部安装了用以点火发射的电筒用电池。操作小组包括一名射手和一名装填手。巴祖卡火箭筒在突尼斯投入实战，虽然很值得质疑它们到底有没有真正击毁过一辆坦克，但毕竟它给美国士兵们提供了一种可以对抗坦克的武器。前端的手柄很快就被发现没有必要，而且在炎热天气下有时火箭弹会在发射管中爆炸。

改进型的M1A款在火箭筒后半部缠绕了线圈，用以加强坚固性，并取消了前手柄。1943年末，新的M9A1款巴祖卡火箭筒投入生产。这款新的火箭筒可以在运输时拆分成两截，并用新的触发电机取代了原来的电

1944年，意大利：第1装甲师的一名准将和一名上尉正在检视缴获的德军88毫米反坦克火箭。这种德国的反坦克武器仿制自从苏联前线缴获的美式巴祖卡火箭筒。这两人的部队徽章都佩戴在左胸上而非肩部。

①喱，即格令，英美制旧式重量单位。最初一格令约等于1颗麦粒的重量。常用于药学、宝石学等领域。700喱约等于45克。

69

装置，火箭和弹头也得到了改进。对于射手而言，火箭弹发射时的后喷是个非常麻烦的问题。为此部队配发了护目镜和特制的面罩，但大多数士兵都懒得佩戴。另外还有圆形的炮盾附件，但因容易损坏而常常被弃之不用。虽然威力低于1944—1945年间的普遍水准，但这些2.36英寸的巴祖卡火箭筒对于暴露在敌人装甲部队进攻下的步兵来说，简直就是天赐之物。它可以阻止坦克过于靠近，而且当足够幸运时，也许可以击毁或者使坦克瘫痪。有意思的是，虽然英国人拒绝使用巴祖卡，但苏联军队却在1942年接收并使用了一整船的该款火箭筒。有可能德军成功缴获了一具，并在后来据此研发了他们自己的88毫米火箭筒。

1944年12月，法国，科尔马附近：第83化学迫击炮营的士兵正在操作一门4.2英寸迫击炮。在西西里登陆战中，该营曾支援游骑兵部队作战。

当在对抗没有步兵保护的敌军装甲车辆时，坦克猎杀小队可以借此造成真正的杀伤。另外，太平洋和欧洲战场的美军士兵都发现，巴祖卡非常适合用来摧毁墙体及碉堡。第47步兵师的一等兵卡尔·V. 谢里丹因其在弗兰泽堡战斗中使用巴祖卡火箭筒的英勇奋战而在牺牲后被追赠了荣誉勋章。他端着"大烟囱"一样的火箭筒，从负伤的携弹手身上取来弹药，与他所在的连队一起在城堡庭院里和大约70名敌军伞兵展开了一场惨烈的战斗：

"……他将个人安危置于不顾，离开掩体，在敌军轻武器和手雷的枪林弹雨中，穿过庭院奔向吊桥入口，对（橡木）大门直接开火。虽然没有装弹手的帮助，而且敌人的火力密集地射向他，但他还是熟练而高效地操作手中笨拙的武器，向目标精确地发射了两枚火箭弹。但这两发火箭弹只是对大门造成了一定损害，他意识到要完成突袭必须马上打开这个缺口，于是装上了最后一枚火箭弹，小心瞄准发射，终于在沉重的木板上撕开了一个破洞。他继而转向他的同伴，高呼'上啊！让我们解决他们！'他拔出手枪冲向大门的缺口，但却在突如其来的毁灭性火力射击下牺牲。最终，这场突袭依靠谢里丹一等兵用生命打开的缺口而大获成功。"

无后坐力炮

1943年中期，美国陆军开始实验反坦克和通用"无后坐力炮"（RCL）。这种武器将发射时的大多数后喷气体从其尾部排出，使其基本没有后坐力。它通常像巴祖卡火箭筒一样肩扛发射，或是架在M1917款机枪的三脚架上。无后坐力炮可以发射高爆弹、反坦克弹或是烟雾弹。该款武器于1945年在欧洲战场上投入使用，最初的M18型57毫米版本被证明非常成功。它的射程、准确度和威力让其在美国士兵中广受欢迎。75毫米的M20型无后坐力炮也于1945年被配发到前线，它重115磅（52千克），长约7英尺，因此必须搭配 M1917 款三脚架使用。57 毫米和 75 毫米无后坐力炮都非常适合空降兵使用。在欧洲战场和冲绳战役中，虽然只投入了非常有限的数量，但这些无后坐力炮成为了士兵们摧毁碉堡和坦克的绝佳利器。

迫击炮

老兵比尔·莫尔丁曾这样评价迫击炮："除了巴祖卡，它比步兵所拥有的任何一种武器都更具令人恐惧的杀伤力。"每个步兵团至少拥有 27 门 60 毫米迫击炮和 18 门 81 毫米迫击炮，而每个连的重武器排则有 3 门 60 毫米迫击炮，营属重武器连则配备 6 门 81 毫米迫击炮。这种武器最大的优点，也许是它们是前线步兵真正能够自己拥有和自主部署的武器，可以依靠其来向远方的进攻目标开火。但也正如步兵使用重机枪一样，他们总是感觉弹药不足。

迫击炮发射时，会将炮弹从炮口装入，炮弹底部的霰弹枪引信在碰触炮管底部后，会引燃一小包火药，从而将炮弹射出。迫击炮的射程取决于炮管的仰角和射手在炮弹上装填的发射火药多少。

美国的 M2 款 60 毫米迫击炮于 1939 年开始投入使用，它其实就是一个缩小口径的 81 毫米迫击炮。这款武器重 42 磅（19 千克），可以发射高爆弹、烟雾弹以及照明弹（伞降照明弹）。对 3 磅（1.36 千克）重的高爆弹最大射程为 2000 码。

M1 款 81 毫米迫击炮基本上就是 1930 年代法军在英国使用的"一战"斯托克斯迫击炮基础上的改进型。这款迫击炮可以发射高爆弹、烟雾弹、白磷弹和照明弹，各种炮弹的重量从 7 磅到 15 磅不等（11~24 千克）。和 60 毫米迫击炮一样，这款 135 磅（61 千克）重的武器在搬运时可以拆分为 3 部分。使用其发射 M43A1 型轻高爆弹（7 磅），射程可达 3290 码。而在机械化部队中，有时 81 毫米迫击炮会被装备在半履带车上。

1944 年 1 月，意大利：第 34 步兵师的前沿炮兵观测手正在他们的吉普车后部规划一次火力打击。吉普车轮胎上绑的雪地链通常用来在泥泞地面上增强抓地力。

在"一战"后，化学部队管理局研发了 4.2 英寸（106 毫米）化学迫击炮，可以发射毒气弹及烟雾弹。不同于滑膛的 60 毫米、81 毫米迫击炮，这款迫击炮炮筒内有着螺纹线，后期改进款的 M1A1 和 M2 型成为了最常见的 4.2 英寸迫击炮。由于重达 330 磅（149.6 千克），所以它只能车载或骡马驮运。后来为这款化学迫击炮研发的专用高爆

弹，使其成为了一种恐怖的武器，可以在超过3000码射程上发射烟雾弹、高爆弹、白磷弹和化学弹。这种武器被编入化学部队管理局属下的4.2英寸迫击炮营，在战时按需加强到军级。该武器的首次参战，是在西西里岛战役中支援游骑兵营。（陆军还研发了一种155毫米迫击炮，其中几门曾经参加过菲律宾战役。）

车辆

"软皮车"

在小规模实验了一批半吨重的4×4车之后，陆军在1940年要求厂商生产一种轻型的1300磅（590千克）车以作测试。班塔姆、威利斯和福特公司都提供了原型车，最终威利斯的2160磅重原型车胜出。在整个大战期间，威利斯和福特公司总共生产了65万辆这种四缸汽车。它所装备的60马力引擎使得该车可以攀爬斜坡、穿越泥泞路面，并拥有55英里/时的路面行驶速度。由于足够轻巧，即使当它抛锚时，也可以由几名士兵或者其他车辆将其拉出困境。这种车被称为

1943年3月，突尼斯：第1装甲师的宪兵正在目送一辆满载德军战俘的"吉米"卡车。右边的宪兵戴着黄色或白色的袖标，头盔前方涂装着部队标识。照片放大之后可以看到，左边的宪兵手枪套上，有意大利鹰标、星星标识和德国重伤勋章。

1944年，法国：一辆装甲师的M2半履带车搭载着一门81毫米迫击炮，左侧则是"过山车"型机枪轨道座。这幅图片简直就是美国军车在战略移动时"吉普赛大篷车"形象的真实写照。

"佩普"或是"吉普"（这个名字来源于卡通角色"甜心宝贝"的宠物）。这种吉普车可以搭载 3~4 人，载重量 800 磅（362 千克），并可被用于牵引拖车。所有的盟军部队都对这种车有大量的需求，甚至德军也喜欢驾驶缴获的吉普车。它可以搭载一挺 0.3 英寸口径机枪，或有时被更换为一挺 0.5 英寸口径机枪——虽然很不安全。在车头前方经常装备一块防撞栏，用以冲破横在路上的齐颈高的铁丝路障。

同样被陆军大量采购的，还有哈雷戴维森的摩托车。美国陆军大约保有 6 万辆 WLA 型哈雷摩托，该车的设计参考了德军摩托车。车重 512 磅（233 千克），匹配一台 23 马力的引擎。宪兵和通信兵大量使用这种摩托，在车身右前方通常系有一个皮革的步枪枪套。

大战期间，道奇公司为陆军生产了 8.2 万辆 $\frac{3}{4}$ 吨重 4×4 驱动车。该车的昵称为"武器搬运工"，配有六缸发动机，载重量 1500 磅（680 千克）。陆军通常用其来搭载人员和装备，在早期版本（M6）上还搭载了一门 37 毫米反坦克炮——但这种设计并不成功。道奇公司还生产了一种 6×6 版本的指挥车，以及 4×4 的救护车。每个医护营都配备了大约 33 辆救护车，每车可装载四具担架。

1940 年，通用汽车公司的 2.5 吨重 6×6 卡车投入使用。通用汽车公司、史第庞克、国际收割机公司和雷欧公司总共生产了超过 80 万辆这种载重量 9200 磅（4173 千克），昵称为"两吨半"或"吉米"的重型卡车。作为一辆重型卡车，它拥有非常杰出的越野能力，使其成为了师级单位的主要载重工具。它可以根据需要进行各种改装：油料车、人员运输车、补给车，甚至还可以作为拖车，或是——在后面拖上一个拼凑的大箱子——作为战地车间。除此之外，各种 4×2、4×4、6×4、6×6 的重型卡车在这一时期都被生产出来，其中 6×6 卡车是"红球/白球快运计划"中最常用的装备。

1944 年时，第 10 山地师装备了 2 吨重的 M29 鼬鼠卡车（该车最初是为了第 1 别动队的挪威突袭任务而研发）。这种卡车身形小巧，配有两栖用途的宽大履带，外形就像一个浴缸，具有经过特别设计的杰出的雪地行驶能力。该车配载史第庞克的 65 马力引擎，水中行驶速度为 3~4 英里/

1943 年 12 月，意大利：在群山峻岭中，驮马和骡子比起车辆具有高得多的实用性，承担了盟军前线后勤运输的大部分重担。这些来自第 504 伞兵团的伞兵们正朝一头驴子身上装载 1919 年 A4 款重机枪。右边的士兵装备着"一战"式水壶和栓式枪机的 03 式春田步枪，而他身上的揿钮式裤袋则表明了他的空降兵身份。

时（5~6千米/小时），路上行驶速度为 36 英里/时（58 千米/时），可以搭载 3 名人员或 1200 磅（545 千克）货物。

半履带车

战场中无处不在的半履带车系列，最初是设计用来替换 M3A1 型 4 轮侦察车，这种侦察车搭载的大力神 87 马力引擎，虽然能够提供 50 英里/时（80 千米/时）的路面极速，但面对越野需求时却显得动力不足。敞篷的 M3A1 侦察车搭载了一挺 0.3 英寸口径机枪和一挺 0.5 英寸口径机枪，机枪被安装在一种被称为"过山车"的滑行轨道上，可以向四面八方开火。这种侦察车在 1939—1944 年间，由怀特公司生产了大约 2.1 万辆，可以搭载 6 人，并依靠半英寸厚的装甲使成员免受轻火器的攻击。在 1941 年 11 月的菲律宾之战时，当地美军拥有数辆这种侦察车和 46 辆半履带车。

到 1940 年时，炮兵开始寻求一种半履带式的拖拉载具，而步兵也要求开发一种能够伴随坦克越野前进的半履带人员搭载车。1941 年，M3 型和略短一些的 M2 型半履带车开始投入使用。M2/M3 型半履带车使用了 147 马力的内燃机引擎，最高速度为 45 英里/时（72 千米/时），转向前轮和后部履带都可以驱动。前保险杠上通常安装了绞盘或是辊筒，用以在遭遇障碍时牵引车辆攀爬翻越。

M2 型半履带车后部比 M3 型短一英尺左右，同侦察车一样，安装有可全方位发射的机枪滑轨座，没有后门，并设计了内部存储仓，可容纳 7 人，

1943 年 7 月，西西里：一名第 3 步兵师的担架员正替伤员举着一包血浆。可以清楚地看到他的一块"狗牌"和部队臂章。虽然他戴着十字袖标，但头盔上并没有红十字，因此他可能只是一名临时被委以此任的普通步兵。每个步兵连都配备了 3 名从属于营医疗队的人员。

通常被用作火炮牵引车。M3 款则主要设计为供步兵使用，可容纳 10 人，并有后舱门。它搭载了 1 挺 0.3 英寸口径机枪和 1 挺 0.5 英寸口径机枪，最初采取同轴方式，都装在车辆中部。两款车都有 1/4 英寸厚的钢制前装甲。改进型的 M2A1/M3A1 型最主要的变化是在前方"霰弹枪"位置上方增加了环形机枪支架，取消滑轨和同轴支架。

M2/M3 型半履带车还算受欢迎，至少装甲师步兵营的使用者们对其少有抱怨——虽然它的保养费用较高、噪声很大，而且装甲防护力不足。一位参加过突尼斯战斗的老兵，在被问及 M3 半履带车的装甲是否会被子弹洞穿时，回答道："不，先生，不会的。事实上，这些子弹只会从一侧射进来，然后在车体内乱飞一小会儿。"这些半履带车的设计初衷并非用作真正的步兵战斗车辆，而更像是战场运输车，士兵们认识到，一旦接近战斗地点，就要马上从车上下来。军方曾经尝试过为他们增加装甲厚度或是增加顶棚，但却使得这些车变得难以操控。在战斗中，士兵们会在底板上增加沙袋（防地雷），并在两侧增加机枪。备用轮胎及其他各种各样的装备都会被安置在车体外部，这使得机械化步兵的队列看上去有一种"吉普赛"的既视感。

M2/M3 型半履带车有大量的各种衍生型号。其中一种广受关注，也许谈不上喜爱，那就是 M3 型 75 毫米摩托化炮车（GMC）。它被用作一种临时的反坦克炮，在突尼斯战役中被广泛使用，取得了一些效果，在西西里和意大利战役中也有小规模使用。幸好它很快就被 M10 反坦克歼击车所取代。（反坦克歼击车兵的兵种徽章图形就是 M3 型 75 毫米 GMC 的轮廓剪影。）防空型的 M15 半履带车搭载了 2 挺 0.5 英寸口径机枪和 1 门 37 毫米防空炮，另外常见的还有 M16 "4 联装大 50"防空炮车和 M4 型 81 毫米迫击炮车。国际收割机公司生产用以依据租借法案提供给盟国的 M5、M9 型半履带车基本就是 M2、M3 型车的翻版。

地中海战场战役简介

1942—1945 年间，美国军队和其他同盟国军队在北非、意大利和法国战斗并取得了胜利，在欧战胜利日之前，最终推进到德国和奥地利境内。

摩洛哥和阿尔及利亚战役

在艾森豪威尔将军的指挥下，三支盟军部队，包括 10.5 万名美国和英国士兵，在维希法国政权

1943 年，北非：一名第 9 步兵师的战斗工兵军官正从一处经过血战的建筑中清理德军的爆炸物。他穿着带肩章的军官版绒布上衣，左衣领上有战斗工兵的"城堡"兵种领徽，左肩上则是部队臂章。

1944年8月8日：第3步兵师的士兵正登上坦克登陆舰，准备登陆法国南部。他们穿着HBT作战服，背着1928年款野战背包。除了在头盔两边涂装部队标识外，他们还在头盔后部涂上了扑克牌标识，很可能用以识别不同的营或者连队。

控制的北非成功登陆（1942年11月8日，火炬计划）。弗雷登多尔将军的中路军在奥兰附近登陆，而里德尔将军的东路军则在阿尔及尔附近登陆。两路军队都试图以奇袭的方式直奔港口，但都受阻于反英国的海军上将达尔郎领导的维希武装的顽强抵抗。在经过激烈的战斗后，阿尔及尔和奥兰分别于11月8日、10日投降。巴顿将军率领的西路军在摩洛哥领土的大西洋海岸线上分成三处登陆，其中两处都受到了激烈的抵抗。但巴顿麾下的军官们并没有怯懦，经过数场危急情形的挑战，卡萨布兰卡最终在11月11日投降。摩洛哥之战使美国陆军付出了1200人的伤亡代价，但这场登陆也因其揭示了许多两栖行动中的难点而成为非常有价值的"实弹演习"。

突尼斯战役

英国第1集团军、美国第二军和支持盟军的法国军队向东开进，进入突尼斯西部，进攻被英国第8集团军追击而从利比亚西撤的德国/意大利军队。第二军（弗雷登多尔将军指挥）包括第1装甲师和第1、第9、第34步兵师。1943年2月中旬，隆美尔率领前来增援的非洲装甲军团冲破了美军防线，并冲过凯赛林隘口（2月20日），威胁到了卡夫和位于泰贝萨的盟军唯一补给基地。在经历了早期的溃退后，各种有组织或自发的防御作战，减缓了德军的进攻速度，并最终迫使战线过长的德军开始撤退。经验不足的美国陆军被挤压到了凯赛林地区，但并没有崩溃。盟军重组了指挥结构，经过了两个半月的战斗后，轴心国军队于1943年5月11日投降。充满攻击性的美国军队在5月上旬开进比赛大港和突尼斯，有力地回击了那些质疑美国陆军战斗能力的人士。在刚刚经历了毁灭性的斯大林格勒战役失败后，25万轴心国战俘中有人将这场新的失利称为"突尼斯格勒"。

西西里战役

　　1943 年 7 月 10 日，蒙哥马利将军率领的英国第 8 集团军在东面、巴顿将军率领的美国第 7 集团军在西南面分别登陆西西里。由于恶劣的天气和经验不足，本次行动中的空降部队损失惨重并着陆分散。参加地面行动的部队包括第 1、第 3、第 45 步兵师和 3 个游骑兵营。意大利的"利沃诺"师和德军的"赫尔曼·戈林"师立即在空中和海军支援下展开了坚决勇猛的反击作战。英国军队缓慢地向北线的墨西拿推进，而得到第 9 步兵师和第 2 装甲师 1 部增援的美国第 7 集团军，则迂回向西，在一周内占领了帕勒莫。之后巴顿将军指挥部队向东横穿西西里岛，逼近了墨西拿。在采用了小规模两栖登陆行动迂回包抄守军之后，美军于 8 月 17 日最终占领了这座城市。虽然德军付出了 3 万人的伤亡，但另有 6 万人成功地撤退到了意大利本土。西西里战役中，美国陆军伤亡超过了 7000 人。

萨勒诺战役

　　意大利与盟军秘密谈判达成了停火协议，但直到 1943 年 9 月 8 日才正式宣布生效——也就是英国第十三军穿过墨西拿海峡在未受到抵抗的情形下登陆意大利"脚趾"5 天后。9 月 9 日，马克·克拉克将军的美国第 5 集团军开始在那不勒斯附近的萨勒诺登陆，包括美军和英军各两个师，外加英国突击队和美国游骑兵。德军的凯赛林将军立即集中德国军队发起了坚决的反击，以防止 4 个滩头阵地得以巩固。登陆军队在仅有海军火力支援的情况下绝望地防守着这场危险至极的进攻（9 月 12 日），包括第 82 空降师空投的一个伞兵团在内陆续抵达的增援，终于帮助稳定了形势，最终在 10 月 8 日，盟军缓慢地推进到了德军的

　　第 45 步兵师的列兵比尔·莫尔丁有着绘画的天赋，他很快就成为了《星条旗》杂志上受追捧的画家。他创造的角色"威利和乔"——上图最左边的是乔——很快在前线士兵中广受欢迎。在这幅图中，上尉说道："我要依靠你们这些老人给补充兵做个好榜样。"

　　1944 年 10 月，意大利，巴姆比亚诺：对于这名德国国防军中的赤脚俄罗斯新兵而言，战争已经结束了。他的看守穿着 M1943 款作战服，头盔上用粉笔写着模糊的名字或是什么标语。他装备着配有枪口榴弹发射器的 M1 卡宾枪，以及 M3 战斗匕首。

沃尔图诺防线。凯赛林为了占据地利，后撤到了西起盖塔、东至奥尔托纳的古斯塔夫防线。凯赛林将军在这条防线上，巧妙而有效地持续抗击着由美国第5集团军从西面和英国第8集团军（奥利弗·利斯将军）从东面发起的并得到法国远征军援助的联合进攻。1943年圣诞节前夕，盟军终于抵达了古斯塔夫防线西段的战略重地——卡西诺山。

卡西诺战役

卡西诺山及其周围的群山，控制了轴心国部队穿过利里河谷北向通往罗马的主要通道。防守此地的是最精锐的德军第1空降师伞兵部队和第5山地师的山地部队。他们在此抵抗了盟军持续的攻击，长达5个月之久。1944年2月，在空军对当地堡垒进行了狂轰滥炸之后，美军第36、34步兵师发起了第一次渡过拉皮多河的进攻，但并未成功，接下来英军、印度军队、新西兰军队反复发起攻击，最终——出乎盟军和德军的意料——防线因为法国军团发起的战略包围而难以维持。1944年3月，德军采取了战术撤退，卡西诺山最终由波兰军队占领。之后，加拿大军队加入了美军和英军接下来向利里河谷发起的攻击。

1944年，意大利：第88步兵师的一名上士——可以看到蓝色四叶草的部队臂章和军衔标识——正在与一群难民交谈。他的同伴携带的医疗挎包和两人都没有武器的事实，说明两者可能都是医疗兵。可以看到左侧这名大兵将野战夹克别在武装腰带上——这是很常见的场景。

安齐奥战役

盟军认为，在北方的安齐奥登陆，可以截断德军的补给线，从而迫使他们放弃古斯塔夫防线。1944年1月22日，下辖第3、第45步兵师和游骑兵营的美国第六军（由卢卡斯将军指挥），以及英国第1师，在未经抵抗的情形下登陆安齐奥，但克拉克将军命令他们就地掘壕待命而非利用突袭效果迅速出击。德军迅速集结了所有后备队，占据高地，对滩头阵地形成包围之势，在整个2月间，顽强地阻击了盟军的进攻，而到了3月，战斗变成了"一战"式的壕沟战。

随着南面卡西诺山的陷落，持续而来的增援部队终于在3月底打破了战场的胶着——但盟军并未向东拦截撤退的德国第10集团军，而是向北于6月4日占领了罗马。这场笨拙的安齐奥赌博，消耗了美军近2.4万人。克拉克将军并没有及时巩固和扩大滩头阵地的战术失误，以及他执着于占领未设防的罗马城，而不是有效地歼灭凯赛林军队的有生力量，使得意大利之战持续到1945年才结束。

法国南部战役

由英国和美国军人混编的第 1 空勤别动队于 1944 年 8 月 14 日夜间至 15 日凌晨，在法国里维埃拉地区实施了经典的大范围伞兵空降，第二天，美国第 7 集团军（帕奇将军）下属的资深部队第 45、第 3、第 36 步兵师以及第 1 别动队开始登陆，之后新组建的法国 B 集团军（后番号更改为法国第 1 集团军，由德·拉特尔·德·塔西尼将军指挥）也加入了登陆行动——整个登陆行动中美军只伤亡了 200 人。孱弱拙劣的德国第 19 集团军无法阻止美国军队向北长驱直入，而同时德·塔西尼将军的法国军队则转向西面占领了沿岸各港口。帕奇将军在罗纳河谷的蒙特利马分割歼灭了德国第 19 集团军，8 月 28 日，盟军攻占了土伦和马赛。这两个港口很快承担了比诺曼底登陆时所有港口更多的后勤运输任务，并成为继续向法国腹地开进的盟军军队的后勤命脉。帕奇的第 7 集团军联合巴顿的第 3 集团军在 9 月 11 日逼近第戎。法国第 1 集团军和美国第 7 集团军重组为第 6 集团军群（9 月 15 日），在美国德弗斯将军的指挥下部署到盟军的南翼，并在欧战胜利时通过阿尔萨斯/洛林地区推进到德国和奥地利境内。

北意大利战役

在 1944 年 3 月放弃罗马之后，德军且战且退，撤至意大利北部预设的哥特防线。鉴于克拉克将军已被提拔指挥辖所有意大利境内盟军的第 15 集团军群，第 5 集团军则交由精明能干的塔拉斯科特将军领导。1945 年时，第 5 集团军下辖第 10 山地师，第 34、85、88、91、92 步兵师，以及第 1 装甲师。在东线，则是由英国、印度、加拿大和波兰师组成的英国第 8 集团军（由麦克利将军指挥）。1945 年 4 月，美国第 5 集团军和英国第 8 集团军都成功突破了哥特防线，当月底，北意大利的所有城市都落入了盟军手中。当地的德国军队在时任指挥官冯·维丁霍夫将军的率领下，于 5 月 2 日无条件投降。1945 年 5 月 4 日，美国第 5 集团军和英国第 7 集团军顺利通过了布伦纳山口，进入德国和奥地利。

各师战役经历（与肩章）

第 1 装甲师（老铁壳）：摩洛哥、突尼斯、安齐奥（意大利）

第 1 步兵师（红色大 1）：摩洛哥、突尼斯、西西里、诺曼底、法国、突出部战役、德国

第 3 步兵师（马恩河）：摩洛哥、西西里、卡西诺山、安齐奥（意大利）、法国南部、德国

第 9 步兵师（学生军）：摩洛哥、突尼斯、西西里、诺曼底、法国、德国

第 10 山地师（山地人）：哥特防线、波河河谷（意大利）

第 34 步兵师（红牛）：摩洛哥、突尼斯、卡西诺山、哥特防线、波河河谷（意大利）

第 36 步兵师（德州人）：萨勒诺、卡西诺山（意大利）、法国南部、德国

第 45 步兵师（雷鸟）：西西里、萨勒诺、卡西诺山（意大利）、法国南部、贝尔福峡（法国）、德国

第 82 空降师（全美）：突尼斯、西西里、萨勒诺、安齐奥（意大利）、诺曼底、突出部战役、荷兰、德国

第 85 步兵师（卡斯特）：罗马、波河河谷（意大利）

第 88 步兵师（蓝色恶魔）：利里河谷、沃尔泰拉（意大利）、意大利北部、的里雅斯特

第 91 步兵师（保德河）：哥特防线、博洛尼亚、戈里奇亚

第 92 步兵师（水牛）：意大利北部

1942年11月/12月间，摩洛哥和阿尔及利亚
1：第2装甲师，军械官，陆军中校
2：第9步兵师，轻机枪手，步兵列兵
3：第二军，宪兵，中士

1942年冬至1943年春，突尼斯
1：第1步兵师，巴祖卡射手，步兵中士
2：第1步兵师，步兵列兵
3：第1装甲师，坦克部队，中士

1943 年夏，西西里
1：第 3 步兵师，机枪手，步兵列兵
2：第 3 步兵师，机枪手，步兵下士
3：第 3 游骑兵营，上等兵

1943—1944 年，意大利
1：第 36 步兵师，野战炮兵，中尉
2：第 100 步兵营，4 级技术军士
3：第 34 步兵师，野战炮兵，参谋军士

1944年1月，安齐奥
1：第六军，医护兵
2：第1装甲师，坦克部队少校
3：第1别动队，上等兵

1944 年，法国南部和东部
1：第 1 空勤别动队，第 551 伞兵团，第 1 营，上尉
2：美国陆军，准将
3：第 45 步兵师，步兵上等兵

1945年，意大利
1：第5集团军，参谋上尉
2：第10山地师，军士长
3：第10山地师，步兵列兵

G

1945年，波河河谷
1: 第701坦克歼击车营，上尉
2: 第92步兵师，步兵中士
3: 第92步兵师，少尉

插图图说

A：1942 年 11 月/12 月间，摩洛哥和阿尔及利亚

A1：第 2 装甲师，军械官，陆军中校

这名"准上校"（出于尊敬，一般将中校褒称为准上校）穿着一件标准的卡其色夏季带袖军服，搭配军官用带扣腰带。（一般也会在衬衣上别着勋表，但这名军官并没有佩戴。）左衣领尖上的黄铜质地爆炸炸弹标识显士了他的军械官身份。他负责管理武器、弹药，维修保养车辆及其他上百种士兵装备。在第 2 装甲师，这些职责由原第 17 军械营和第 14 后勤营混编的师级维护营履行。他的右衣领和帽子上有显示军衔的银叶片。他戴着的是一顶卡其色船形帽，有黑金混合的军官绳边，但他也可以穿戴卡其色版本的皮革遮阳常服帽。左肩上则是有师级编码的装甲师臂章。在经过与维希法国军队的短暂战斗后，1942 年 11 月—1943 年 1 月间，第 2 装甲师驻扎于摩洛哥，并为英国第 78 步兵师在突尼斯的战斗提供了第 67 装甲团的 G、H 连进行支援。这支别称"地狱之轮"的装甲师——包括第 66、67 装甲营，第 41 步兵营，第 82 侦察营，第 14、92 装甲炮兵营和第 78 炮兵营——将于 1943 年 7 月 10 日与第 1 步兵师一同登陆西西里的杰拉，参加其第一次大规模作战行动。

A2：第 9 步兵师，轻机枪手，步兵列兵

鉴于大战初期的一系列事件导致的英国和维希法国政权之间的龃龉，盟军高层——他们想让北非的维希法国驻军认识到盟军其实是友好的——要求美国军队在战斗中打头阵，并在登陆时佩戴白色袖章以及美国国旗肩章或袖标。这名轻机枪手穿着标准的第一版 HBT 作战服，明显的标志是双扣束腰带设计、带扣袖口和各种口袋细节，后期版本的 HBT 作战服则有大型胸袋和腿袋。需要注意的是该款服装装 M1A2 或 M2A1 型防化面具的挎包，上面有生化战的标识，另有 6 个大袋的轻机枪弹匣带。经验丰富的轻机枪手往往会去掉这款 M1918A2 型机枪的各种附件，比如双脚架等，使其战斗重量从 18 磅减少到 15 磅。这名年轻士兵的眼镜是美国陆军标配的金属框架结构。他还是按照条例规定扣起了自己头盔的下颌托，但那些老兵则很快会违反规则，以防自己的脑袋在头盔被子弹击中时扯掉。

A3：第二军，宪兵，中士

每个师都有 1 个宪兵连，而集团军和军级单位也有独立的宪兵单位。作为纪律和条令的监督执行者，后方的宪兵不可避免地被认为是多管闲事、脾气暴躁的家伙，在美国士兵心目中少有美誉。这名中士穿戴着整个大战期间宪兵标配的白色标记头盔和黑底白色袖标。他穿着的卡其色"基诺服"是地中海战场后方常见的制服。作为第二军司令部卫兵中的一员，他系着一条漂亮的领带，另有带链的口哨。在左袖的第二军臂章下，是他的银色/黑色机织 V 形军衔臂章。他装备着一把全新的 M1903A3 款步枪，是"一战"时期的春田步枪的小改款，在军绿色塑料刀鞘里则插着大战早期的 M1905 款长刺刀。

这名宪兵穿着标准版的褐色绒布制服、一件帕森斯夹克、一顶有"MP"标识的坦克手头盔，佩戴宪兵袖标。他的哈雷摩托有一个皮革枪套，并插着一把 M1 卡宾枪。审查官涂抹了照片中的部分路标。

宪兵的标准制服几乎一成不变地包括了涂装白色宽带与"MP"标识的钢制头盔或盔衬，以及左臂上的黑底白色"MP"袖标。在集团军级司令部所在地，宪兵们通常会穿着白色的绑腿和武装携具，使用全白的头盔里衬，因此得了"雪花莲"的绰号。宪兵通常配备 0.45 英寸口径手枪以及 03 式春田步枪或 M1 卡宾枪。

B: 1942 年冬至 1943 年春，突尼斯

B1: 第 1 步兵师，巴祖卡射手，步兵中士

突尼斯山区的冬季远比预想的要寒冷潮湿，美国士兵们通常会在他们的 HBT 作战服内再穿一件褐色毛绒服以保暖。这名中士就在 HBT 作战裤里还穿了一条绒毛裤，在他身后则放着他的军绿色野战夹克，棉质面料里是不合适的法兰绒里衬，他也许还穿着毛绒质地的长内衣裤。在他的土褐色上衣——注意颈部的"防毒气片"——有黑底银色的军衔 V 形臂章，在左肩上则是"红色大 1"的师标识。他的个人武器是套在枪套里的 M1911A1 型柯尔特 0.45 英寸口径半自动手枪，另外在腰带上还有一把民用制式的狩猎小刀。他携带着去掉了前握柄的第一版 M1 巴祖卡火箭筒，佩戴着可以防尾焰喷射和沙尘的护目镜。另外还需要注意他那早期版本的由厚重织物填充的头盔衬帽。在 1943 年 2 月，第 1 步兵师和第 1 装甲师都在凯赛林隘口附近与德军进行了艰苦的战斗。

B2: 第 1 步兵师，步兵列兵

这名巴祖卡辅助射手在他的绒毛衫和绒毛裤外穿着 M1941 款帕森斯野战夹克。配发的头盔网罩可以插上伪装植物或是单纯能够模糊这款 M1 头盔的轮廓的伪装。这位草率的列兵配备着标准的步枪兵装备——有吊带的步枪弹药带、急救包和水壶——他还发现他的弹药袋其实是一个容纳他的战斗配给中烟草包的完美场所。他配备着 1943 年美军士兵标准的单兵武器——皮革枪带的 M1 加兰德步枪——配有 M1905 款长刺刀。武装带吊带上还有

美国本土的斯通曼训练营里的士兵，正戴着 M1/M3 款防毒面具打棒球，以此使他们习惯穿着这种令人不适的面具。几乎整个大战期间，防毒面具都在军中被广泛配发。由于担心绝望的敌人会随时使用化学武器，在北非和诺曼底的滩头战场上，盟军都运去了一大批防毒面具。盟军最早使用的 M1 橡胶涂层防毒面具，软管和过滤罐都与"一战"样式非常接近。改进型的 M2 重型面具也有配发，但其 5 磅（2.26 千克）的重量显得过于笨重。1943 年，M3 款轻型防毒面具投入使用。1944 年开始生产的 M4 款面具，则是一种经过改良的重型防毒面具。以上所有的型号都采用了软管加过滤罐的配置。

1944 年的 M5 型进攻防毒面具采用了德军面具的设计，将过滤罐直接嵌入了面具颊部。这种装在黑色橡胶涂层盒里的面具，在诺曼底登陆中被采用——如果正确闭合面具盒，甚至可以为携带者提供额外的浮力。冬季时配发的毛料防毒帽兜，广受士兵们的欢迎，他们也发现 M1944 款防毒面具的盒子可以用来作为一个相当便利的挎包。

一枚 Mk II 碎片手雷。作为一名装填手，他还携带了一枚火箭弹。从"二战"直到如今，各种手雷、迫击炮弹和火箭弹都是装在这种结实的黑色硬卡纸长管中配发到部队使用的。

B3: 第 1 装甲师，坦克部队，中士

这名属于第 1 或第 13 装甲团的士官，穿着绒毛里衬的冬季战斗连体服，里面还穿着绒毛上衣，让他的步兵同伴们很是羡慕，而且就像绝大多数坦克手一样，他用不着穿绑腿。在他的装甲兵肩章的黄色区域有该师的编号。（归属集团军或军级配置的独立坦克营，部队编号为 3 位数，有时会在他们配发的无编码臂章上定制刺绣上部队编号。）在他的手枪武装带上别着带枪套的

89

0.45英寸口径手枪，另有一个双袋式弹药包和老式的双层"一战"式急救包。M1942款"装甲兵头盔"用硬化皮革制成，用以保护乘员们在坦克颠簸时头部不会被车内的金属部件创伤。头盔耳罩上安装着耳机，喉部的麦克风装置也时常会使用。这名士官的头盔里还戴着卡其色织物质地填充的"冬季战斗头盔"。战时的"好彩"香烟烟盒上的绿色商标，为了节约绿色染料，也刻意换成了白色，由此产生了一句戏语："绿好彩参军——一去不回。"第1装甲师（"老铁壳"）参加了地中海战区的整个战役。

C: 1943年夏, 西西里

C1: 第3步兵师, 机枪手, 步兵列兵

这名负荷沉重的列兵携带着重达14磅（6.3千克）的M1919A4款勃朗宁机枪三脚架，后期这种三脚架偶尔会更换成BAR轻机枪使用的两脚架。金属质地的250发弹药盒重5磅（2.25千克）。一个机枪组至少需要3名士兵搬运武器、携带弹药，在正式配置中则是5人机枪小组——所有班组支援武器都需要携带大量的弹药。这名士兵还背负着自己的M1加兰德步枪，标准弹药带里装着80发"30-06"子弹，另外在可拆卸的6袋式弹药带里还有48发子弹。刺刀则配在他的1928年款背包左侧。

尽管在夏季士兵们偶尔会穿着HBT作战服投入战斗，但他们也会在白天穿着毛料军服——热度可以接受——而在当地春秋两季的寒冷夜晚中则更是顺理成章。第3步兵师（"马恩河"师）——下辖第7、第15、第20步兵团——在整个"二战"期间一共战斗了531天，参加了5次两栖登陆。

C2: 第3步兵师, 机枪手, 步兵下士

重31磅（14千克）的0.3英寸口径勃朗宁M1919A4款风冷式机枪比之前的M1917款水冷版本轻了10磅（4.5千克），这对于步兵来说简直就是天赐之喜。每个步兵连的重武器排都配备了两挺这款机枪，它的250发弹药带很不幸地采用了非常明显的白色棉布质地。这名机枪手将"速用"弹带裁成了一半宽，以方便射击。每50发子弹中就有一发红色弹头的曳光弹，但有经验的士兵会将其换成普通的M2子弹以减少射击时被暴露的可能。这位下士机枪手装备着0.45英寸口径手枪和广受欢迎的M3战斗匕首以作自卫武器。他的标准毛呢上衣和毛绒裤所染的土褐色被第106步兵师的老兵库尔特·冯内古特形容为"狗屎棕"。在他的左肩上，有银/黑色的军衔V形臂章和第3步兵师的白色臂章。他的野战夹克别在武装腰带后部，空闲的手上还提着一盒250发装弹药盒。

一等军士　军士长　技术军士　参谋军士

三级技术军士　军士　四级技术军士　下士

五级技术军士　一等兵

士官军衔

一等军士是连队中的高级士官。"一战"后，取消了营级军士长（SgtMaj）军衔，取而代之的是军士长（MSgts）军衔，直到"二战"结束后又恢复了营级军士长军衔。高级士官军衔徽章下方的弧形被称为"镰刀弯"。1941年，一等军士的标识上有三条V形纹和两条"镰刀弯"，1943年则又增加了一条"镰刀弯"。

士官徽章在左右两臂介于肘部和肩部的中间部位都可佩戴。大战早期样式是黑底上的雾银色，用于包括作战服和常服在内的各种制服上。另一种版本则是黑底上的军绿色毛毡贴花，用在冬季大衣和绒毛衫上。在作战地区，以上两种版本都有用在细布服和战斗夹克上。虽然某些"基诺服"上出现过卡其色底板、铜色纹路的臂章，但更常见的还是黑底银色。1944年，黑底花绿的样式也开始使用，这种样式常见于大战晚期的常服和"艾克"服上。

1940年，美国陆军开始试行特殊的技术军衔和津贴标准。技术军衔授予那些拥有技术能力的士兵，如医护兵、机师、厨师、通信兵等。他们比同级的士官能够获得略多一点的津贴，但被认为只是低级士官。

C3: 第 3 游骑兵营，上等兵

第 1、第 3 和第 4 游骑兵营作为突击部队，在北非、西西里和意大利的登陆战及其后的战斗中都表现卓著。有时他们会联合组成一支临时的旅级部队，统一归属第 1 游骑兵营营长威廉·O. 达比中校指挥，其他时候则分别加强配属给第 1、第 3、第 36 或第 45 步兵师。在西西里战役中，第 3 游骑兵营被加强配属给第 3 步兵师，以对墨西拿发起最后的强攻。1944 年 1 月 30 日，在安齐奥附近的托里利亚战斗中，第 1、第 3 游骑兵营被德国精锐的伞兵装甲师"赫尔曼·戈林"包围重创，几乎全军覆没。

老款栓式枪机的 M1903 款春田步枪是达比中校最喜欢的武器，甚至当 M1 加兰德步枪开始大规模配发之后，游骑兵单兵们还是喜欢继续使用 03 式步枪（直到 1944 年中，它依旧是唯一可以发射枪榴弹的武器）。这名游骑兵就携带着 M1903A3 款春田步枪和 Mk II 手雷。他穿着标准的土褐色绒布衣裤，并按照游骑兵的惯例将 M1938 款绑腿裁短了几英寸，以获得更大的活动便利性和舒适感。游骑兵还非常钟爱 M1928 款背包，因为相较其他款式，这种背包在长途行军时更适宜使用。这名上等兵的左臂配有大战期间惯见的黑底军绿色毡质冬季军衔臂章，其上则是野战制式卷状游骑兵标识。有好几张战时照片显示他们在战斗中都会佩戴这种标识，游骑兵们还穿着特有的虎印鞋底登山靴。

D: 1943—1944 年，意大利

D1: 第 36 步兵师，野战炮兵，中尉

这名来自第 36 师——该师别称"德州军"——的前沿观察手，穿着军官版的绒毛常服。军官服通常有更深的颜色（介于士兵的土褐色与巧克力色之间），并且配有肩章（肩带）。这名军容整肃的中尉一身标配的褐色军服，左衣领上是黄铜质地交叉加农炮图案的兵种领徽，肩上则是德州师的臂章，双筒望远镜放在黄褐色的皮盒里。双袋式卡宾枪弹药袋最初并非设计安装在枪托上，但敢作敢为的美国士兵们很快就创造了这种方法。第 36 步兵师在萨勒诺登陆，之后在意大利、法国东部和德国境内都经历了艰苦卓绝的战斗，直到战争结束。该师下属的炮兵单位包括第 131、第 132、第 133 轻型火炮营和第 155 中型火炮营。在意大利战役期间，还首次使用了特殊的空地观测单位——被称为"乔斯巡游者"——他们可以在 15~20 分钟内为部队召来空袭炮火支援。

D2: 第 100 步兵营，4 级技术军士

第 34"红牛"步兵师是第一批将部队标识涂装在头盔上的部队。精锐的第 100 步兵营的绝大部分兵员都是来自夏威夷的日裔国民警卫队，他们的部队口号是："牢记珍珠港之耻！"该营于 1943 年 9 月调编第 34 步兵师，

1944 年 9 月，法国：全战斗负荷的美国士兵正在爬上杜河的河堤。梯子下方的士兵配着 BAR 轻机枪武装带、两个水壶、两袋版手雷袋，腰带上还别着帕森斯夹克。

在卡西诺山战役中，两次作为师级攻势的先锋部队，之后又参加了安齐奥战役。随后该营成为日裔 442 团级战斗群的下辖部队（该团另有第 133、第 135 和第 168 步兵团）。这名通信兵——虽然他只是一名技术兵，但可以被尊称为"中士"——可以使用 SCR536 型步话机同他的架线队协商沟通。这种步话机只有一个预设的通信频率，并且只需要拉出天线就可以打开使用，理论通信距离大约 1 英里。在枪林弹雨中铺设和修复线路是一项令人惊惧而且危险重重的任务。这名士官很幸运地装备着 M1 卡宾枪——整个大战期间，大多数日裔士兵都只能装备更沉重的 M1 加兰德步枪。他的架线兵工具皮套里装着线钳和匕首，其上非标准地印有军官版的全彩通信兵标识。

D3: 第 34 步兵师，野战炮兵，参谋军士

这名充任前沿观测手的炮兵士官正在使用装在皮盒里的 EE-8B 款野战电话呼叫炮火。他作为通用挎包使用的 1936 年款"米赛特"挎包也可以系在武装吊带的 D 形环上作为背包使用。在手枪武装腰带上还别着一把美军制式 L 形头手电筒。虽然军衔中包含"参谋"两字，但这些士官经常被指派为一线战斗部队的排级军官甚至是一级军士长。就像大多数高级士官一样，他被尊称为"中士"或是更为惯用的"军士"。吃苦耐劳的第 34 步兵师，大部分兵源招募自明尼苏达州和达科塔州，是第一个开赴欧洲的

美国陆军师,下辖的炮兵营为第 125、第 151、第 175 轻型炮兵营和第 185 中型炮兵营。该师在地中海战场一共战斗了 517 天。

E: 1944 年 1 月,安齐奥

E1: 第六军,医护兵

这名医护兵除了头盔涂装(惯用的图形包括方块、墓碑等)和左臂的袖章之外,没有任何其他的身份标识。他穿着制式 5 扣版套头衫、褐色绒布裤,以及全新配发的更受欢迎的 M1943 款作战靴——扣带靴——穿着这种靴子可以不用

荣誉勋章

荣誉勋章(MoH)是授予那些响应号召对抗敌人的英勇行为的最高奖章。1944 年时,对原有的淡蓝色颈部绶带和勋章进行了小改款。第 3 步兵师获得了数量最多的荣誉勋章——22 枚——包括授予奥迪·墨菲中尉——大战期间获得荣誉最多的军人的那一枚。值得争议的是,荣誉勋章也会授予那些服役出色而非作战勇猛的军人。道格拉斯·麦克阿瑟将军就因在菲律宾的军事生涯而获得一枚荣誉勋章。艾森豪威尔将军则拒绝因服役生涯被授予该勋章,他坚持认为荣誉勋章只应该颁发给那些勇敢者。

杰出服役十字勋章(DSC)创立于 1918 年 7 月,用于表彰那些杰出但还够不上荣誉勋章资格的英勇行为。1932 年设立并追溯至 1898 年的银星勋章,是在 1918 年的"一战"胜利勋带上增加了一颗小星星,用于表彰英勇对抗敌人的军人。追加奖励则是在勋表上增加橡树叶标识。

铜星勋章设立于 1944 年 2 月,用以表彰英勇行为或功绩(不包括飞行)。授予英勇军人的勋带上系着代表勇猛的铜质"V",以区别于因功绩受勋者。因为该勋章可以颁发给功绩突出或是服役出色的军人,导致其在美国士兵心目中的地位被贬低。(空降部队与之对应的勋章是空军奖章,地位高于铜星勋章,设立于 1942 年 5 月,并追溯至 1939 年,用以表彰包括航空行动在内的英勇行为或出色服役人员。)

军人勋章设立于 1926 年,用于表彰除战斗之外的冒生命危险的英勇行为。

杰出集体嘉奖设立于 1942 年 2 月,表彰在行动中有杰出英勇行为的部队。该嘉奖为黄铜边框的蓝色勋表,佩戴在右胸带之上。1957 年后改称"总统杰出集体"嘉奖。

战斗步兵徽章

战斗步兵章(CIB)和熟练步兵章(EIB),分别于 1943 年 10 月和 11 月,由陆军地面部队司令 L. J.

1944 年 10 月,法国南部:第 45 步兵师 157 步兵团的巴福特少尉脖子上挂着新被授予的系在波纹绸绶带上的荣誉勋章。他的士兵服右衣领上是军衔标识,左衣领上是步兵的步枪兵种领徽,勋表上是战斗步兵勋章,左肩上是"雷鸟"部队臂章。

麦克奈尔中将设立。战斗步兵章是在银色花边的浅蓝色搪瓷饰板上有一个银色步枪标识,它授予那些累计参战 30 天以上或在战斗中受伤的士兵,并追溯至 1941 年 12 月 7 日。熟练步兵章外形与之类似,但没有花边,授予那些在步枪射击、身体素质或其他战斗有关内容上达到标准的士兵。以上两种徽章的获得者每月可额外获得 10 美元 /5 美元的津贴。

战斗步兵章能够标识出步兵的精英身份。它只能授予一线作战步兵或那些与战斗直接相关的人员,包括医疗兵、坦克手、炮兵等。(1945 年还创设了对应的战斗医疗章。)战斗步兵章广受美国士兵的欢迎,甚至在欧战胜利日之后还时不时拿出来骄傲地佩戴在 4 袋式 1943 年野战夹克上。

搭配绑腿。他背着一个挎包式的防毒面具包而不是标配的医疗包，这种包在战时往往临时充作急救包使用。还可以看到他脖子上挂着的"狗牌"。他所在的战地分诊站很可能会断断续续遭受炮火袭扰，就像在安齐奥滩头阵地的其他一切目标一样。

E2：第1装甲师，坦克部队少校

这名少校很可能是一位坦克营的副营长，就像其他的机械化部队人员一样，穿着一件灰绿色的 HBT 连体作战服（虽然在本图中可以看到他颈部露出来的毛衣领口，但大多数时候，特别是夏季，士兵们一般都只单穿连体服）。HBT 作战服的衣领上是他的军衔标识和"一战"坦克部队兵种领徽。图中的他将师级臂章配在了胸前，这一不同寻常的搭配方式是由巴顿将军在 1940 年指挥第 2 装甲师时首倡，在大战晚期的战地照片中偶有见到实例。使用 M3 款肩带式手枪套的做法在坦克部队中也很常见，因为在密闭的坦克空间中，穿配武装腰带很容易刮蹭磕绊。

E3：第1别动队，上等兵

在安齐奥战役中，这支团级规模的部队成功掌控了通常由一个师负责的前线宽度。在法国南部战役中该部队被划归第 1 空勤别动队，并最终在 1944 年 11 月解散。这名上等兵穿着 M1943 款 4 袋军绿色夹克，要么是配发，要么是在安齐奥战场上"搜刮"得来——该款军服在该战场上首次投入实战测试。腿上穿的带腿袋式山地服长裤，则在第 1 别动队中很常见。作为一支以伞兵标准训练的部队，他们也配发了伞兵靴。他装备了一支有全新的 30 发弹匣的战时版 M1 汤姆逊冲锋枪，但此时还没有配发可供搭配的 30 发弹匣 3 袋式弹药袋，士兵们通常使用 20 发弹匣 5 袋式弹药袋或通用挎包代替。这名士兵装备的第 1 别动队独有的 V42 款军刀就如同他的肩章一样，标明了他"别动队员"的身份。交叉箭头的兵种标识之前是陆军中的印第安侦察兵所用。为了纪念这些印第安侦察兵部队，第 1 别动队沿用了该兵种标识以及箭头状的部队臂章。别动队员们有时自称"勇敢者"或是"弓箭手"，也是源自于此。美国陆军特种部队"绿色贝雷帽"在 1960 年代重新使用了这款兵种标识并沿用至今。

F：1944 年，法国南部和东部

F1：第1空勤别动队，第 551 伞兵团，第 1 营，上尉

这名空降兵军官穿着标准的 M1942 款卡其色伞兵服。这种军装在大战前半期常见，并按照尖兵及第 1 空勤别动队的惯例染上了军绿色的伪装条纹。他只在头盔上涂装了军衔。这款也涂装了伪装色的头盔有着特制的头盔罩和 M1C 款皮质空降兵下颏罩。这名上尉的武器包括一支可折叠枪托的 M1A1 型卡宾枪、0.45 英寸口径手枪和 Mk II

还在美国本土的一名第 1 别动队军官被授予了"跳伞双翼"徽章。别动队的交叉箭头兵种领徽，由弗雷德里克上校自己创设，复制了原来印第安侦察兵的标识——今天的美国特种部队也沿用了这款标识。

手雷，以及左踝部绑着的一把 M3 战斗匕首。一个"小风笛"包按照背包形式系在他的武装吊带的 D 形环上，其中一个 D 形环还挂着特制的急救包，包中有一个绷带和一支吗啡针剂。第 1 空勤别动队作为临时组建的作战单位——既缺乏机动车辆，也没有后勤支援——在整个 1944 年的秋季始终在法国南部与东部的一线坚持作战，直到被解散。由于并没有为其配发专用臂章，美国国旗就成为了这支部队的唯一标识。

F2：美国陆军，准将

自艾森豪威尔以下，将官们在服饰方面可以有非常多的选择和宽松的标准。许多将官都穿着各式各样的空降兵夹克，这名一星将官就穿着漂亮的棕色马革质地 A2 款飞行员夹克，还有很受欢迎的"科克伦"伞兵靴。他的衬衣是巧克力色的，长裤则是颜色相近的棕绿绒布裤。高级军

93

官经常把他们的军衔标识涂装在头盔前端。他配有一把装在 M3 肩带式枪套里的 0.32 英寸口径（将官式）M1903 款柯尔特全自动手枪。在师级单位中，这名准将要么是副师级指挥官，要么就是师属炮兵首长。

F3: 第 45 步兵师，步兵上等兵

这名正抱着 K 级口粮箱归队的步枪手，穿着一件新配发的 M1943 款 4 袋野战夹克，但还没有收到搭配的长裤，并且没有佩戴军衔 V 形臂章。虽然官方建议只穿戴在头盔内，但这位士兵与大多数美国士兵一样，直接戴着他们所喜爱的棕色毛绒吉普"小便帽"。这名士兵另一个离经叛道的做法是携带了一支卡宾枪而非标配的 M1 加兰德步枪——这一现象在"二战"的这个阶段中的步兵连里非常普遍。挂在他身上的通用弹药袋里，可能装着 250 发机枪弹带或是一些枪榴弹。他的武装腰带上别着线钳和缴获的瓦尔特 P-38 手枪。士兵们有时也会将缴获的鲁格尔手枪或瓦尔特手枪放在战场获得的各种杂牌肩带式枪套里。第 45 "雷鸟"步兵师由国民警卫队改编而来，主要兵员来自美国西南各州，最初的肩章是纳瓦霍万字符（与纳粹标志相近）标识。该师参加过西西里、意大利、法国南部及东部、德国境内等诸多战役，并协助解放了达豪集中营，下辖第 157、第 179、第 180 步兵营。

G: 1945 年，意大利

G1: 第 5 集团军，参谋上尉

因为在第 5 集团军司令部服役，这名参谋军官得以获取最新的冬季装备。虽然他的头盔上有明显的军衔杠，但事实上许多步兵军官专门将其弄脏或抹掉，以避免引起敌人的注意。他穿着一件特别配发的寒冷天气大衣样式罩帽派克服，这款派克服在两个斜袋下方有两个明贴袋（巴顿将军特别喜欢这款大衣）。这种外穿大衣一般都不会佩戴标识，但我们这位整洁的上尉还是自己加上了第 5 集团军的臂章。这种派克服还有一款有军绿色束带和弹力袖口的白色绒毛里衬可以搭配。他的裤子是配发的 18 盎司羊毛深棕色军裤，脚上穿了一双 M1944 款长筒靴——对于在意大利北部山区里过冬的美国大兵而言，这款靴子需求量巨大，但供应量却很少。挂在他身上的有军官款的地图盒，而在派克服下，他很可能装备了一把 0.45 英寸口径手枪。他身后的"基尔罗伊"涂鸦，是美国大兵在世界各地信手涂画的。其原型詹姆斯·J. 基尔罗伊是一名造船厂的检测员，当他检视船只时会用粉笔写下"基尔罗伊到此一游"。据推测，那些登上新船的军人们惊讶地发现他的笔迹无处不在——"基尔罗伊总是捷足先登"；由此引发了美国军人们将这种涂鸦画在他们被部署到的任何一个角落。

G2: 第 10 山地师，军士长

由户外运动专家和滑雪家组成的精锐的第 10 山地师，被艾森豪威尔排除在欧洲战区战斗序列之外，但克拉克将

一名狙击手正在检查配有瞄准镜的 1903 年 A4 款步枪。他代表着前线士兵丰富的创造力：他戴着一顶宽松的自制麻袋头盔罩，脚上的靴子也自行增加了靴筒高度。

1944 年 10 月，法国：一名上士和另一名士兵正在隐蔽。这名士兵穿着带帽兜的 1943 年夹克，在绒毛手套外还戴了一双皮革手套。头盔上有红十字标识——他应该是一名医疗兵。

军的第 5 集团军却将其视若珍宝。在 1945 年 3 月的波河河谷战斗中,这支部队表现出色。这名士官应该是他所在部队的高级征召军人,并担任营级军士长职务。他穿着配发的阿尔卑斯风格的第二版滑雪派克服。这款衣服可以反穿为白色的一面,其他显著的标识包括罩帽上的毛绒边和斜袋上的窄型带扣翻盖。他身上穿的山地裤,是特别配发给该师和第 1 别动队的。也许是为了保证他的士兵们能够优先穿上长筒靴,他自己还穿着扣带靴。他装备着一把卡宾枪和 M3 匕首,并用"小风笛"野战包和睡袋携带自己的其余物品。这名军士的头盔罩网上绑着新配发的弹力绷带。

G3: 第 10 山地师,步兵列兵

这名隶属于第 85、第 86 或第 87 步兵师的列兵穿着特制的山地部队夹克,与 4 袋版的 M1943 年夹克很像,但有一根内置腰带和一个扩展的"驼峰"背袋。前方的大胸袋翻盖下有拉链,并采用了内置悬挂的衬衣袋。他还穿着山地裤,戴着皮革掌心的呢质手套。脚上取代更常见的 M1944 款长筒靴的,是一双配有用皮革捆索固定的 7 英寸网状化学鞋罩的滑雪—山地靴。他装备着一把 M1 加兰德步枪,搭配当时配发的 12 英寸刺刀。这名士兵正走向林木中方便,带着一把铲子——此图中为英国的 GS 型——以及一份"两种用途"的《北方人》杂志。

H: 1945 年,波河河谷

H1: 第 701 坦克歼击车营,上尉

这名歼击车军官穿着绒毛里衬的冬季战斗连体服和 1942 年的"坦克手夹克",腰带、袖口和衣领都是弹力针织设计。他的衣领上有军衔和坦克歼击兵标识;夹克的肩部有所有歼击车营统一配备的没有数字编号的兵种臂章。坦克歼击车乘员——他们的 M10、M18、M36 坦克歼击车都是敞篷炮塔——佩戴 M1 型或坦克手头盔。这名上尉也许是一个排或连级指挥官,这要依据他所在的部队最近的伤亡情况而定。他装备一把 0.45 英寸口径的 M3"注油枪",是汤姆逊冲锋枪的廉价简单替代品。他正在阅读一本由美国陆军出版的口袋版常用语手册 / 旅行指南,其中包含了大部分美国大兵们可能要前往的国家的介绍。

H2: 第 92 步兵师,步兵中士

即使在冬季装备稍微更容易获得的意大利,32 盎司的褐色毛绒大衣在大战即将结束时,依然被用作冬季战斗装备,部要归因于指挥和后勤部门不能及时获得并将足够的更新的冬季衣物运往前线。这名大兵至少还有一双毛绒手套和一双新的 M1944 款长筒靴,并且在头盔下还戴了一顶毛绒的无檐小便帽。作为一名中士,如果愿意,他

1945 年 3 月,意大利:战争行将结束时,第 10 山地师的部队正在行军。这名士兵穿着有外露腰带和"驼峰"内置背包的 4 袋版山地夹克。他要么把自己的武装携具盖在夹克内,要么干脆就是"无袋而战"。

可以装备一把 M1 卡宾枪。但他却选择保留了加兰德步枪,因为他更信赖它的射程和杀伤力。就像美军中常见的那样,他将一个 M2A2 款毒气面具包用作通用挎包,其颜色与他的其他更绿的大战晚期携具形成鲜明对比。他正要投掷一枚 M15 款白磷烟雾弹,弹筒上有"烟雾 / 白磷"标识。为了在夜间与其他烟雾弹区别开来,这款白磷弹的底部专门做成了半球形。

H3: 第 92 步兵师,少尉

由非裔美国人组成的第 92"水牛"步兵师的军官主要是南方各州的白人,这名黑人少尉对于自己的军衔来说,也已经显得年龄过大。他的头盔上没有可见的标识,但在大战的这个阶段,士兵们通常会在头盔背后涂上军衔杠,以为他身后的部队提供指示。他的毛绒里衬棉质马金瑙大衣——可以从毛绒质地的青果领上辨识出这是 1938 年采用的 3 版马金瑙大衣中的第 1 版——它深受军官和车辆驾驶员的喜爱。他的扣带靴外有双扣黑色帆布和橡胶质地的罩靴保护。就像一线军官中常见的那样,他只在衬衣衣领上佩戴了军衔和兵种标识,并且在战斗中还会刻意藏起来。他用斜挂的野战包携带各种工具,腰带上的装备则包括附带在卡宾枪夹袋下的指南针袋、一柄可折叠的战壕铲。他装备着一把配有 M8 款枪口榴弹发射器的 M1 卡宾枪,榴弹发射器上小心地缠绕着铜线以防破损——这是借鉴英军的做法。当发射 MkIIA1 型碎片手雷时,射程可以达到 250 码。

美国陆军 1939—1945 年

西北欧战场

The US Army In World War II (3)
Northwestern Europe

简介

在 1944 年 6 月 6 日攻击"奥马哈"和"犹他"海滩的美国大兵,是有史以来装备最为精良的机械化部队。随着盟军,特别是美军在诺曼底的实力不断增强,残破不堪但却依然保有战斗力的德国国防军意识到,他们的灾难迫在眉睫。8 月,美国军队开始从诺曼底向外突破,并成功在法国南部登陆,这一系列攻击行动,使得德军在法国境内很快一败涂地。尽管如此,在整个行动中,人们还是针对铺张浪费的物资供应和过于自信的美国大兵提出了吹毛求疵的质疑。一些英国和德国将领,重提了美军在 1943 年 2 月凯赛林隘口陷入的血战,他们质疑当年那些宛如不堪一击的拳手一样的美国人,是否能在需要时变得强硬坚定起来。(但不得不说,这样的质疑毫无道理。无论是交战各方中的哪一边,只要在近距离观察过美军在诺曼底的血战之后,就会打消这些疑虑。)1944 年 12 月的"突出部战役"成为了对这种质疑最佳的检验。

在阿登地区,美国陆军在处于人数劣势并且没有空军支援的情况下,独自面对德国重装部队的猛烈攻击。缺乏训练和经验的第 106 步兵师的一大部主力,只在自己的阵地上坚守了很短的时间就被迫放弃并造成了凯赛林隘口之战后美国最大的战场投降。这场意外使得美国人的战线承受了巨大的压力,但并没有被击破——巴斯通始终屹立不倒,而德军剩余的最精锐的装甲部队则持续受困于美军的骚扰拖延作战。血战至 1945 年 1 月 1 日,德国国防军在付出惨重的伤亡后,甚至无法接近他们的既定目标,战线最终重新稳固下来。"突出部战役"证明了美国大兵的战斗意志,并且,按照丘吉尔首相的话来说,"是美国人不折不扣的胜利"。

欧洲战场的供应危机

虽然美国拥有看上去无穷无尽的制造能力和几乎能满足各种所需的数额庞大的军需供应,但在 1944 年的下半年里,西北欧战场上有一个负面因素在美军的各种行动中持续存在——而这恰恰是许多美国士兵每天都必须面对的困境。这个问题并非军需品的生产,也不是如何将其运至欧洲,而是如何将其从船舱中卸下,按时、准确并足额地送抵前线的作战单位。欧洲战区的军需供应水平整体恶劣,这要归罪于运输设备的短缺和盟国远征军最高统帅部里那些参谋们的拙劣指挥。

这张战斗着装的中士的半身像,是 1944—1945 年间欧洲战区美军坦克手的经典写照。可以注意到他从头盔上悬下到右肩上的连接插头,当坦克中弹燃烧时,这种连接插头可以很轻松地拔掉,以便乘员逃离。在这张照片拍摄后不久,照片中的主人公,来自印第安纳州米尔克里克的约翰·H. 帕克斯中士就在攻入德国后的一次战役中不幸阵亡。

1944年12月，阿登地区：这三名刚刚铺设完路障的美国大兵（其中两人还携带着巴祖卡火箭筒）非常幸运地拥有湿冷天气专用的靴子——可以清楚地看到最前面一位士兵脚上的1942年款4扣版罩靴。左边的士兵为了保暖穿着大得不合体的毛线防毒气罩帽。从中间这名士兵大衣上的钻石形状臂章上可以推测，他们可能来自第5步兵师或第26步兵师。

艾森豪威尔的参谋们曾经计划盟军稳步推进，并在1945年初进抵德国边境。这项计划留出了足够的时间以清理法国西部的港口并及时向前线输送物资。虽然诺曼底之战的进度落后于该项计划的时间表，但1944年8～9月间盟军在法国境内的飞速进展很快就超出了所有后勤供应的计划范畴。那些遥远的港口还在缓慢地清理中，物资源源不断涌向奥马哈海滩。"红球快运"优先卡车运输路线，并采用空运物资的方式，多少缓解了一些困难。火车运输固然是最有效的军需运输方式，但登陆日之前盟军的狂轰滥炸将法国的铁路网撕得千疮百孔，不得不耗费大量的时间进行维修。在8月登陆法国南部的"铁砧行动"成功后，陆续开放的法国南部港口给军需供应形势带来了一些改善，但英国/加拿大组建的第21集团军群并没能夺下安特卫普河口——这是低地国家最大的港口，使得盟军的军需供应依然没有稳固的根基。到了9月，在荷兰的第21集团军群和正在进行法国大追击的美军第1、第3集团军都不得不被迫停下了步伐。每个集团军的指挥官都向盟军最高统帅部施压，要求自己获得优先补给权，并在"集中突破"和"全线推进"这两种矛盾的战略中争论不休。诸如弹药、油料等必需品，此刻都全面短缺。艾森豪威尔想要将更多的战斗部队投入到滩头阵地，但需要用来运输他们的运输船早就消耗在为满足现存军需来往奔波上。盟军好不容易在瑟堡征集了60～100艘运输船，却又不得不等待港口腾出空间。而转眼就进入了9月，天气变得渐冷而多雨。

汽油、弹药、毛毯、轮胎和冬季军服统统都变得格外短缺。此时，一种新的扣带长筒战斗靴开始配发，人们普遍认为如果能够涂上防水油，它将成为法国战场上一款合格的冬季靴。但此时此刻，战线其实已经推进到了比利时、德国边境以及孚日山区。这款新的战斗靴很快就被发现在防水和保温方面功效甚微。在12月的巴斯通的血战中，配给冬季罩靴和长筒靴成为了当务之急。在这一个月中，欧洲战区的美国陆军因为冻伤和战壕脚等原因导致的非战斗减员人数达到了5.6万人之多——而到了1945年1月，这一数字几乎与战斗伤亡旗鼓相当。在1月末，数量甚微的冬季靴终于运抵战场。大衣和新的M1943款4袋夹克也同样短缺，因为它们根本就没有被下令从大后方朝前线运输。1944—1945年冬季，前线的美国陆军同样还只有极少数的白色伪装服供应。军需官、普通士兵只有与当地平民一起动手，用裁剪缝合的白色棉质床单应急。除了将车辆和头盔刷白之外，有的人还不得不将自己的军装和装备也喷涂成白色。直到1月份，制式的罩式雪地伪装服才终于开始配发。而此时随着春季的日益临近，这些冬季装备的需求开始减小，位于比利时的港口也终于开始运作，盟军才算艰难地迈过补给匮乏的险境。

常服

士兵

美国陆军在战争初期，穿着的常服（A级）是M1939款4袋土褐色18盎司毛料哔叽呢上衣和长裤，这种状况一直持续到配发M1941款帕森斯野战夹克。这款帕森斯夹克常服也经常被用作陆军的作战服。这款上衣有两个胸袋和两个内侧袋，都是翻盖设计。背部有运动式肩部三角衬料、腰带挂钩以及一小根内嵌式衣带。这款衣服还搭配了一根有黄铜平板扣的黄褐色皮带，但于1941年被取消。外衣前方为翻领设计，以4颗印有美国雄鹰标识的1英寸直径黄铜纽扣扣合；而在肩带和口袋上则是采用了半英寸直径的鹰扣。1942年时，简化的1942年款夹克成为了标配，取消了运动式背部设计。军阶标识在两手肘弯以下的袖笼上，以黑底军绿色标示，但同时也有黑底银色的条纹军阶标识同期采用。另外还在1944年9月小规模生产了一部分4袋版夹克，被称为M1944款羊毛野战服或是"艾克"夹克。

搭配常服的，是有折褶的哔叽呢长裤（M1939款），通常是与上衣一样或者更浅的土褐色。在欧洲战区，配发的土褐色、长袖绒线衬衣最初搭配的是黑色领带，但更常见的是卡其色领带。这种衬衣设计了两个短翻盖的胸袋，并在前方和袖口处采用了纽扣设计。当1944—1945年间配发了颜色更深的"艾克"夹克后，可以看到老款和新款的长裤常被混搭穿戴。4袋版的常服搭配的是黄褐色的低帮鞋，而搭配新款"艾克"夹克的，则以高帮的扣带靴更为常见。裤脚要么按照伞兵样式抄进靴子里，要么散开以搭配低帮鞋。大多数衬衣和裤子在扣眼后都提供了一条加长的布料，这种"防毒气条"据说可以使皮肤有效防范疱疹毒气。

有着土褐色皮质帽舌的深褐色大檐帽或"茶托"帽，是最初配发的标准常服帽。一款棕褐色或热带卡其色版本的平坦的侧板帽——"船形帽"或"戍卫帽"——很快被配发并成为了标配。最初，船形帽底部上翻的帽檐上嵌涂有兵种标识颜色，偶尔还能在前方左侧看到团级帽徽或是兵种标识徽章。这种绲边很快就变成了可选项，没有绲边的帽子更为常见。这种广受欢迎的船形帽便宜、轻便而且易于收拾。

1944年10月：这名正要退伍的军士长穿着1942年款4袋常服外套。左袖笼上有军阶标志，另外有5道横杠表明了他在"二战"期间有两年半的海外服役生涯，3道V形杠表明他在"一战"中有一年半的海外服役履历，另有10次延长服役记录。在这些的最下方是军官版的褐色袖口织带，表明他曾在"一战"中以军官身份服役。前胸口袋上的亮色条纹，只是底片上的划痕而已。

99

军官

1940 年款的军官外套及臂章和士兵版的格外相似。它采用了 15—26 盎司质地的毛绒或巴拉西瑟军服呢作为布料，比起士兵版的绒线哔叽呢触感更为柔软。它的颜色可以被描述为一种深黯的灰绿色／巧克力棕色（官方称谓是 OD51 深色版）。1940 年款的胸袋是折褶设计，后背既有运动宽袖式，也有折褶缝合式，前方从上至下有四颗黄铜纽扣。这款外衣通常搭配土褐色的横直武装带使用，有着交叉的皮带和双舌扣厚版黄铜皮带扣。

1944 年 6 月 5 日，英国，格林汉姆康姆机场：这是一系列著名照片中的一张，拍摄的是盟国远征军最高统帅部的德怀特·戴维·艾森豪威尔将军与第 101 空降师的士兵们在一起。"艾克"正穿着因他而闻名的夹克服与一名中尉交谈，伞兵们穿着他们的 1942 年款制服，头盔上有战术标志——此图中的白心代表第 502 伞兵团。右手边的士兵在胸前挂了一个通用弹药包。

1942 年款则取消了运动宽袖设计，并将底部的纽扣替换为光滑的塑料纽扣，还将原来的横直武装带更换为匹配有可滑动黄铜皮带扣的内置腰带。军官版外套值得夸耀的地方还有设计在每个袖口处的半英寸款布料编织带。士官也穿着同样的外套，但袖口编织带的颜色为绿色。米黄色／卡其色的长裤或马裤——被称为"粉色裤"——被用以搭配这款外衣。完整的常服还包括土褐色的皮鞋、卡其色衬衣以及黑色或卡其色的领带。这套穿着有时被戏称为"粉绿装"。而这样的搭配也引来了一些英国人尖刻的笑话——看来美国佬并不像他们说的那样富有，他们甚至都不能为自己的军装搭配一条颜色一致的裤子！

欧洲战区夹克

当 1942 年第一批美国士兵抵达英格兰时，见识到了英国人的战斗服（BD）。一小批 BD 战斗服配发给了美国人，这款长度及腰的 2 袋版宽松上衣，因其良好的保暖性和优雅的外形而广受欢迎。（美军的高级军官之所以会做出这样的判断，也许是因为他们参考的并非哔叽呢面料的粗糙的"其他军阶"版本，而是直观地看上了他们的英国同伴们身上那些定制化剪裁的版本。）按照条例，美国的将官们在着装上有很宽松的尺度，艾森豪威尔将军就特别钟情于这种短款上衣，并据此为自己裁剪了一款美国版本，更为紧身，并采用了更顺滑的布料取代了原版的哔叽呢。

由此开端，欧洲战区参谋部开始谋求生产一种这款上衣的美国版本，而到了 1943 年，欧洲战区的军需部门终于生产出了第一个型号。这款新上衣本质上和 M1941 款帕森斯野战夹克别无二致，只不过面料换成了英国战斗服（BD）式粗糙、纹理明显的绒毛哔叽呢，保暖性良好而且易于打理。第二个型号就更接近于英国战斗服的设计，有着无盖的塑料纽扣、翻盖明贴胸袋、肩章带和运动式宽袖设计。欧洲战区夹克并非罕见，特别是在大不列颠的空军中更为常见。美国本土的军需部门缺乏这种粗糙的 BD 式哔叽呢，但也计划生产一种短款的宽松夹克。

M1944 款"艾克"夹克

根据欧洲战场传回的建议，美国本土的军需部门设计了这种短版的 4 袋常服上衣。这款新的夹克采用了一种稍深的土褐色布料，同时还生产了作为搭配的有翻盖侧袋设计的长裤。该夹克设计有肩章带、两个尖翻盖褶皱胸袋、扣式袖口、全隐匿式纽扣设计，腰部则是两侧都有拉紧扣的束式腰带。与英国战斗服不同，它还是沿用了欧洲战区夹克的翻领式设计。军需部门设计这款夹克的初衷是既可作为常服，也可作为野战夹克，以替代原有的 4 袋上衣，他们认为普通士兵可以将其作为战场上的适用范围宽广的着装，或者将其穿在 M1943 款 4 袋战斗夹克内，用以保暖并提供更多防护。但美国大兵们另有想法：他们往往将其裁剪得更贴身并将其作为常服穿着。

这款"毛料野战夹克"最早于 1944 年中期开始配发，并立刻取得了成功，人们以最早开始穿戴类似衣物的那位将军（艾森豪威尔，昵称"艾克"）的名字作为其昵称。由于原有的 4 袋常服上衣并不实用，驻扎在英格兰的许多美国大兵自己动手将其裁剪为黄铜纽扣版的"艾克"夹克。在欧洲胜利日之后，美国士兵们几乎只配发 M1944 款夹克。军阶在左右两个袖笼上标识，要么是黑底军绿色，要么是黑底银色，或者更为常见的黑底绿色版本。

军官版的"艾克"服采用了深绿色/巧克力色（OD51），并搭配有相应的标识。这种夹克——包括可以见到的各种各样自行修改剪裁的版本——通常搭配穿戴标配的长裤或是"粉色裤"。

兵种色和标识

美国陆军的每一个兵种都有着自己独特的辨识颜色。这种颜色通常只会出现在旗帜、军官的蓝色礼服上的某些装饰物、士兵的船形帽的绲边以及旧式军帽的束带上。

每个兵种还有自己的兵种标识。军官版的标识

1944 年夏季，诺曼底：第 29 步兵师的一个营部指挥所，一群军官聚在一起（新闻审查官的笔在右边军人的臂章上涂抹掉了准确的图案）。所有人都穿着被称为"坦克手夹克"的外套，中间坐着的一位军官将一把战斗匕首插在自制的皮质扣带绑腿上。跪着的一位军官穿着英国制造的平头钉靴，在他的头盔后部喷涂了军官的竖条标识。在欧洲战区，所有的军官和士官都被要求在此处喷涂 2 英寸宽的标识条纹，军官是竖条，士官是横条，但这一规定并没有在全军统一普及。

是剪影式设计，通常是黄铜质地，但有时也会看到其上另有彩色涂釉，而随军牧师的标识则为银色。这些标识通常佩戴在军官常服的下翻领上，低于上翻领的剪影版的"US"国家标识。当穿着衬衣时，兵种标识会别在穿戴者的左领尖上，而将军阶标识别在右领尖。士兵则会把黄铜板式的国家标识和兵种标识分别配在上衣领的右边和左边。

识别徽章

许多单位被授权可以佩戴徽章样式的彩饰，这种彩饰偶见于一线之外的欧洲战区的军官和士兵常服上。它们一般向内佩戴在军官的肩章带中部，或者是士兵的上衣下翻领上。士兵还可以将其别在自己的船形帽左前方上。

臂章

从美国内战时期开始，美国陆军开始使用布质的识别章，每个军以不同的形状区别，而每个师则以不同的颜色区分，那时一般将识别章佩戴在头上。"一战"时期，英军采用了分类复杂的袖部识别臂章，标识营级、团级和师级单位。这种"战斗徽章"大体上采用素色的几何图案，以不同的形状、颜色和图案数量的组成来区别不同的单位。潘兴将军也命令在"一战"中派往法国的美国远征军使用臂章系统。但当臂章开始被配发时，大战已经结束。这种大部分参考英军的臂章与其说是区别单位的系统，还不如说只是一种单纯的徽章。直到第二次世界大战时，这种臂章——官方称谓是"肩袖标识"——才在美国陆军中普及开来。

一个师级单位通常会将自己的臂章在下辖部队中贯穿使用，通常是基于"一战"时的臂章设计。这些总体而言多彩的刺绣臂章，佩戴在左袖顶部。这些符号，在色

陆军部分兵种色和标识

兵种	兵种色	标识
陆军航空队	金黄色，深蓝色绲边	双翼和螺旋桨
装甲兵	白色，绿色绲边	"一战"坦克
骑兵	黄色	交叉马刀
随军牧师	黑色	十字架（基督教）；大卫星（犹太教）
化学战勤务	金黄色，钴蓝色绲边	苯环和交叉曲颈瓶
海岸炮兵	猩红色	交叉加农炮，红色椭圆中有盾牌
工程兵	蓝色，猩红色绲边	城堡
野战炮兵	猩红色	交叉加农炮
步兵	浅蓝色	交叉步枪
医疗部门	白色，褐红色绲边	墨丘利节杖
宪兵	绿色，黄色绲边	交叉手枪
军械部门	黄色，深红色绲边	燃烧的盾牌
军需部门	浅黄色	雄鹰、轮子、交叉的剑和钥匙
通信兵	橙色和白色	交叉的信号旗和燃烧的火炬
坦克歼击车部队	金橙色	M3 自走炮（半履带车）
运输部门	金黄色，砖红色绲边	盾牌或船型上的带飞翼车轮
女子军团	苔绿色，古金色绲边	雅典娜头像

（左图）戴维斯将军是"二战"期间美国陆军中唯一的黑人将官，资历非常深，服役记录可以追溯至1898年的美国—西班牙战争时期。他主要任职于欧洲战区的后勤和军需部门，并在1944至1945年间冬季时，部分负责将黑人士兵组织成班排级单位并重新分配到战斗步兵部队中的工作。在此图中，他穿着一件定制的毛料"欧洲战区夹克"，有着裸露的纽扣以及斜口"暖手袋"设计。

彩上参考纹章设计，在视觉上融入了各州的元素，而在字符上则有双关语的智慧。独立单位、军和集团军也有各自的臂章，比如陆军航空兵就是如此。军级臂章一般是白底蓝色，通常会采用罗马数字标识。那些没有被分配到特定师级单位的士兵一般会佩戴军或集团军臂章。

伞兵单位在臂章上另有"伞兵"标识，他们还会在自己的船形帽上配有降落伞、滑翔机形状或者晚期的两者混合式帽章。所有的装甲师和独立坦克营都采用了三角形的装甲部队臂章，有红色/黄色/蓝色版本（分别对应自行火炮、骑兵和装甲步兵兵种），并以师级或单位编号进行区别。（直到欧战胜利日之后，他们才开始在三角臂章底部加上条纹并绣上本单位的昵称，第2装甲师"地狱之轮"是首先开始这样做的战斗单位。）

臂章的质地为卡其布，上面是机器刺绣，标准的"二战"臂章有时可以看到边缘还有卡其色，背面是柔和的灰白色。但有的臂章是在海外战区由当地裁缝制造，这些并不标准的刺绣版本也偶有使用。那些先后在一个以上部队服役的士兵，可以将自己原来的战斗单位的臂章佩戴在右肩，同时把现在的战斗单位臂章佩戴在左侧。

饰带

在第一次世界大战期间，第1和第2步兵师都被嘉奖获得佩戴一条左肩法国式饰带的特权，这条饰带有着绿色纹点，并搭配红色英勇十字勋章，用以共同表彰他们在法国的服役记录。在"二战"时期，这两支部队的成员也被授权可以佩戴这条饰带以追溯他们之前的光辉历史，但其实佩带者非常少见，只有那些曾在"一战"中服役过的老兵偶尔还会佩戴。

"二战"中，法国政府又开始向美国部队颁发饰带，其中绝大部分是在战争末期颁发的。"二战"版本的英勇十字饰带，在颜色上与之前有些微差别，在绿底上有红色斑点，并且供应不足，所以美国士兵们更倾向于佩戴"一战"式的老款饰带，直到战后，美国士兵才开始将两种饰带都视为可穿戴的选择。这些"二战"饰带由于是来源于曾被摧毁最近才

犹他海滩，登陆日：两名第4步兵师的医护兵正在救治一名受伤的同伴。可以看到伤员HBT作训服左肩上的"常春藤"臂章——这在诺曼底战场上很少见。这名受伤的医护兵依然装备着进攻防毒面具和约克式的扼带。参加登陆日行动的医护兵大多只佩戴了最少量的红十字标志。

重新解放的法国，其质量和可靠性自然可想而知。它们有两种设计版本，一种是简单的编绳，设计为从左肩章带扣上挂到肩部后方，绕过腋窝，并用搭配的黄铜套圈在前方的纽扣上打环固定；另一种设计则更为精心，采用光滑的索带从肩章带下方穿过，并在胳膊外环绕两圈。不知道到底有多少美国大兵明白这种饰带的正确穿法，实际穿着时，他们使用的是五花八门的各种方式。比利时和荷兰政府也向美军颁发过类似的饰带。红色/绿色的比利时英勇十字饰带通常佩挂在右肩，橙色的荷兰威廉勋章饰带则佩挂在左肩，并塞进胸袋里。

大多数部队在欧战胜利日后不久就各自半官方地允许佩戴这些饰带，但直到 1950 年代，官方命令才正式确认了这些饰带佩挂的合规性。

女子军团

女子军团的制服因其糟糕的合身性和难看的外观而遭受了普遍的质疑。但到了欧战胜利日时，她们终于有了最实用和最漂亮的女兵常服。配发给女子军团/女子辅助军团士兵的 1942 年款土褐色常服，包括一件有着 4 颗黄铜扣的及腰上衣，这种褐色（OD54）与男性士兵的一致，它设计有扇形翻盖内置胸袋和下方的平口斜袋，另有刚过膝盖的裙子以及造型僵硬的"哈比"帽，同样都是采用与上衣一致的土褐色。一款黄褐色的肩包被配发用以搭配该款制服。女子军团/女子辅助军团的军官们穿着士兵常服的将军版本。她们的上衣和帽子采用的是深绿色/巧克力色（OD51）的巴拉瑟亚军服呢面料，并搭配一条军官版"粉色"裙。第一款配发的上衣有着横置的肩章带和内置腰带，后期版本则恢复了正常的竖置肩章带，并取消了腰带。

在穿着常服时，女子军团士兵们搭配的是有着明显黄褐色的花边低跟鞋，偶尔还会戴着棕色的手套。

1943 年时，女子辅助军团正式编入美国陆军，成立了女子军团，从此取消了她们的"走地秃鹰"徽章，取而代之的是标准的美国雄鹰徽章。虽然许多女子军团士兵在有独特徽章的兵种中服役——例如空军——但她们并没有佩戴这些兵种的徽章，而是保留了自己原有的雅典娜帽徽。

1944 年晚期，欧洲战场上的女子军团士兵们终于赶上了潮流，开始配发经过特殊设计的"艾克"夹克，并搭配相应制式的裙子、裤子，以及一种相比男性士兵曲线更大的船形帽。这种夹克是美军标配的野战/常服夹克的改进版，制作了有/无胸袋的两种款式。既有士兵版的土褐色，也有军官版的深绿色/巧克力色，两种都非常受欢迎。就像男性版本一样，这款女

1944 年 6 月 9 日，英格兰，南安普顿：来自 101 空降师第 506 伞兵团的一名受伤中尉正被搀扶着从一艘运输登陆舰上岸。左边的中尉穿着军用防水大衣，拿着他的武装腰带，以及收纳着 M1A1 款可折叠枪托卡宾枪的帆布枪套。黑人医护兵则穿着标准配发的雨衣。

可以看到在受伤军官的头盔上涂有白色的"扑克牌"战术标志——这在空降部队中很普遍，用以识别团级及以下单位。图中的两名中尉都将自己的军阶标志涂在了头盔前方，但在登陆日之后，前线指挥官大多有意忽略这一要求。1944 年晚期，欧洲战区配发了各种各样的头盔网罩，而弹力头盔绷带则要到 1945 年才大规模配发。

子军团的短夹克很快就成为了"美国女汉子"的标配。

1944 年时还配发了一款便服,是一款外观乏善可陈、长袖及膝的绉纱连衣裙。有米黄色(夏季穿着)和深卡其色(冬季穿着)两种版本。设计有暗扣、腰带、明贴胸袋和肩章带。兵种徽章别在领尖上,搭配穿着的是一顶土褐色或米黄色的船形帽。

陆军护理队

陆军护理队是一支成立于美国—西班牙战争时期的辅助单位。这些护士本质上就是与军方存在雇佣契约的专业医护人士,与女子辅助军团类似,最后在 1943—1944 年间并入美国陆军编制。大战初期,她们穿着深蓝色的上衣和短裙作为常服。她们的工作服则是经典的白大褂搭配护士帽和红色里料的蓝色毛料披肩。她们也会穿着泡纱质地白褐相间条纹的工作服。1944 年时,陆军护理队配发了标准的女子军团制服。其标准的军官标识,是在墨丘利节杖徽章上叠加了一个黑色的"N"。大多数护士都是少尉,但相比陆军中的男性同僚而言,她们获得的报酬要少——这实际上是效法的女子军团的做法。护士们的常服帽与女子军团的"哈比帽"类似,但后部是圆形的冠状。

1944 年,英格兰:伊丽莎白女王与一名女子军团军官和一名高级士官在一起。这名女子军团上尉在她的金色绲边女子军团军官船形帽和上衣肩章带上都佩戴了军阶标志,另外还佩戴了雅典娜兵种标识、欧洲战区勋章和女子军团勋章。旁边的一级军士长佩戴着普通的欧洲战区臂章上有表明一年海外服役期的两根横杠。由图可以看到深色军官版制服和士兵上衣之间强烈的颜色对比。

编制

军、集团军和集团军群

一个军最少包含两个师。在 1945 年欧洲战区的美国陆军战斗序列中总共有 18 个军——但在这一确切的数字外,另有一部分师是直属于集团军。上述 18 个军大多数下辖 3 个师,有的 4 个师,但有一个军有 5 个师,而另一个军则有 6 个师——第 15 集团军的第十六军。一个典型的例子是沃克将军指挥的第 3 集团军第十军,下辖 4 个师——第 4、第 6 装甲师和第 76、第 80 步兵师。各军通常加强配属了许多独立部队,诸如坦克、火炮、工兵以及其他军级直属单位。

一个集团军则由两个或更多军组成。整个"二战"期间,总共组成了 10 个集团军。第 2 和第 4 集团军驻扎在美国本土,下辖各个整训中的师。1945 年时,最后一个驻扎在美国本土的师级单位从这两个集团军中调出并开赴前线。第 1、第 3 和第 9 集团军部署在法国、比利时和德国战场。第 7 集团军部署在西西里、法国南部和德国。第 5 集团军驻扎在意大利。第

6、第 8 集团军部署在太平洋战场，同时在冲绳成立了第 10 集团军。例如，1945 年时，霍奇斯将军的第 1 集团军下辖第三、第五、第七和第十八（空降军）军，总计有 17 个师。

集团军群最少由两个集团军组成。1945 年时，第 12 集团军群（奥马尔·布拉德利将军）下辖第 1 和第 3 集团军（霍奇斯将军和巴顿将军）。第 9 集团军（辛普森将军）则在第 12 集团军群和英国/加拿大的第 21 集团军群（蒙哥马利将军）中被反复来回划拨。第 6 集团军群（雅各布·德弗斯将军）下辖第 7 集团军（帕奇将军）和法国第 1 集团军（德·拉特尔将军）。第 15 集团军群（马克·克拉克将军）由第五军（特拉斯科特将军）以及其他所有部署在意大利的盟军部队组成。在太平洋战场上，集团军直接受战区司令部（道格拉斯·麦克阿瑟将军、切斯特·尼米兹将军）指挥。盟军远征军最高统帅部（德怀特·艾森豪威尔）则指挥欧洲战区的所有地面部队。

师级轮休

"一战"时期，当需要时，整个师级单位都会从战斗中撤下进行短期休整和补充重建。在"二战"中的太平洋战场上，争夺群岛的战斗短暂而激烈，再加上登陆战中的间歇，使得海军陆战队和部分美国陆军单位可以沿用这种休整模式。在地中海战场上，西西里岛在 30 天内被攻陷，而之后对萨勒诺及安齐奥的登陆作战准备期，使得第 5 集团军也有充分的时机进行休整。但在欧洲战区及之后的意大利战场上，这种师级轮休再也未能出现。

一旦一个师被投入战斗，就会被期望持续顶在前线上。在整个大战期间，第 1 步兵师有 442 天的战斗时间，其中 317 天是在欧洲战区。光是在法国和德国战场上，"红色大 1"师就损失了 206% 的人力，而且其中 85%~90% 的伤亡由三个步兵团承担。同样在欧洲战场上战斗时间达到 314 天的第 2 步兵师，遭受了 184% 的编制人力损失。那些在诺曼底投入战斗并持续战斗 11 个月直到欧战胜利的师，平均付出了士兵员额 200% 的损失。

如此之高的伤亡率给这

1944 年 11 月末，梅茨：第 5 步兵师的步枪兵和一名勃朗宁机枪手正在逐屋检查以搜寻"潜伏"的敌人。值得注意的是，其中只有一人装备了背包（包上用绳索捆着 K 级口粮盒），其他人都将自己的毛毯、雨衣或是斗篷抄在武装腰带后。德军把梅茨变成了一座要塞并成功地在此处拖延了美军数周之久，最终巴顿将军指挥的第 3 集团军下辖的第二十军在经历了两星期的苦战后才将其攻下。此时由沃尔顿·沃克少将指挥的第二十军下辖由斯坦福德·欧文少将指挥的第 5 步兵师，以及第 90 步兵师、第 7 装甲师和第 2 骑兵侦察大队。但各军所辖的师级部队经常互相调派，到了接下来的春季时，第二十军的下辖部队就完全变了个样。

些作战部队带来了灾难性的影响，并且使得那些偶然幸存的老兵比平时更容易陷入悲观的宿命论中。随着战争的不断进行，似乎只有那些没有伤及要害的"价值百万的枪伤"才能使一名美国大兵幸运地脱离战场并四肢健全。唯一的例外是伞兵部队（第82和第101空降师）。他们也遭受了重创，且自诺曼底登陆日之后，他们在战场上坚持了比计划中更长的时间，但随后他们就被从前线上抽调出来以期保存他们在日后进行空降作战的能力。

补充

　　草绿色的战争怪兽，需要源源不断地补充部队，才能保持实力。"一战"中的美国远征军，将抵达法国的步兵师中每4个解散一个，并将其人力分散到其他部队来解决这个问题。到了第二次世界大战期间，美国陆军并没有沿用这种做法，而是依靠从美国本土派来的源源不断的个体士兵来弥补缺口。美国陆军对这种模式的称谓，更加深了其像机器流水线一样的印象——"补充"。到1944年时，单独训练用于补充的士兵人数很快就不能满足法国战场上那些部队的巨大需求。那些还驻守在美国本土的部队很快就被瓜分一空。这种做法既严重削弱了这些训练部队，也使得那些被派往前线部队的补充兵茫然无措，对一切一无所知。这些缺乏训练的美国士兵被整个补充兵体系半拉半扯，终于抵达了补充兵配送场，这些配送场被戏称为"补充仓库"。在这些配送场，负伤痊愈的资深士兵被重新派往前线，而新兵蛋子则会在这里耗费数日甚至数周来等待新的分配。

　　那些"懂行"的老兵总是希望返回自己的原部队，他们通常擅自离开配送场，试图搭乘任何一辆交通工具前往前线——由于他们的装备和制服很容易与新兵区分开来，这些开往前线的交通车也往往乐于搭载他们。而新补充兵则会被引导分割为许多小队，并通常在夜里直接被送往前线的部队中。在前线危险异常的环境中，这些补充兵受尽白眼、缺乏训练，像牲畜一样被驱赶上前线，往往在一排战友都还不熟知他的名字时便非伤即亡。历史学家斯蒂芬·安布罗斯在他的《平民军人》一书中这样描述"补充仓库"系统："当德国军队被允许在欧洲战区自由发挥设计补充系统时，美国人

1945年1月：第94步兵师的一群"迷路的侦察队"聚集在一起拍照，他们非常高兴能够回到大部队并获得配发的罐头口粮。照片中既可以看到帕森斯夹克，也有M1943款战地夹克，在右前方的技术下士军衔医疗兵的制服上可以看到第94步兵师的臂章。中间靠左的勃朗宁机枪手背着的机枪上还有双脚架（通常弃之不用），他的武装腰带上还挂着枪管通条。从他肩后张望的，是一名深色胡髭的老兵，而最左边那位脸上无毛的小伙子很可能是一名刚刚入伍的补充兵。

却采取了一种害多利少的方式，他们并没能做得更好。"诺曼·科塔将军因其作为奥马哈海滩作战中的第29步兵师的副师长而闻名，他认为"补充仓库"这种补充兵系统既愚蠢又残忍，将训练不足的毛头小伙子直接投入战斗中，使得他们缺乏战友的支持，又没有熟知的领导可以追随。

当局慢慢地意识到了这种系统先天的残酷和巨大的浪费，但除了将名字从"补充"改为"增援"之外，并没有做出多大改变。但有的师自己着手对其进行了改进，他们在补充兵抵达后将其从前线撤下，并由资深士官进行重新训练。之后再被分配到不在前线的部队中，给他们时间以熟悉新单位，并被其长官和战友所熟悉。这种补充方式使得补充兵有了高得多的存活率，并能够很快成为其所在部队的有益补充。

1944/45年冬季时，为了解决前线的人力危机，超过1万名非裔美国人响应艾森豪威尔将军的号召，从非战斗部队转配到步兵单位。其他阶层的平民和士兵也响应号召，纷纷加入了步兵连的行列，包括休学的大学生、富余的空军受训生、失去了防空炮和坦克歼击车的驾驶员，以及其他各种各样的非战斗人员。这些高智商，并且从某种程度而言富于经验的人力，使得战争末期的补充兵质量有了惊人的飞跃。

1945年3月：在一辆横渡莱茵河的两栖运兵车上，一名来自两栖登陆部队的中尉正回头看车上的第89步兵师的士兵。其中许多人背着新配发的M1944款可分离背包。

1945年2月，卢森堡：一名炮手在M12型155毫米自行榴弹炮的炮管处调校射击角度。正如照片中所示，当面对艰难的街巷战或堡垒战时，这种火炮有时会用来提供直射火力——其效果堪称毁天灭地。

炮兵

回溯历史，美国人就是一个专注创新军事技术的民族。早在1840年时，美国—墨西哥战争期间的"飞骑炮兵"就获得了很高的赞誉，并且在大部分时期，包括"二战"中，炮兵都是美国陆军中最有效率的兵种。通常炮兵遭受的伤亡远低于步兵单位，这有助于其保持并不断提高技术专业性与凝聚力。美国炮兵所使用的牵引火炮或是自行火炮的质量，在同期对比中，只处于中等水平，但美国式的弹药生产和火力控制赋予了它们极为强大的威力。

美国的弹药生产是第一流水平的,并且总是供应充足。按照德军的标准来看,美国的火炮弹药配置完全就是奢华浪费的典范。也部分因为这种充足的可靠性,美军的长官更倾向于耗尽弹药而非耗尽人力。在1944年晚期,军中开始采用空爆炮弹,这更使得美国火炮威力惊人。在火线观察员的配合下,轻型的侦察飞机和电话/无线电通讯系统将火炮置于射击控制中心的整体指挥之下,在火力协同方面展现了无与伦比的潜力,并创造出了具有毁灭性的"同时弹着"技术。"同时弹着"技术通过精密的计算,协同分布在不同阵地上的各式火炮,使炮弹在同一时间击中敌方目标。而射击控制中心在进行复杂协同计算时的准确性和速度,又得益于美国发明的火炮射击图绘表计算尺。

105毫米榴弹炮

战争初期,美国陆军既装备了老式的法制75毫米榴弹炮,也有更新的M5型3英寸(75毫米)火炮。到了1943年,75毫米炮除了反坦克作战中还有用处之外,很快变得难以胜任战斗。M2型105毫米榴弹炮很快就成为了美国炮兵最常见的装备。它具有12200码(11公里、7英里)的射程,可以发射高爆弹、白磷弹和烟雾弹。这款牵引炮连同炮盾重2.5吨,与75毫米榴弹炮使用同样的运输设备。其还被装在M3格兰特坦克外壳上,成为了M7"牧师"自行火炮,自重为25吨。M7自行火炮有7名乘员,在其前端状如"讲经坛"的部位搭载了一挺0.5英寸口径重机枪——这也是它的昵称来源。这种自走火炮最早于1942年投入部队,并最终总计生产了超过3000辆。

在伪装网下,几名美籍非裔炮兵部队的士兵正在操作一门M2型105毫米榴弹炮发射。可以看到炮轮下垫着的从当地砍伐的木料。在法国和德国战场上,一共有9支独立黑人炮兵部队,其中加强给第八军的第969炮兵营装备了M1A1型155毫米榴弹炮,并因在巴斯通战役中的优良表现获得了"杰出单位"嘉奖。

驮载榴弹炮

75毫米驮载榴弹炮是在"一战"后研发的轻型战地火炮,它可以被分解成零件并由六匹骡子驮运通过复杂地形,同时它也被设计为可供驮马牵引。在"二战"中,1.1吨重的M3型驮载榴弹炮被配发到步兵部队中的炮兵连,这种情形在太平洋战场上随处可见。空降师的炮

兵部队使用的则是可以伞降或机降的空降 M8 款驮载榴弹炮,重 1300 磅(590 千克)。1944 年时,还生产了更大的 105 毫米驮载榴弹炮,重 1.3 吨,但它的射击精确性并没有达到设计要求,并且射程只有 8300 码(7.6 千米、4.7 英里),比 75 毫米驮载榴弹炮还少 1000 码。在太平洋战场、意大利和各种空降行动中,这些灵便的驮载火炮发挥了卓越的作用。

重型榴弹炮

在法国 155 毫米 GDF 加农炮的基础上,美军研发的 155 毫米加农炮/榴弹炮也被证明是一种卓有成效的武器系统。(值得一提的是,155 毫米和 8 英寸火炮其实都是介于"榴弹炮"和炮管更长、射程更远的"加农炮"之间的版本。)新研发的 M1 款 155 毫米榴弹炮重 6.4 吨,使用高爆弹和穿甲弹,射程超过 25000 码(22.8 千米、14.2 英里)。部分旧式的 M1918A1 型 155 毫米加农炮被搭载上 M3 格兰特坦克底盘,成为了 M12 自走火炮。这种火炮在北非战场上被小规模投入实战,之后在诺曼底战场上,才姗姗来迟地组建了 6 个营投入战斗。它们最初被期望用于直射打击敌人碉堡,但事实上,它们能够干净利落地完成所有艰难的任务,包括提供直射火力支援。

因为英国制造的弹药成本低廉、性能良好,同时还研发了一种适用于这种弹药的 4.5 英寸口径加农炮,用以辅助 155 毫米榴弹炮。这种比 155 毫米榴弹炮稍微轻便一些的火炮重 6.6 吨,但它的 55 磅炮弹并没有 155 毫米榴弹炮的 95 磅炮弹的摧毁力。更重一些的 8 英寸榴弹炮使用了 155 毫米榴弹炮同样的载具,重约 15 吨,射程达 18500 码(16.8 千米、10.5 英里)。这些 155 毫米榴弹炮(昵称"长汤姆")和 4.5 英寸、8 英寸的火炮通常用于装备军属独立炮兵营。

超重火炮

昵称为"攻城炮"的 8 英寸口径加农炮重 35 吨,美国海军和陆军都有相应的版本,它的炮弹重量超过 200 磅(90.7 千克),射程

1944 年夏季,诺曼底,拉艾埃迪皮伊特:第 79 步兵师的一个重武器小队携带着他们的 81 毫米迫击炮。这种迫击炮炮管和底座各重 45 磅(20 千克),士兵们在搬运时会使用肩部衬垫。在照片左后方,一名士兵穿着驮篮一样的弹药背心用于携带炮弹。

1944 年 7 月,诺曼底:圣洛残破的街道上,一群美国大兵正将一门 57 毫米反坦克炮从塞满了他们背包的半履带车上卸套。这种美国版的英式 6 磅反坦克炮,按照 1944 年的标准来说已经很难胜任反坦克任务,但终归聊胜于无。

可以达到35000码（32千米、19.8英里）。美国士兵们发现，如果他们在这种炮弹引信上钻出一个小洞，当炮弹飞向远方目标时，就会发出一种"令人愉悦"的尖啸声。另有240毫米榴弹炮，重32吨，可以发射360磅（163千克）的高爆弹，射程为25200码（22.8千米、14英里）。240毫米榴弹炮和8英寸加农炮都采用了无轮分离式滑轨载具。它们首次投入实战是在安齐奥防御战中，之后这些武器被配发到法国战场用于对付那些碉堡重重的港口城市。

火箭

当注意到苏联和德国发展的火箭推进"火炮"取得的成功后，美国在1944年晚期也开始装备火箭弹。4.5英寸口径的带鳍火箭弹在饱和火力轰炸任务中取得了些许成功。这种火箭弹被搭载在卡车底盘或是一些谢尔曼坦克（T34型）的炮塔上。因为这些火箭弹发射时有着非常明显的射击轨迹，火箭弹部队只好奉行"打了就跑"的机动战术。

反坦克炮

1939年，美军开始生产M3款37毫米反坦克炮。这种火炮基本上是参考了德式的37毫米炮发展而来，在1939—1943年间总计生产了超过2万门。这款火炮重量为900磅（408千克），既用作反坦克炮，也成为了M3/M5斯图亚特坦克的主炮。它可以发射高爆弹、穿甲弹和非常有用的霰弹。这种37毫米反坦克炮在对抗日军坦克时非常有效，但在突尼斯战场上面对德国军队时却毫无效力。到了1944年，37毫米反坦克炮就只能在太平洋战场和美军的轻型坦克上才能见到身影了。

对更重型反坦克炮的需求使得美军生产了英制的6磅（57毫米）炮。美军的M1款57毫米炮重2700磅（1225千克），可以发射穿甲弹和高爆弹，因其巨大的后坐力而臭名昭著。到1944年停止生产前，总共生产了约1.6万门。虽然整个战争期间它都在服役，但后期已经完全抛弃了它作为反坦克炮的用途。

在突尼斯战场上，真正良好地发挥反坦克作用的是M5型3英寸（75毫米）火炮。在改良设计炮盾后，这款2.5吨重的火炮直到欧战胜利日都发挥了良好的效用。M36坦克歼击车和M26坦克上

1945年3月：大学行动中，盟军空降部队渡过莱茵河，第一次在实战中使用"无后坐力炮"，57毫米口径的M18型和75毫米口径的M20型各配发了少量。照片中这些第17空降师的士兵正准备发射一门57毫米口径无后坐力炮，它被证明是2.36英尺口径巴祖卡火箭筒的完美替代品，除了穿甲弹外，还可以发射高爆弹和烟雾弹。

1944年冬季，比利时：第11防空大队的炮手正操纵90毫米防空炮猛烈射击，试图拦截一枚正飞往安特卫普或者伦敦的德国V1飞弹。为了应对这种全新的威胁，美军和英军的防空部队组建了好几道防空链。

搭载的90毫米反坦克炮也生产了分离式滑轨载具的牵引式版本，但直到欧洲战场胜利前，它从未被投入过实战。

防空炮

大战初期，美国配备的防空炮是M2型3英寸防空炮和M1型90毫米炮。之后，SCR 268/584型雷达火控系统很快投入实战。有炮盾版的M2型90毫米炮在1943年开始生产，既可用作反坦克炮，也可用作防空炮：与雷达火控系统以及近发引信的搭配使用，使得这种防空炮发挥了卓越的效率。M2型火炮重16吨，火力射程达3.4万英尺（10360米、6英里）。1945年时，还生产了一款120毫米防空炮，射程高达4.7万英尺（14326米）。

在传统的防空作战中，水冷和风冷式的0.5英寸口径重机枪也被广泛使用，同时还有美国版的英式40毫米博福斯高射炮。在基层部队中，M16/17半履带车上搭载的马克松炮塔版4联装0.5英寸口径高射机枪是最常见的防空火力，自1943年5月开始，这种装备生产了大约3500辆。而牵引版的4联装防空炮，以及M15半履带车上搭载两挺0.5英寸口径的高射机枪和一门37毫米防空炮的组合，就要少见许多。

战术空援

空军部队原则上更倾向于将自己的战斗角色定位于夺取空中优势与进攻战略目标，对地面部队的协助则是优先级最低的任务。1940年时，德军的闪电战证明空军也可以成为移动的炮兵，但美国空军极不情愿放低身段为地面行动提供直接支援。这种态度造成了盟军在战场上的空中优势的丧失，在突尼斯和西西里战场上，扫射地面部队、俯冲轰炸的，全是德国空军。到1944年时，美国空军的克萨达将军为了在欧洲战场上扭转这种失败局势，指派了特殊的空军人员小队——包括经验丰富的飞行员——前往地面部队担任空勤联络官的职责。

第9航空队拥有七个战斗轰炸机大队（每个通常下辖三个空军中队）以及一个空中摄像侦察大队，专门被指派支援地面部队作战。每个军、师、装甲部队司令部和机械化骑兵司令部都有一个 AAF（陆军航空兵）无线电小组，战术空勤联络官搭乘装备了无线电的吉普车（有时是坦克）与部队一同推进，就像炮兵前沿观测员一样指引 P-47 飞机对即时目标进行攻击，地面发射的烟雾弹和白磷弹也被用于为飞行员标记目标。这种更为紧密的空地协作成为了美军地面行动成功的关键一环。

同时，虽然空军发出了很多反对声，但美军依然生产了 L4 "蚱蜢" 飞机用于侦察和前沿火力观测。到了 1944 年，"蚱蜢" 飞机与地面炮火的协同，使得这种飞行高度很低、缓慢、脆弱而且没有武装的轻型飞机可以瘫痪整个德军防区。

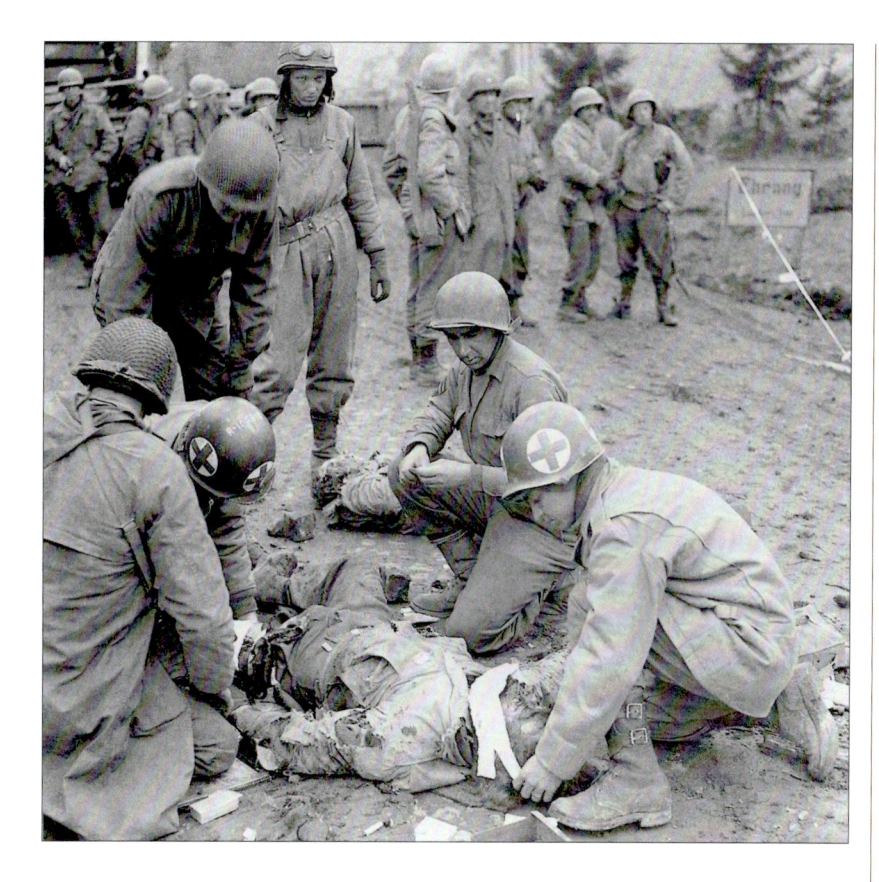

1945 年 3 月，德国，特里尔，地雷清理作业中：因为操作失误，来自第 10 装甲师的工兵们付出了惨重的代价。近处的伤员还有一线生机，医护兵正在包扎他重伤的面部、左臂和左腿（应注意到左手处的那位医护兵在头盔上方刻印着个人编号）。躺在后方被众人忽略的士兵看上去已经因为可怕的头部创伤死亡了。

工程兵

每个师配属的战斗工兵营是一个非常重要而有价值的单位。他们接受了陆军中最严格的训练。工兵们装备优良，拥有 0.5 英寸口径重机枪、喷火器、地雷和炸药。他们负责操纵诸如推土机、架桥设备等对于克服障碍至关重要的工具。正因为工兵们表现出无所不能的复合技术优势，普通的美国大兵们开玩笑道："至少他们得学学怎么做生意！"

在诺曼底战场上，工兵们要在碉堡密集的壕沟中炸出破洞，要在战地军需所焊接坦克前方的扫篱。而在随后的冬季战斗中，部署在巴斯通的第 1128 战斗工兵部队以及突出部战役中的工兵部队，很快就证明了他们在迟滞德军前锋部队方面的关键作用。

推土机其实是美国的发明，它在援救被困于建筑中的士兵以及保持前线和后方仓库的补给线畅通方面发挥了巨大的作用。在太平洋战场上，也正是发挥推土机的功效，才在新几内亚和菲律宾的丛林中打开了补给线、开辟了飞机跑道。有的推土机为了防范狙击手，还在驾驶舱上安装了装甲，

1944年12月，比利时，奥通，布雷作业中：这名士兵很可能来自第51战斗工兵营，该营是第1集团军的下属部队，加强调派给了第3装甲师的R战斗群。他正在小心翼翼地布设一枚反坦克地雷，以期延缓"突出部战役"中德军第116装甲师的推进。12月21日，这处乌尔特河上的重要桥梁在一群临时拼凑起来的指挥部勤务人员、工兵和两辆谢尔曼坦克的拼死战斗下成功地抵御了德军的进攻。

为了在重重火力中清扫障碍物，部分谢尔曼坦克也安装了推土铲刀。

战斗工兵的一个重要任务就是布雷。美制的（M1A1）反坦克和反人员地雷总体而言都足以胜任各自任务，但毕竟威力不足。"霍奇斯"地雷是一种轻型地雷，堪堪可以炸掉坦克的履带，主要在诺曼底战场上供空降部队使用。在扫雷方面，广泛使用的是SCR625地雷探测器，它可以发现埋于地下18英寸深的金属地雷。但是它的可靠性很差、不防水，而且操作手毫无防护。当需要谨慎推进时，更常见的方式是美国大兵们用探针或刺刀小心翼翼地以30度斜角插入地面，一英尺一英尺地谨慎探索地面。

日本军队很少使用燃烧地雷，但德军经常使用。德军惯常使用的反人员地雷是德制"S"地雷或称"跳跃贝蒂"地雷。一旦被71磅以上的压力触发，地雷底部的初火会将其弹射到大约离地4英寸的高度，其后的爆炸会将致命而锋利的填充碎片像收割镰刀一样射向各个方向。更小的"舒"式地雷则是用木头制成，因此更难被侦测，它0.5~2磅的装药可以炸碎人们的大腿并炸掉他的双脚。德军采用的特勒地雷则是威力强大的反坦克地雷。许多这样的地雷在埋设时会采取诡雷方式，以防止被发现。在这一点上，美国大兵们一点也不嫉妒战斗工兵的工作。

为了提升反地雷能力，工兵们还会使用炸药进行爆破。英国发明的"爆破筒"是一种5英尺长、两英寸直径的管状物，填充了硝酸盐火药。当需要清除障碍物时，爆破筒直接被插入地面障碍物的前端，工兵们也可以用这种方式破坏铁丝网——爆破筒的主要作用——还可以用其交叉爆炸来破坏敌人埋下的地雷。（但其副作用是，在其附近未能引爆的地雷会变得更加容易被触发，而且更加危险。）爆破筒的长管可以连接起来以增加长度，另有一种更大的版本，被称为"蛇"型爆破筒。其他被战斗工兵使用的爆破物还包括一种"传爆索"的装置，以及0.5磅或者1磅的TNT炸药包。

架桥是工兵们的另一项重要任务。充气浮桥非常常见，另外还有英国发明的预构件钢制"贝利"桥，可以承重40吨（具有通行坦克的能力）。"贝利"桥很快就装备了部队，但架桥工作对于工兵来说却是一项艰巨而危险的工作，因此，尽管它彻底改变了战术桥梁的架设方式，但美国陆军很晚才开始部署这种装备。值得一提的是，美国陆军接受了工兵部队提出的要求，限制了坦克的宽度和重量（30~35吨），以使其能够匹配现有的战术桥梁通行能力。这种限制在之后拖延了美军研发更重的现代化坦克的步伐。

坦克

"二战"中的美军坦克的发展和特色,是一个非常宏大的命题,有许多出版物和专著对其进行了详尽的介绍。以下篇章仅对其进行基础的大致介绍。

M4 谢尔曼

1940年代,美国使用的大多数载具都是汽油机驱动,机械性能非常可靠。但不幸的是,当坦克使用汽油机(而不是柴油机)时,一旦被击中就很容易起火爆炸。德国人和英国人分别给M4谢尔曼坦克起了"汤米灶"和"郎森打火机"——这是一种非常出名的香烟打火机品牌——的外号,可以视作这一事实的标志,大约有60%被击穿的谢尔曼会起火燃烧。(但其实最主要的初爆原因是缺乏保护的主炮弹药舱的殉爆。)虽然如此,在1942年早期时,谢尔曼系列坦克对于西方盟军而言却已经是最能拿得出手的坦克了。因为除了要满足美军所需,还要大量供应盟军,以期完成各种各样的战斗任务,谢尔曼坦克的生产贯穿了整个大战始终。这款坦克总重量介于30~35吨之间,装备了1门短75毫米主炮、2挺或3挺机枪,5名乘员操作,车身装甲最大厚度为50毫米,炮塔最大厚度为75毫米。

在与德国设计师的持续比拼中,美国坦克在装甲防护和武器性能这两项关键指标上很快就远远落后于对手。在突尼斯战役期间,谢尔曼坦克就已经不是装备了新的长75毫米主炮的晚期型德国Ⅳ号坦克的对手。但美军坦克的损失更大程度上要归罪于糟糕的训练水平和战术素养,这在战争后期很快得到了提高。西西里和意大利战役中很少有机会见到坦克之间的对决。到了1944年6月美军登陆法国时,盟军寄希望于谢尔曼坦克在面对德军装甲部队时能够表现良好。但当美军在诺曼底地区紧密的草木丛林——这种地形对于防守的德军来说具有完全的优势——投入战斗时,美军坦克驾驶人员很快就陷入了"虎式恐惧症"。在常规战斗距离上,当对抗德军的75毫

1944年10月:一辆属于第3装甲师第32或第33装甲团的M4谢尔曼中型坦克,正搭载着该师第36装甲步兵团的士兵。可以看到在内置弹药舱区域的车体外加装了甲板。车体前方堆砌的沙袋,可能有助于防范德军步兵使用的触发引信铁拳反坦克火箭筒,但在面对坦克或反坦克炮发射的穿甲弹时毫无用处。

美军坦克师通常被划分为3个战斗旅或者"战斗群"(A战斗群、B战斗群、R战斗群)。其中A、B两个战斗群会根据任务需要组合各种不同类型的步兵、坦克、火炮以及其他加强部队。R战斗群(后备战斗群)则通常只有最小规模的指挥部及其他战斗群挑选剩下的部队。

1945年，德国：在一处被美军占领的城镇街道上，一位美国士兵——在冬季连体服外还套了一件帕森斯夹克——在一辆M5A1型斯图亚特轻型坦克前方摆出造型，以方便陆军摄影师进行拍摄。可以看到坦克配备的"鸭嘴兽"履带扩展装置，其作用是在软性地面上获得更好的支撑力——这样的装备对于谢尔曼坦克也很有用处。在1942年11月的"火炬行动"登陆战中，斯图亚特坦克在火力和装甲方面就已经相对于德国坦克全面落伍，但直到1945年，它依然以侦察装备的身份在陆军中服役。

米V号豹式坦克时，美军坦克几乎无法正面对其造成有效的伤害，而当面对VI号虎式坦克这样的庞然大物时，事实上任何距离上的进攻都徒劳无益。

与德军坦克相比较而言，盟军坦克在整个大战期间几乎都处于火力与装甲上的双重劣势。各式坦克歼击车和斯图亚特坦克的装甲都薄弱不堪，就是谢尔曼坦克也是堪堪够用。许多当时的照片中，盟军在车身前装甲上加装了许多沙包袋或是附加履带板，就是一大明证。但对于坦克驾驶员而言，这些举措带来的心理安慰就和"急救绷带"差不了多少。反倒是焊接在弹药舱外的额外板甲还能多少发挥些作用，此外还有某些谢尔曼坦克配备的"湿舱"式水冷套也更有益处。1944年秋天，美军紧急改进的M4A3E2"巨无霸"坦克是在谢尔曼坦克的基础上，增加了两倍的前装甲厚度，通常被部署在坦克纵列的前端，以期成为反坦克火力的"磁铁"。这一改进取得了成功，但该款坦克总共只生产了254辆。

德国的豹式坦克和虎式坦克不仅装甲厚度超群，还拥有相比美军75毫米主炮两倍左右的有效射程。虽然在1944年中期开始生产配备76毫米主炮的新式谢尔曼坦克，但直到欧战胜利日之前，这种有着全新炮塔设计的坦克也只更换列装了前线大约一半的坦克营。这种新的76毫米主炮拥有更好的穿甲性能，但高爆弹表现不佳，不能发射白磷弹，并且弹药舱的储量也下降了30%。虽然有些将军——包括巴顿在内——最初质疑这种新主炮的研发生产必要性，但当76毫米主炮谢尔曼坦克抵达前线后，立即变成了一种供不应求的装备，大量的75毫米坦克纷纷被改装。坦克部队有时还会从M18坦克歼击车营手里借来新的高速穿甲弹（HVAP），这一弹药可以使他们的76毫米主炮谢尔曼坦克在500米射程内的穿甲能力提高50%。但即便如此，76毫米主炮也常常只能"敲打"而非击穿厚重的德军坦克。直到1944年晚期，一小部分装备了90毫米主炮的M36坦克歼击车，以

车辆标识

美军通常会在车辆上涂装明显的白色五星以作为识别标识，但每个战区都有自己的各色各样的标准。1944年时，美国大兵普遍认为这些星星、条纹和双翼标识的轮廓太过明显，使其很容易成为敌军的目标，因此纷纷故意污损、淡化或是涂抹掉标识。为了进行高空识别，美军还是用了彩色多边形的识别板和识别旗。

美军发明了一套半标准化的"部队编号/保险杠部队首字母/车体涂装"的系统，采用了白色模板印刷的方式。按照这套标准，面对车辆，从左到右依次应该看到的是师级编号—团级编号—连级首字母—车辆编号。其中连队首字母和车辆编号通常与师级和部队编号分开。陆军使用大写的"A"，炮兵使用"F"或是"FA"，步兵使用"I"，空降兵使用"AB"，司令部使用"HQ"，反坦克部队使用"TD"，装甲部队则使用一个三角形。如以下例子：

75I-291I B6，指第75步兵师，第291步兵团，B连，6号车。

82AB-505AB A2，指第82空降师，第505伞兵团，A连，2号车。

1945年1月，阿登地区：第84步兵师的两名士兵与来自第11装甲师的一辆白色涂装M8型灰狗战车。这款6轮装甲车在敞篷炮塔中搭载了1门M6型37毫米主炮，另有2挺机枪，设计乘员为4人，总重量约9吨。另一款M20型装甲车，其实就是使用了环形滑轨枪架搭载0.5英寸口径重机枪的M8装甲车，常被用作侦察车辆和指挥车。虽然它的装甲只能抵御轻火器的进攻，但因其高达55英里的公路时速，灰狗装甲车在机械化装甲骑兵部队中被大量使用。

在步兵师中，通常配备一个连的规模侦察装甲骑兵部队，以担任侦察、搜索任务。该连装备了18辆吉普车和12辆M8灰狗装甲车。在装甲师中，则会配备一个装甲骑兵侦察中队（或营）。这支编制超过900人的部队下辖3个侦察队（或连）、一个配备17辆M5型坦克或M24型的轻型坦克部队，以及一个6门制的75毫米HMC进攻炮兵部队。最大的装甲骑兵单位是大队，包括两个中队，指挥官为上校，通常每个军级单位配备一个。巴顿的第3集团军下辖的第6装甲骑兵大队（"巴顿的近卫骑兵队"）拥有直接与其司令部无线电联络的特权。

及1945年出现的M26潘兴坦克，才在理论上给美军坦克手提供了足以匹敌德军坦克部队的可能。但是，在实战中，许多其他要素的作用足以胜过单纯的装甲厚度和火炮威力的纸面计算。

美军坦克拥有速度、机械可靠性、无线电协调、装填速度、炮塔转动速度方面的优势——当然还有数量上的绝对优势。其中最核心之处，在于将用途广泛的M3、M4坦克车身、传动系统、悬挂装置进行标准化设计，这使得美国军需部门在生产速度和便利性上获得了巨大的优势。数量庞大的各种变形，从自行火炮到装甲维修车辆，都基于这些底盘源源不断地被生产出来。美国光是谢尔曼坦克——截至1945年7月就生产了5.7万辆，这几乎是德国和英国所生产的坦克总数的两倍之多。

值得庆幸的是，在战场上从来没有出现过足够多的豹式坦克，虎式坦克的数量也很少。美军的装甲指挥官已经习惯了使用超大规模数量的坦克、火炮和空中力量的协调作战以实施无与伦比的"协同作战"模式。优秀的无线电通讯手段在其中发挥了不可低估的作用。每一辆美军坦克都有一台无线电接收器（SCR538），而指挥坦克——到了1945年则成为所有坦克的标配——则有无线电收发器（SCR508/528）。谢尔曼坦克的排级战术是伏击豹式坦克，发射白磷弹干扰敌人视线，从侧翼或是后方进行近距离射击，在遮掩中玩"猫捉老鼠"的游戏，并依靠速度和数量来突破战线，发挥自身装备的最大优势。对于美军坦克驾驶员而言，他们在1944—1945年间的欧洲战场上驾驶着美式坦克艰苦奋斗，并几乎赢下了每一场主要的战斗，这是值得称道的壮举。当德军于1944年秋天从法国撤退之后，德、美两国之间坦克手的战术、技术水平的天平，逐渐转移到了美军方面。

117

大多数美国坦克都有一个标准的军事名称，比如 M4 中型坦克等。而大量使用美式坦克的英国军方，则有对军事装备进行命名的传统，他们对这些美式坦克冠以了美国将军的名字——M3 轻型坦克叫"斯图亚特"[1]，M3 中型坦克的两种型号则分别称为"李"[2]和"格兰特"[3]，又把"谢尔曼"[4]的名字冠在了 M4 中型坦克之上。美国大兵们接受了大部分这样的名字，陆军军方在大战末期也开始官方命名各种坦克型号。而坦克驾驶员则对自己的载具有更深的感情，有时会单独给它们起些昵称，通常会使用自己所在连队的首字母（例如 B 连的载具往往会叫"贝蒂""芭芭拉""美人"等）

1945 年 2 月，德国：在一大堆丢弃的纸板弹药包装筒旁边，一辆属于第 106 装甲骑兵大队进攻火炮部队的 M8 型 75 毫米 HMC 正在猛烈开火。这款基于 M3/M5 斯图亚特坦克车体和敞篷炮塔的 M8 型火炮被少量配备给了侦察部队和坦克部队的指挥部队，以提供直射或曲射高爆弹火力支援。M8 型自走榴弹炮虽然数量有限，但很受欢迎，在 1945 年时被火力更强、保护性更好的 105 毫米谢尔曼自走榴弹炮所取代。

一辆坦克歼击营的 M10 狼獾坦克歼击车，配备了"剔除装置"，用于在篱笆众多的诺曼底地区开路。M10 薄弱的装甲无法匹敌 1944 年时德国装甲部队的主力装备，其前方放置的沙袋也没太大的用处。暴露在敞篷炮塔上的乘员穿戴了 M1 钢制头盔，以期防范敌军空袭。

M26 潘兴

在 1944 年秋天，发展 M26 潘兴[5]重型坦克的计划突然被赋予了最高的优先级。这款坦克重 46 吨，搭载一门 90 毫米口径 M3 型主炮，能够击穿大多数德国坦克。潘兴坦克最初抵达前线是在 1945 年 2 月，第 3、第 9 装甲师接收了数量有限的第一批该型坦克。到欧战胜利日，潘兴坦克总计生产了 700 辆，310 辆运抵欧洲战区，200 辆被配发到了战斗部队。另外还有一些 M26 坦克在 1945 年 8 月运抵冲绳，但入列时间太晚，并没有投入战斗。

M3/M5 斯图亚特系列

美军在突尼斯使用的坦克既有 M3 坦克，也有改进型的 M5 型 16 吨重

[1] 詹姆斯·斯图亚特 (1833—1864)，美国南北战争中的南方骑兵将军。
[2] 罗伯特·李 (1807—1870)，美国著名军事家，南北战争时期南方联盟总司令。
[3] 尤利西斯·格兰特 (1822—1885)，美国著名军事家，美国总统，南北战争时期联邦军总司令。
[4] 威廉·谢尔曼 (1820—1891)，美国将领，南北战争时期西部战区总司令，后任美国陆军总司令。
[5] 约翰·潘兴 (1860—1948)，美国著名军事家，陆军特级上将。"一战"中任美国远征军司令，战后任陆军参谋长。

的斯图亚特轻型坦克。这些坦克搭载 M6 型 37 毫米主炮，并采用同轴的前车身和炮塔顶端机枪，侧面平坦，设计乘员为 4 人。到了停止生产的 1944 年时，斯图亚特坦克已经严重地落后于时代，但仍然被部署在侦察部队中，驾乘人员不得不依靠它的速度和卓越的操控性来提升自身的存活率。

M24 霞飞

20 吨重的 M24 型坦克，以阿德纳·霞飞将军的名字命名，它是整个大战期间所生产的最优秀的轻型坦克。从 1944 年 11 月开始，该款坦克开始替换欧洲战区的斯图亚特坦克。这款使用 M6 型 75 毫米主炮、通用谢尔曼坦克弹药、设计乘员 4 人的 M24 坦克比外形古旧的 M5 坦克更轻，但却有更好的倾斜装甲。它采用了斯图亚特坦克的两个 8 缸发动机进行驱动，悬挂设计则来自"地狱猫"坦克歼击车，最高时速为 35 英里。

1945 年，德国，比特堡附近：第 4 装甲师的士兵在齐格非防线上一处没有敌情的地段穿越不设防的"龙牙"障碍。可以看到两名医护兵（中间）头盔上的涂装不同寻常——红十字外围只有一点简单的白色勾边。另有通信兵携带着一具 SCR300 无线电和配件包，并把防毒面具包当做挎包使用。

坦克歼击车

搭载一门 75 毫米榴弹炮的 M3 半履带车是美军第一款摩托化反坦克炮，作为一种临时应急的举措，曾在北非和西西里战场上使用。这款低初速的火炮缺乏足够的穿甲性能与贯穿力，而且美国士兵们发现一旦开火角度有误，车体还会侧翻。M3 半履带车很快就被 M10 坦克歼击车所取代。

所有的轻装反坦克车都是敞篷设计，这带来了更好的视野和更多的肘部空间，可以使乘员更快速地装弹。但不幸的是，这也使得 5 人乘员小组暴露在了炮火和近距离进攻的敌军步兵火力之下。坦克歼击车不仅被用作反坦克炮，还被委以对步兵进行普通支援的任务，包括"碉堡爆破"以及将车身埋入战壕中充作野战火炮使用。一个坦克歼击车营下辖三个连，总计装备 36 辆坦克歼击车，另有营部连，装备 6 辆短管 75 毫米 M8 型榴弹炮载具（HMC）。美国陆军总共组建了 71 个自走式或牵引式坦克歼击车营，其中 61 个被部署在欧洲战区和地中海战区。由于它们主要承担反坦克任务，士兵们习惯将其称为"开罐器"。到 1946 年，坦克歼击车的军事理论被美军抛弃，所有的作战单位均被解散。

M10 狼獾

M10 型是第一款特殊设计用于反坦克作战的坦克歼击车辆。它搭载的 M7 型 3 英寸（75 毫米）海军制式火炮，可以在 1000 码的距离上击穿 3 英寸厚的钢板——比谢尔曼坦克上的 M3 型 75 毫米火炮的威力要强大许多。这门主炮可以发射高爆弹、霰弹和烟雾弹。到 1943 年晚期停止生产为止，这种 33 吨重的车辆总计生产了超过 7000 辆。作为坦克歼击部队的主要装备，狼獾式坦克歼击车的身影在北非、意大利和欧洲战区随处可见，另在太平洋战场上也有小规模部署。

M18 地狱猫

M18 型坦克歼击车搭载的是与改进版的谢尔曼坦克同样的 76 毫米主炮，但"地狱猫"的炮手们还可以使用高效的钨碳合金高速穿甲弹药。到 1944 年末停止生产之前，M18 地狱猫总计生产了超过 2500 辆。这款 20 吨重的车辆匹配了一台强大的 400 马力引擎，极速高达每小时 45 英里。正因为如此卓越的推重比和优秀的主炮，M18 地狱猫成为了大战期间最有效率的美军坦克歼击车，深得士兵们的喜爱。

M36 杰克逊

大约有超过 1100 辆 M10 狼獾被改装安上了潘兴坦克使用的 M3 型 90 毫米主炮，成为了 M36 杰克逊坦克歼击车。有意思的是，改装后的杰克逊重量为 31 吨，甚至比狼獾还轻一些。M36 杰克逊坦克歼击车提供了可以在远距离上摧毁豹式和虎式坦克的能力，使得美国士兵们终于拥有了可以与德军晚期型号坦克一较高下的利器。

坦克歼击车学说

1940 年德军闪电战战术令人震惊的大获成功，促使着美国陆军开始着手设计应对之策。大力发展反坦克炮看上去是一种行之有效的阻止敌军坦克的方法，1941

1944 年夏季，诺曼底：第 35 步兵师的两名医护兵和一名步枪兵正在检视一名死亡的德军。左边的步枪兵将自己的 E 形工具锹的握把锯短以方便携带，他鼓起的"啤酒肚"很可能是把弹药和口粮塞进战地夹克里，以免再专门配备一个背包。可以看到跪着的医护兵把一个红十字袖标绑在头盔网上——这并不常见。背景处的医护兵将自己的帕森斯夹克翻面穿着，露出了更深的毛绒里料而非常见的鸭黄色面料。

1944年7月，法国，布雷斯特：来自第2步兵师的步枪兵们，在这座港口城市陷入了长时间的巷战。其中几人装备了1928年款背包，左数第二名士兵穿着当时少量配发的两件套伪装服。

年举行的军事演习结果进一步巩固了这种假设学说。这种学说要求陆军建立坦克歼击部队以应对敌军坦克，而同时美军坦克只是以支援武器的姿态增援步兵作战。为此美军将大量37毫米和57毫米反坦克炮配属到师级和反坦克营，而75毫米榴弹炮则被装配上半履带车以增加机动性——这种情况一直持续到足够数量的M10坦克歼击车服役并成为合格的自走反坦克武器平台。

也正是这种新的坦克歼击车学说的出现，在M4谢尔曼坦克本应采取的升级换代中起了关键的反作用，这种坦克被军械理论家和许多将领仅仅视作一种步兵支援武器或是可资利用的车辆，而非坦克杀手。即使在1943年军需部门将M4坦克的主炮从75毫米升级到76毫米或90毫米时，其火力也并不具有"通杀一切"的威力。由于当遭遇地方坦克时，美军坦克的预想作用只是引诱、牵制，等待坦克歼击车赶来解决问题，因此升级装甲看上去也是可有可无之举。

坦克歼击车学说还深刻地影响了陆军师级部队的作战编制。绝大部分的坦克营和所有的坦克歼击车营都是以独立单位的形式配属到军一级，按照战时所需另行指派任务。步兵师并没有直属的坦克营，而是只配置了少量的牵引式反坦克炮。只有装甲师拥有直属坦克部队，这是因为他们作为突击部队的任务属性使然。坦克，特别是坦克歼击营，往往是以连级或排级规模临时分配给师级单位，更大规模的坦克歼击车编队和营部因此往往显得多余。在欧洲战区，战事所需使得独立的坦克和坦克歼击车营几乎是"永久性"地被加强给了各个步兵师。

尽管这种学说看起来有诸多好处，但在实战中却并非如此。坦克歼击车部队的数量从来没有充足到满足所有需求，并且还往往火力不足。它们的敞篷式炮塔设计使得炮手很容易遭受炮击而伤亡。M10以及M36坦克歼击车脆弱的装甲使得它们在开阔地带难以有效建立防御或是推进战斗。它们必须小心翼翼，亦步亦趋，采用"游击战"战术才能发挥最大的效力。很多时候绝望的战地指挥官们不得不使用谢尔曼坦克（有时简直就是自杀式的螳臂当车）来抵御敌军的坦克突击。虽然在1943年的战斗中坦克歼击部队的战绩乏善可陈，但美军将其归因于战术部署上的错误以及没有足够数量的新式M10坦克歼击车。直到诺曼底登陆后，美军将领们才终于认识到坦克歼击车学说的先天不足。这才迫使美军姗姗来迟地集中精力研发如M26型潘兴坦克之类的新坦克，终于足以匹敌德军的豹式和虎式坦克。

1944年10—11月间许特根森林第4步兵师的一个勃朗宁机枪小队正艰难行走在泥泞不堪的松针森林里。在这片森林中，第4、第8和第28步兵师的士兵浴血奋战，为第1集团军的缓慢推进付出了极其高昂的代价。

1944年11月中旬，美军第2装甲师和德军第9装甲师在德国普芬道夫的一场遭遇战，可以充分说明美军坦克和德军坦克之间的巨大差距。在没有空军支援和缺乏迂回空间的情况下，第67装甲团的两个装备着75毫米和76毫米主炮的谢尔曼坦克（超过100辆坦克）美军坦克营被迫与大约20~25辆Ⅳ号、豹式和虎式坦克打了一场正面遭遇战。为了获得胜机，M4坦克都采取抵进射击方式。一辆谢尔曼坦克在成功瘫痪一辆虎式坦克之前总共向其发射了14枚炮弹，但随后就被另一辆虎式坦克的88毫米主炮摧毁。第67装甲团声称当天有5辆德军坦克被击毁，后来及时赶到的第702坦克歼击车营驾驶90毫米主炮M36型坦克歼击车摧毁了15辆以上的德军坦克。但在这场遭遇战中，第67装甲团损失了38辆M4谢尔曼、19辆M5斯图亚特，另有350人伤亡。

欧洲战区战役简介

诺曼底登陆

1944年6月6日，诺曼底登陆日的清晨，大约2500架轰炸机和600艘战舰对位于维尔河与奥恩河之间的诺曼底海岸上的德国"大西洋墙"防线（这些轰炸行动由于太深入内陆，其实大多数并没有起到太多作用）进行了狂轰滥炸。在德怀特·艾森豪威尔将军的卓越指挥下，"霸王行动"在诺曼底东部50英里的海岸线上发动，3个英国和加拿大师分别在"金""朱诺""剑"3个海滩上同时登陆，而英国的第6空降师在夜幕中空投后方以稳固侧翼并占领桥梁。美军第82、第101空降师则在夜里空投至美国第1集团军（奥马尔·布拉德利将军）的预定登陆海滩后方。空降师虽然降落区非常分散，但他们还是成功地控制了至关重要的交通要道并阻止了敌人的援军。在西边，美军第 4 步兵师在科唐坦半岛底部的犹他海滩成功登陆，伤亡不到 200 人。而在距此东边 11 英里远的奥马哈海滩上，第 1、第 29 步兵师，第 2、第 5 游骑兵营被压制在海滩上不得动弹，付出了超过 2000 人的伤亡代价——有些进攻部队伤亡率高达 50%~95%。一小部分被分割成小队或是排级单位的美军，在从列兵到准将的各色军阶的战场临时指挥下，终于爬上了绝壁，从侧面和后方向德军阵地发起进攻，最终使得主海滩登陆口被打开，这 2 个浴血奋战的步兵师才得以勉强开进诺曼底。到夜幕降临时，共有 15 万 ~17.5 万名盟军登上了法国领土。

在接下来的三天里，第 2 步兵师和第 2 装甲师登上了这片缓慢开拓中的滩头阵地，接下来几乎每两天就有一个新的师登陆。到 6 月 18 日，科唐坦半岛被盟军拦腰截断。瑟堡——行动计划中的优先目标——在防守五天之后于 6 月 25 日被占领，但该地的港口直到 8 月 7 日才恢复满负荷运作。

眼镜蛇行动

盟军被困在狭窄的桥头阵地上并且伤亡惨重，因此急需突破这里丛林草木的困境藩篱——这里的田野被无数灌木篱墙和下沉的小路切割成零碎的小块——以发挥他们在数量、火力和机动性上的优势。英国和加拿大军队向德军防线东部的支撑点卡昂发起了一波又一波的进攻，直到 7 月 9 日才成功占领。尽管损失惨重，但这成功地将德军装甲部队的主力牵制在该防区。在西边，7 月 18 日，美军第 29 步兵师拿下了战略要地圣洛。美军在圣洛以西发动的"眼镜蛇行动"，以空中的"地毯式轰炸"开端。这样的轰炸彻底破坏了德军装甲教导师的防御阵地（但也炸死了第 30 步兵师的 500 名美军，以及正在该师访问的麦克莱尔中将）。美军从海滩阵地上蜂拥而出，在 7 月 28 日占领了库唐塞斯，31 日占领了阿夫朗什。美军第 3 集团军（乔治·巴顿将军）从 8 月 1 日开始进攻，很快就横扫了布列塔尼。为了打破美军的攻势，希特勒命令他的后备装甲部队于 8 月 6 日向莫尔坦发动进攻。为了守住该地的 317 高地，美军第 30 步兵师的一个营在此伤亡了一半以上的兵力。但设在此处的前沿观测所呼叫来了铺天盖地的空军轰炸和军级火炮支援，且在第 9 和第 4 步兵师的增援下，第 30 步兵师顽强地守住了阵地，迫使伤亡惨重的德军仓皇撤退。在抵住了这次危险的进攻后，盟军继续向法国腹地展开了他们迅捷而威猛的横扫式进攻。

解放法国战役

1944 年 8 月中旬，盟军获得了包围全歼位于法莱斯附近的德军的机会。他们一开始认为大部分德军已经撤退，所以盟军的包围圈闭合行动较慢，尽管如此，该包围战还是使得德国国防军损失了 5 万人和数千车辆装备。英国和加拿大军队沿着英吉利海峡沿岸扫荡，同时美国第 1、第 3 集团军开始竞相向东穿越法国腹地。盟军于8月24日渡过塞纳河，并于25日攻克巴黎。9月3日，在比利时的蒙镇附近，又有2.5万名德军士兵投降。到了登陆行动开展第90天时，盟军实际上已经推进并占领了原计划中到登陆第340日才能到达的位置。9月11日，巴顿的第3集团军终于和8月15日在法国南部登陆（铁砧行动）的帕奇将军的第7集团军会合，形成了一条从英吉利海峡贯穿到地中海的盟军战线。

但是，从此时起，盟军的推进变得缓慢而时有停滞，并非因为德军的抵抗，而是盟军从诺曼底出发的补给线已经变得过于漫长而无法支撑。在如此困难的时期，英军和空降部队（即"花园市场行动"——这对于参战的两个美军空降师而言，简直就是一场失败的赌博）获得了优先补给权，以期占领安特卫普至关重要的港口以及下莱茵地区，这更使得补给雪上加霜。迟至1944年11月底，第1集团军占领了第一座德国城市亚琛（10月21日），并在德军的边境防线——齐格菲防线上成功地打开了几个突破口。在许特根森林附近，美军的3个师轮番上阵，对付顽抗的德国军队。为了继续苦苦等待短缺的燃料和弹药补给，美军只能缓慢地推进。盟军攻势在秋天的暂停，被德国人称为"西线的奇迹"，这给了敌人足够的喘息时间来组建和重新装备防守德意志帝国的部队。

突出部战役

希特勒将其重新组建的师赌博般投入到一场偷袭进攻中，试图以此分割美军和英军，并占领安特卫普。美军之前并没有得到足够的信息，并不知晓德军已经重建并增强了实力，直到12月6日美军在并未站稳脚跟的阿登高地遭到了猛烈攻击时，才如梦初醒。

冬季的恶劣天气使得空军无法起飞，3个美军步兵师只能独自面对敌人的猛攻。新编练的第106步兵师、第28步兵师（刚从许根特森林之战中撤下恢复）以及一部分未经实战检验的第9装甲师在3个德国集团军的猛攻下，在阵地上苦苦支撑了两天。北边（第2、第99步兵师）以及南边（第4步兵师）也成功地挡住了敌军的突破。惊慌失措的106步兵师下辖的3个团中几乎有2个团的部队投降，竭力抵抗的第29步兵师建制均被打乱。美军工兵部队在整个战役中不断炸毁桥梁要道，始终困扰着德军先锋，使其在复杂艰难的山地被迫迁延了数日。有一段40英里长的阵线几乎就要被冲破，但两天的坚守使得高机动性的美军能够迅速调动部队赶往这个"突出部"。

德军为了达到战役目的，必须占领位于圣维斯和巴斯通的交通要道。在3个步兵师下辖部队的支援下，克拉克将军（第7装甲师B战斗群）成功防守圣维斯直到12月20日，完全打乱了德军在阿登地区北部的进攻时间计划。当该处防线最终因为德军元首护卫旅的成功迂回包抄而被攻破时，第7装甲师和邻近的第9装甲师战斗群设法突围以保存实力。巴斯通由101空降师其他3个步兵师的部分部队负责防卫。由德军第1党卫装甲师和第2装甲师发起的突破进攻，最终都被遏阻在默兹河附近。到12月底，巴斯通包围圈最终被巴顿的第4装甲师打破。终于，明澄的天空上再次布满了盟军的飞机。尽管德军的进攻极大地震撼了盟军，但希特勒的孤注一掷最终还是一无所获。

德国战役

1945年春，美军开进了德国的核心腹地。3月底，第9装甲师在雷马根地区占领了一座完好无损的桥梁，盟军从多个位置渡过了莱茵河。快速的推进中不时有艰苦的战斗发生，美军总会遭遇到抱着狂热信念决一死战的"临时"德军战斗小队：一些坦克和高射炮、从撤退的部队中拼凑的人手、参谋军官和士官训练学校的学员，在一些初级军官的指挥下纠集在一起徒劳无益地要与盟军同归于尽。但与在东线顽强抵抗、报复心炽热的红军不同的是，此时大多数德国国防军军队更愿意向西方盟军投降。

到欧战胜利日时，美国总计在欧洲战场上部署了60个师，他们开进了奥地利和捷克斯洛伐克，并且深入德国境内直至距离柏林只有1天的行程。5月2日，美军、英军和苏联军队在波罗的海地区的吕贝克成功会师。5月7日，在法国兰斯的司令部里，艾森豪威尔将军在德国从1945年5月8日午夜时分起无条件投降的文件上落笔签字。

回家

参加第二次世界大战的美国大兵被准确地描述为"平民士兵"，当战争结束时，他们当然会迫不及待地想要回到家乡。考虑到1918年时因为延期复员参加"一战"的"大兵"而引发的种种不快，美国当局这次在士兵中展开了广泛的调查，以确定解决这一问题的最公平的方式。最终设计了一套积分系统，以奖励那些服役时间更长的老兵，使其可以凭借更高的分数首先回国：每获得一个战役铜星记5分，每6个月的服役期记1分，每6个月的海外服役记1分，每一次受伤记5分，每获得一个奖章记5分，每有一个孩子记12分（最高3个孩子封顶）。解除服役的总分要求为85分，但到了1945年12月，该标准就降到了50分。

在欧战胜利日之后，美军优先考虑将更晚投入到欧洲战区的师转运至太平洋战场。到1945年8月的对日胜利时，美军的这种大规模转运宣告终止，有许多服役时间不长的美国大兵发现自己已经回到美国并被解散。在欧洲战区的高积分老兵们很快就上了回家的名单，但对普通美国大兵而言，这一周期依然太过漫长。但不管怎样，美国陆军的复员速度相当快速，到1946年时，服役人数已经从830万人锐减到了200万人。

师级战役记录（及臂章）

第 2 装甲师（地狱之轮）：北非、西西里、诺曼底、法国、阿登、德国。所有装甲部队配发的都是装甲部队三角臂章，分为黄色（上部）、蓝色（左部）和红色，其上有黑色的卡车和闪电图形，图形上方是师级编码。

第 3 装甲师（先锋）：诺曼底、法国、阿登、德国

第 4 装甲师（突破）：诺曼底、法国、阿登、德国

第 5 装甲师（胜利）：诺曼底、法国、德国

第 6 装甲师（超级六）：诺曼底、法国、阿登、德国

第 7 装甲师（幸运七）：诺曼底、法国、阿登、德国

第 8 装甲师（雷鸣野兽）：法国、阿登、德国

第 9 装甲师（幻影）：阿登、德国、捷克斯洛伐克

第 10 装甲师（老虎）：法国、阿登、德国

第 11 装甲师（霹雳）：法国、阿登、德国

第 12 装甲师（地狱猫）：德国

第 13 装甲师（黑猫）：阿登、德国

第 14 装甲师（解放者）：法国、德国

第 16 装甲师：德国

第 20 装甲师：德国

第 2 步兵师（印第安头颅）：诺曼底、法国、阿登、莱比锡（德国）

第 4 步兵师（常春藤）：诺曼底、法国、巴斯通（阿登）、德国

第 5 步兵师（红色钻石）：诺曼底、梅茨（法国）、阿登、美因茨—沃姆斯（德国）

第 8 步兵师（探路者）：诺曼底、布列塔尼、法国、阿登、科隆（德国）

第 17 空降师（金爪）：阿登、莱茵河、德国

第 26 步兵师（洋基）：法国、阿登、齐格菲防线（德国）

第 28 步兵师（拱心石）：诺曼底、科马尔（法国）、许特根森林、阿登、德国

第 29 步兵师（蓝灰）：诺曼底、法国、齐格菲防线、亚琛（德国）

第 30 步兵师（老山胡桃）：诺曼底、法国、阿登、德国

第 35 步兵师（圣达菲）：诺曼底、梅茨、南锡（法国）、阿登、鲁尔（德国）

第 42 步兵师（彩虹）：施韦因富特、慕尼黑、达豪（德国）

第 44 步兵师（双四）：萨尔、乌尔姆（德国）

第 63 步兵师（血与火）：巴伐利亚（德国）、多瑙河

第 65 步兵师（战斧）：萨尔劳腾、雷根斯堡（德国）、多瑙河

第 66 步兵师（黑豹）：洛里昂、圣纳泽尔（法国）、德国

第 69 步兵师（战斗六九）：德国

第 70 步兵师（开拓者）：萨尔布吕肯、摩泽尔河（德国）

第 71 步兵师（红色圆圈）：哈尔茨山（德国）

第 75 步兵师：阿登、威斯特法利亚（德国）

第 76 步兵师（奥纳韦）：卢森堡、德国

师级战役记录（及臂章）

- 第 78 步兵师（闪电）：阿登、鲁尔河、鲁尔（德国）
- 第 79 步兵师（洛林）：诺曼底、孚日山脉（法国）、德国
- 第 80 步兵师（蓝色山脉）：诺曼底、法国、巴斯通（阿登）、摩泽尔河、德国
- 第 83 步兵师（俄亥俄、霹雳）：诺曼底、法国、阿登、德国
- 第 84 步兵师（劈木人）：阿登、汉诺威（德国）
- 第 84 步兵师第二徽章
- 第 86 步兵师（黑色雄鹰）：达豪、因戈尔施塔特（德国）
- 第 87 步兵师（橡子）：阿登、德国、捷克斯洛伐克
- 第 89 步兵师（波动 W）：宾根、艾森纳赫（德国）
- 第 90 步兵师（德州）：诺曼底、法国、阿登、德国、捷克斯洛伐克
- 第 94 步兵师（九四）：圣纳泽尔（法国）、齐格菲防线、摩泽尔河、萨尔河（德国）
- 第 95 步兵师（胜利）：梅茨（法国）、摩泽尔河、齐格菲防线、萨尔河（德国）
- 第 97 步兵师（三叉戟）：德国
- 第 99 步兵师（棋盘）：阿登、雷马根（德国）
- 第 100 步兵师（一百）：法国、雷马根、萨尔河（德国）
- 第 101 空降师（尖啸雄鹰）：诺曼底、荷兰、巴斯通（阿登）、德国
- 第 102 步兵师（奥索卡）：齐格菲防线、鲁尔、慕尼黑（德国）
- 第 103 步兵师（仙人掌）：斯图加特（德国）、奥地利
- 第 104 步兵师（森林狼）：莱茵河、科隆、鲁尔（德国）
- 第 106 步兵师（金色狮子）：圣维斯（阿登）、德国

1944 年 6 月，离船登上诺曼底：这名第 2 步兵师的宪兵正在翻阅陆军官方配发的外语短句手册，可以看到"印第安头颅"的臂章以及头盔上涂装的"MP"字样。

127

1944年12月，比利时，圣维斯：来自第7装甲师第23装甲步兵团的士兵正在街道上警惕地休息，旁边是提供掩护的白色涂装M4谢尔曼坦克。士兵们的头盔上是临时用床单制作的白色盔罩。

1944 年，英格兰
1：美国第 3 集团军，工程兵，上校
2：第 70 坦克营，上尉
3：第 2 装甲师，第 66 装甲团，副排长

登陆日，奥马哈海滩
1：第29步兵师，第116步兵团，下士
2：第29步兵师，第116步兵团，中尉
3：第2步兵师，工兵，5级技术员

1944年7月，诺曼底，"眼镜蛇行动"
1：第2装甲师，第41装甲步兵团，步枪兵
2：第4步兵师，第8步兵团，勃朗宁机枪手
3：第2装甲师，第41装甲步兵团，步枪兵

1944年，法国
1：凡尔赛，盟国远征军最高统帅部，女子军团，下士
2：第26步兵师，第104步兵团，中士
3：1944年11月，第761坦克营，上尉

D

1944年10月,荷兰
1:第7装甲师,第23装甲步兵团,少校
2:第7装甲师,第23装甲步兵团,无线电操作员,上等兵
3:第9陆军航空队,前线空中指挥官,上尉

1944年12月，巴斯通
1：第28步兵师，步枪兵
2：第101空降师，第327机降步兵团，巴祖卡射手
3：第10装甲师，第20装甲步兵团，5级技术员

F

1945年春，德国
1：陆军护理队，少尉
2：第89步兵师，步枪兵
3：第45步兵师，医护兵，上等兵

1945年，占领军
1：美军第9陆军航空队，第61运输大队，准尉滑翔机飞行员
2：第82空降师，第505伞降步兵团，5级技术员
3：第1步兵师，第26步兵团，一级军士长

插图图说

A: 1944 年, 英格兰

A1: 美国第 3 集团军, 工程兵, 上校

这名上校在他的深色版 OD51 军官标配常服的肩章带上别有军阶标志，穿着一条可选的浅褐色长裤，这种裤子的昵称是"粉色裤"——在此处还有骑兵样式的内缝线。有两种帽子可以搭配这套制服，他戴着的是常服帽，在此处可以看到更明亮的罗纹带——罗纹带的颜色因为军官可以自主购买制服而标准不一。帽上有标配的赤褐色皮革帽舌、下颌托带以及镀金军官帽徽。他穿着的上衣，在每个袖口上都有褐色饰带以标识军官身份，以及——一种流传至今的特点——特殊的工程兵纽扣。军官的领章都采用剪影轮廓式设计，此图中上面是两个"US"识别徽章，下面是工兵的堡垒徽章。他左胸上的勋表显示出他的服役记录可以追溯至第一次世界大战期间，有银星勋章、缀有两颗战役铜星的 1918 年胜利勋章、法国英勇十字勋章以及太平洋和欧洲战区勋章。他袖口上的条纹显示出他曾在"一战"中海外部署一年，"二战"中海外部署两年。他并没有延长服役条纹——军官不用延长服役。第 3 集团军的臂章是大写的"O"中有一个"A"，表明该部队曾在第一次世界大战后作为美国远征军驻扎在德国占领区。

A2: 第 70 坦克营, 上尉

他选择了一件卡其色的衬衣和一条战前的黑色领带来搭配他的常服。军官版的横直武装带上，有战前标配的剑挂钩，但在战时，这一装置已经成了购买武装带时的可选项。在他的下翻领上，可以看到装甲兵种徽章，就像一个英国"一战"式坦克的剪影。军官的部队徽章，在可行时也可以佩在肩章带上。这名军官的勋表上佩戴着美国本土服役勋章和欧洲战区勋章。独立坦克部队——那些没有划归装甲师的部队——使用的是黄色色块且没有数字编号的装甲部队臂章，在"二战"晚期，也有部队自行将营级编号绣在臂章上。第 70 坦克营是第一批成立的独立坦克营，其组成人员经过了精挑细选，参加了北非、西西里、诺曼底、法国、突出部和德国等战役。在这名军官的臂弯里有一件军用防水上衣，这种防水上衣有从卡其色—米黄色到绿色的各种颜色。这种防水大衣的普及起源于威灵顿公爵，他非常反感军官们打雨伞，这一传统延续至今，美国军官们都被禁止打伞（除非是和女士在一起）。

A3: 第 2 装甲师, 第 66 装甲团, 副排长

这名技术军士或是副排长穿着 OD54 色的士兵版 M1939 款 4 袋上衣，他戴着的船形帽或是配发数量有限的有帽舌版常服帽都可以用于搭配这款常服。船形帽的绲边上可以涂上他的兵种独有的绿/白相间颜色，此图中绲边并未上色，但别有师级金属彩饰帽徽。在他的上翻领上，是分别刻着国家标识（右边）和兵种标识（左边）的铜质扣片。大多数美国士兵并不会把一对部队金属彩饰徽章都别在下翻领上，但这位士官骄傲地将第 66 装甲团的徽章分开别在左右领上。这是美国陆军中历史最悠久的坦克部队，可以追溯到"一战"期间的第 351 坦克营。他在左肩上佩着师级臂章，左右两边的袖笼上部则都是军阶 V 形臂章——采用的是战前的黑底银色。左前臂上的两道杠，是两次分别为期 6 个月的海外服役条纹（昵称"赫西杠"，

1944 年 8 月：这名来自第 1 步兵师第 26 步兵团的士兵穿着实验性的战斗运输背心，这种背心在登陆日当天小规模配发给了第 1、第 29 步兵师和一些游骑兵部队，但并没有普及。在诺曼底的海滩上，这些口袋中会带入非常多的水和泥沙，士兵们觉得它臃肿、闷热，令人笨拙不堪，很快就丢弃不用。这种参考了英国的"战斗无袖短上衣"——士兵们也不喜欢这种装备——的美式棉质帆布版背心，在前部有四个通用袋，后部有一个内袋，底部有一个底袋。侧面则有刺刀套，肩部有快速解扣设计，在腰部和胸部用扣式背带固定。

从美军征兵总监刘易斯·赫西将军的名字而来），另一条斜杠则是延长服役条纹，显示出这名士官是一名战前的志愿常备兵，而非征召兵。在他左胸的勋表上，有美国本土服役勋章、欧洲—非洲—中东奖章，后者上还缀有一颗战役铜星。这名士官曾在西西里战斗过。

B：登陆日，奥马哈海滩

B1：第 29 步兵师，第 116 步兵团，下士

当 1944 年 6 月 6 日，登陆日的攻击开始时，第 1、第 29 步兵师的部分部队是第一批登上奥马哈海滩的军队，协同作战的还有工兵部队和游骑兵部队的成员。由于预计可能出现大量伤亡，大部分参加登陆日作战的部队在登船出发时都超编了 10% 左右。在 6 月 6 日这一天，第 29 步兵师参加进攻的各团，损失了大约 60% 的兵力。

这名下士穿着 M1941 款的帕森斯战地夹克，搭配经过了防毒气预处理的军绿色毛料衬衣和长裤。他的右肩上可能还佩戴了毒气探测臂章——这种臂章会在接触化学气体时变色。他腰上系的海军漂浮腰带也捆住了重要的装备，以使其在失手时装备也会漂浮上岸。但这种腰带一旦充气，在一位负荷沉重的士兵试图离开水面时会变得非常致命，常常会把人翻倒在水中溺亡。除了常规的携具和 1928 年款背包外，他还在黑色的防水胸包中携带了 M5 型进攻毒气面罩，以及一个通用弹药袋。在左肩前方，应该还有一个空降兵样式的急救包，里面有绷带、磺胺药片以及两管针剂（"一管止痛，两管长眠"）。他的 M1 加兰德步枪罩在干净的胶膜罩里。他所凝视的那顶地上的头盔提醒我们，来自第 1、第 5 游骑兵营的游骑兵们紧随着第 29 步兵师的第一波攻击，在"绿狗""白狗"两个区域登上了奥马哈海滩。

B2：第 29 步兵师，第 116 步兵团，中尉

第 29 步兵师是由国民警卫队改编而来，其兵员来自马里兰、弗吉尼亚、宾夕法尼亚州，在内战期间，这些州互为敌手，也正因此，该师的标志采用了蓝色与灰色的"阴阳"图案。该师是最早部署到英国的部队，由于在该地的驻留时间太长，甚至获得了一个"英国军队"的绰号，而该师的人员也给刻板的英国人留下了关于美国大兵的经典印象："欲望太多、薪水太高、待得太久"。

当第 29 步兵师在奥马哈海滩上登陆时，士兵们都佩戴着涂满了颜色的头盔并将下颏托系在下巴上。登陆日当天，第 1 和第 29 步兵师都将本部队的臂章图案涂在了头盔前方，而第 4 步兵师的大兵们则习惯于将其涂在头盔里衬。这些头盔上的师级图案很快就褪色消失，在诺曼底战役之后便很少见到。

这名装备了卡宾枪的中尉基本上和他的士兵们装备一致，在他头盔上的师级图案下有显示军阶的横杠，在肩章带上也别着金属质地的军阶徽章。在帕森斯夹克外，他穿着进攻背心。该款背心被大量配发给了参加登陆日进攻的部队而非像往常那样只是游骑兵的标配。该款背心的设计初衷是为了改进对携具的装配方式，但实际并没有起到应有的效果——尽管比 M26 款海军救生漂浮腰带的下场要好一点，但大部分背心都在登陆后被弃之不用。

B3：第 2 步兵师，工兵，5 级技术员

在登陆日当天，战斗工兵在清除水下和岸上障碍物方面起到了关键性的作用。为了这次登陆行动，临时组建了好几种陆军/海军联合的工兵单位，第 2 步兵师的部分工兵就志愿参加了上述部队。（第 2 步兵师即"印第安头颅"师的大部分部队在登陆日第二天才正式登陆。）他们在羊毛质地的军服外又穿戴了预先做过防毒气处理的 HBT 作训服，部分军官和许多海滩清理人员可以穿戴伞兵靴。这名来自第 2 步兵师的工兵携带着一罐紫色的烟雾弹——这可以用来为登陆部队指示绕开等待爆破拆除的区域——另有一个爆破袋，里面装满了半磅或一磅重量的 TNT 炸药

这名隶属于第 4 步兵师的全副武装的步兵中士，在诺曼底的篱笆血战中，找了个机会享受片刻的休憩。他在毛料制服外穿着绿色的 HBT 作训服。装备了 M1 加兰德步枪、备用弹药袋和两枚碎片手雷。和许多美国兵一样，他将家乡寄来的信或是照片藏在了钢盔里。

包。他在武装带上携带了一盒英国生产的急救包,当然他也可以使用空降兵式急救包。他装备了一支卡宾枪,但就如同许多美国大兵一样,他也许会在海滩上捡起威力更大的 M1 加兰德步枪。第 2 步兵师在整个大战期间最重要的战绩,就是在 1944 年 12 月的阿登高地战斗中,成功地坚守住了"突出部"的北部战线。

C: 1944 年 7 月,诺曼底,"眼镜蛇行动"

C1: 第 2 装甲师,第 41 装甲步兵团,步枪兵

与第 3 装甲师一样,第 2 装甲师是一个"重装师",下辖两个坦克团(第 66、67 装甲团),每个团有 3 个营,另有一个 3 营制的第 41 装甲步兵团。该师的 A 战斗群和 B 战斗群在 6 月 11—14 日之间在奥马哈海滩登陆,在 7—8 月间从海滩地区向外突击时经历了非常艰苦的战斗。这名来自第 41 装甲步兵团的轻装步枪兵穿着一件被称为"坦克手夹克"的外套。其实这种夹克在许多装甲师的包括步兵在内的非坦克部队中广泛配发。但他的战斗服和携具是标配版。他的防毒面具"丢失"了,而背包则应该是挂在旁边的半履带车车身侧面。他的 M1 加兰德步枪的帆布枪带在 1944 年中期被替换为混合皮革质地。

C2: 第 4 步兵师,第 8 步兵团,勃朗宁机枪手

每个步兵班至少有一人装备勃朗宁机枪。这名"常春藤"师的大兵携带的就是一挺为了减少重量而卸去双脚架的勃朗宁机枪,另外还配备了一枚 Mk II 型碎片手雷。就像许多美国大兵那样,他只携带了最少标准的装备,并把自己的 M1941 款战地夹克夹挂在腰带后方。一名勃朗宁机枪手的常规携弹量是 13 个 20 发弹夹——在 6 袋版武装弹药腰带中每个袋子放 2 个,机枪上则装着另一

个——理论上还会搭配一名助手,另外再携带两根武装弹药带。曾有第 2 装甲师的一名机枪手,高 6 英尺 4 英寸(约 1.93 米),重 240 磅(109 千克),在一场战斗中,在各种各样的口袋和弹药带里足足塞下了 27 个弹夹。在"眼镜蛇行动"中,第 4 步兵师的部分单位随同第 2 装甲师作战。

C3: 第 2 装甲师,第 41 装甲步兵团,步枪兵

在向外突击的战斗过程中,第 2 装甲师的初期进攻势如破竹,但在 7 月 28—29 日时,德军第 2 党卫军装甲师"帝国"师由坦克和步兵组成的反击力量在圣德尼莱加斯附近向第 41 步兵团的 2 营和第 67 装甲团的 3 营发起了猛攻。这次反击最终在美军拼死搏杀中被挫败,其中第 41 步兵团 2 营的科尔曼中尉单独操纵巴祖卡火箭筒向德军坦克不停射击,直至阵亡。之后,该师的 A 战斗群被调配给第 29 步兵师,听从其战术指挥。

诺曼底战场上的绝大多数步兵穿着标准的毛料制服、野战夹克以及人字斜纹作训服(HBT),但还是有极少数的陆军版 1942 年款两件套伪装服作为实验装备配发。在法国的夏日时光中,林木葱郁,阳光斑驳,这样的伪装服有其合理性。但是,这种对于普通美国士兵而言并不熟悉的伪装斑纹却与他们在诺曼底地区遭遇的德国纳粹党卫军惯穿的伪装服看上去非常近似,由此导致了许多误判产生的悲剧,随后便弃之不用。第 2、第 30 步兵师的部分单位,以及第 17 工兵营和第 2 装甲师第 41 装甲步兵营的部分部队配发了这种军装,另外还有其他部队的个别士兵在 7—8 月间配发磨损衣物的替代品时收到了这种伪装服。这名士兵的 M1 型头盔上装饰着粗麻质地的伪装网。他也是轻装上阵,搭乘半履带车投入战斗并把多余的装备留在了车上。他的武装腰带中携带了 80 发子弹,而一次性子弹带中另有 48 发步枪子弹。

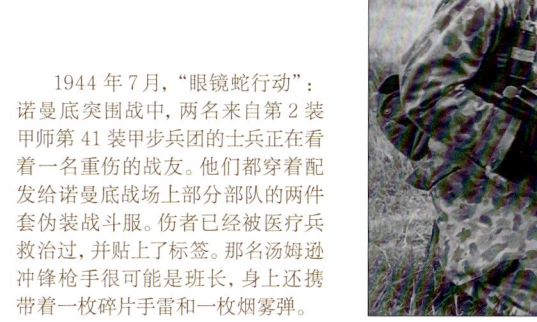

1944 年 7 月,"眼镜蛇行动":诺曼底突围战中,两名来自第 2 装甲师第 41 装甲步兵团的士兵正在看着一名重伤的战友。他们都穿着配发给诺曼底战场上部分部队的两件套伪装战斗服。伤者已经被医疗兵救治过,并贴上了标签。那名汤姆逊冲锋枪手很可能是班长,身上还携带着一枚碎片手雷和一枚烟雾弹。

突出部战役期间，一名随军牧师（右边第二名，穿着一件空军的战斗夹克）正在与第 82 空降师第 504 伞兵团 2 营的士兵交谈。大多数伞兵穿着毛料罩衣或雨衣，有一些士兵以"流浪汉"的方式将毛毯裹成长筒而非收纳在包里。

D: 1944 年，法国

D1: 凡尔赛，盟国远征军最高统帅部，女子军团，下士

这名女子军团的下士是作为一名陆军通信兵在盟国远征军最高统帅部服役，这意味着她"远离战火硝烟"。到战争末期，美国陆军中总共有 14 万名女子军团军人。她戴着新的大曲线女子军团船形帽，绲边上是旧款的金/浅绿色兵种色。由于当时补给缺乏，很多女子军团的士兵戴着没有绲边嵌色的男版船形帽。剪裁讲究的女性版常服的翻领上有着塑料扣片质地的 US 国家标识和通信兵标识，但女子军团成员也往往会佩戴自己的雅典娜头像徽章。她的勋表上有欧洲战区勋章和为表彰在 1943 年前的女子辅助军团服役的女子军团勋章。在战争的最后一年，欧洲战区的女子军团配发了女子版的"艾克"夹克。她的脚上穿着一双棕褐色花边鞋，因其糟糕的外观和舒适度而被嘲笑为"一双可怕的家伙"。她还携带了一款标配的肩包（"手提袋"）。

D2: 第 26 步兵师，第 104 步兵团，中士

这名士官来自新英格兰国民警卫队改编而成的第 26 "YD" 步兵师——或称"洋基师"。他在毛料制服外穿着 M1943 款 HBT 作训服，此刻正在喝咖啡休息。在激烈的战斗中，提拔往往很快，因此可以看到他袖笼上的军阶标志是匆匆用墨水印上去的。他装备了一支 M1 型（侧枪栓）汤姆逊冲锋枪，还有烟雾弹和碎片手雷。他携带的背包式小包是一种配发很少的装备，用于携带 30 发汤姆逊冲锋枪弹匣。线框式眼镜也是美军标配。"洋基师"最早参战是在 1944 年 11 月，在梅茨地区与第 761 坦克营协同作战。

D3: 1944 年 11 月，第 761 坦克营，上尉

欧战胜利日时，美国陆军有两个坦克营（第 761、第 784）和两个坦克歼击营（第 614、第 827）是由黑人士兵组成。当第 761 坦克营加入第 3 集团军时，本质上是个种族主义者的乔治·巴顿将军对他们说："我才不管你们是什么肤色，只要你们奋勇直前杀光那些狗娘养的德国佬！"直到 1978 年，为了表彰这支优秀的部队在"二战"中的优异表现，属于他们的"杰出单位"嘉奖才姗姗来迟。第 761 坦克营、第 26 步兵师和第 17 空降师的配合亲密无间，但在与其他有许多南方州士兵的师级单位配合时却不尽人意。

美籍非裔的所有军服和标识都是普通美军士兵的标准配备。这名上尉穿着坦克手夹克（有些军官自己动手在其上加装了肩章带），以及有着前端拉链的冬季罩裤。他的头盔上有军阶标志，肩上也有军阶标志穿过皮革补丁别在夹克上。坦克手会将 M1 型头盔与装甲乘员头盔一起穿戴——有时甚至在 M1 头盔外面罩上装甲乘员头盔。与许多坦克手一样，这名军官携带的是一支套在 M7 型肩带式枪套里的 0.45 英寸口径手枪。

E: 1944 年 10 月，荷兰

E1: 第 7 装甲师，第 23 装甲步兵团，少校

1944 年 10 月间，第 7 装甲师在荷兰的欧路恩镇/芬洛镇附近进行了一系列大大小小的坦克战，持续月余。两个月之后，该师迎来了大战期间最重要的行动，该师的 B 战斗群防守阿登高地上的圣维特，并成功突围。这名少校的军阶标识只出现在了衬衣领尖上，经验丰富的军官和士官通常只会佩戴最少标准的军阶标识，以增加自己的存活率。作为一名少校，他很可能是自己所在营的指挥官或是副官（主任参谋），此图中他正在用一部 SCR300 无线电与自己的连队通话，这种无线电的配发标准是每个营 6 台——营部有 2 台，然后每个连部有 1 台。电台背部底端

配备的电池可以持续供电 24 小时。作为战地夹克或是坦克手夹克的替代品，这位军官穿着第三版的棉质府绸马金瑙大衣，有着锯齿状糙面翻领，并且取消了早期版本的内置腰带设计。他的人字斜纹作训裤的裤脚抄进了很受欢迎的伞兵靴里。他装备了一支 0.45 英寸口径手枪和一支 15 发弹匣式 M1 卡宾枪，手枪装在自行改装后的开盖 1916 款枪套里。

E2: 第 7 装甲师, 第 23 装甲步兵团, 无线电操作员, 上等兵

其实前线的士兵很少穿着绒毛质地的"欧洲战区夹克"或是更轻便的孪生品——M1944 款"艾克服"，但这并不妨碍这两款制服闻名遐迩。这名上等兵就穿着一件英国制造的短款欧洲战区夹克，军衔条纹按照战前的黑底银色式样绣在袖笼上。尽管 1944 年秋天新的"扣带靴"已经开始配发，但这名士兵还是穿着老式军用鞋，打着帆布绑腿。因为他背负的 SCR300 无线电较沉重，所以他尽可能地轻装上阵。无线电的捆索式腰带上不能挂载除无线电配件以外的其他任何装备，因此他另外穿了一条手枪武装腰带用以携带水壶、急救包以及武器。挂在无线电腰带上的斧头型帆布包是 BG150 款，用于收纳无线电手持听筒和长短天线。在步兵连中，排级通讯依靠的则是"手持"式的 SCR536 调频无线电。

E3: 第 9 陆军航空队, 前线空中指挥官, 上尉

地面部队与几乎统治了欧洲战区天空的战术空军的紧密配合，成为了 1944—1945 年间盟军一路高歌猛进中重要的因素。飞行员们会临时被指派到前线部队，以担任其与支援空军之间的协调纽带。但不幸的是，在收复与解放法国期间，美军飞机还是会不时误炸友军，这激怒了步兵——特别是不幸的第 30 步兵师，他们在诺曼底和突出部战役期间被误炸了好几次——给第 9 航空队起了个绰号"第 9 纳粹空军大队"。这位空管员穿着深灰绿色的军用防水大衣，其上有他的军阶标志和第 9 航空队的臂章，这款防水大衣常见于美军部署在英格兰时期，在前线军官中也偶见穿着。他非常幸运地拥有一双"科克伦"长筒靴。他的右腰上应该配着一把套在枪套里的 0.45 英寸口径手枪。毫无疑问，在他附近，应该有一辆无线电车辆，使他可以与在上空盘旋的 P-47 战斗轰炸机直接联络。

F: 1944 年 12 月, 巴斯通

F1: 第 28 步兵师, 步枪兵

第 28 步兵师最初是来自宾夕法尼亚的国民警卫队，该州又被称为"拱心石之州"。该师红色拱心石的臂章被第 28 步兵师的大兵们戏称为"血桶"，以此突出他们在诺曼底战场，以及与第 4、第 8 步兵师一道在许特根森林的惨重伤亡。在这两场血战之后，第 28 步兵师被调派到相对"平静"的阿登地区进行整休……也是他们在两天的激战中抵挡住了德军第 5 装甲集团军的进攻，给了 101 空降师足够的时间占领巴斯通并进行布防。这名士兵所装备的雪地伪装披肩以及头盔网罩，都是用床单制成，很可能是由辎重连或者其他师级后勤部队匆匆制成，潦草装备一番就投入战斗。在床单下，这名士兵穿着第一版有毛绒面料的披肩领的马金瑙大衣、五扣版的毛线衫，以及普通的土褐色毛线长裤、一双新的 1943 年版"扣带靴"、毛绒板机扣手套。他只携带了最少量的装备：一根步枪武装带，以及一个装其他杂物的背包。

1944 年 9 月，"花园市场行动"：这是一张经典的照片，照片中第 82 空降师的中尉和士官们在展开荷兰境内的跳伞行动前仔细阅读命令。在诺曼底登陆后，伞兵部队配发了与 M1943 款战地夹克类似的 1942 年款伞兵夹克。扣带靴此时也开始在伞兵部队中配发以取代跳伞靴，但并没有受到伞兵们的欢迎。可以看到左边下士的头盔后方涂上了士官的识别横杠。

141

F2: 第 101 空降师，第 327 机降步兵团，巴祖卡射手

在突出部战役期间，空降部队配发了许多原本是普通士兵标配的毛料麦尔登呢罩衣。（据说一位第 82 空降师的伞兵曾经对一位忧虑重重的坦克手说："你想找个安全的地方？好吧，兄弟，只要站到我后面就行了！"）在罩衣下，这名"滑翔机骑手"穿着标准的 M1943 款战斗夹克以及此时在欧洲战区已经普及的扣带靴。他那有侧袋的宽松裤子是为数不多的可以标识空降兵身份的装备，另外，他的武装腰带上别着个配发给空降兵的"装配工"弹药袋。他装备了一支 M1 卡宾枪，另有一把 M3 型战壕刀绑在靴子上，有些照片显示出大兵们偶尔也会携带普通民用制式刀具。除此之外，他的主要武器，其实是最新的 M9 型可折叠版 2.36 英寸口径反坦克火箭发射器——又称"巴祖卡"。他头盔上的白色"梅花"标识表明了他的所属团。

（标识说明：到 1945 年时，"滑翔机骑手"们才终于获得了这款"飞翼"资质章，并与他们的伞兵同袍们领取同等额度服役津贴。徽章上的两颗铜星代表着两次机降作战，分别为诺曼底和荷兰。）

F3: 第 10 装甲师，第 20 装甲步兵团，5 级技术员

在于 1944 年 11 月占领梅茨之后，第 10 装甲师的 B 战斗群在整个包围战期间都困在巴斯通。这名士兵穿着新的 4 袋版棉缎面料战地夹克，这款夹克的设计初衷是作为一种全兵种通用作战服。他还没有获得配套长裤，但这位幸运儿为自己搞到了一双 M1944 款鹿皮长筒靴。他装备着 M1 加兰德步枪，以及包括一枚光滑外壳的 Mk III 型震荡弹在内的各种手雷。在他的武装腰带上，有一柄参考德军样式的握柄被锯短的可折叠战壕锄。他的携具是此时已大量配发到前线的更绿的 OD 色号 7 新版，但现存的更泛黄的 OD 色号 9 版也继续配发了多年。由于派不上多大用途，这名美军士兵没有携带刺刀。更有用的是他抄在腰带后的毛毯。他还携带着一门 81 毫米迫击炮的底座。

与第 101 空降师、第 10 装甲师一起防守巴斯通的部队，还包括来自第 9 装甲师、第 28 步兵师、第 705 坦克歼击营、第 1128 战斗工兵部队的单位，以及 5 个军级炮兵营。

G: 1945 年春，德国

G1: 陆军护理队，少尉

"二战"期间，大约有 6 万名护士在陆军服务，其中许多人都曾出入生死战场。例如，有 200 名护士曾被派往安齐奥海滩，其中 6 人阵亡，4 人获得银星勋章。1943 年，所有护士都转为了正式编制，大多数军衔是少尉。这名护士穿着女子军团的两件版人字斜纹作训服，这件作训服的显著特点是腿部的斜袋和反向的纽扣。她的军阶标志涂在头盔上，并在右领尖上别有军阶徽章，另一边领尖上则是叠印了大写 N 的陆军护理队墨丘利节杖纹章，同所有的医护人员一样，她也佩戴了红十字袖笼。她带着一个充作医疗挎包的野战背包，上面潦草地标记着红十字标志。当 1945 年盟军攻入德国境内，意外发现了纳粹集中营之后，陆军护理队承担了艰难而可怕的善后工作。

G2: 第 89 步兵师，步枪兵

"波动 W"师是首先渡过莱茵河的美军师之一，当他们竞相开入德国境内时，在队列前方开路的，是缴获并匆忙涂上了白色星星的德军车辆，以及两辆喇叭高鸣的德国消防车。作为第 3 集团军的下辖部队，第 4 装甲师和第 89 步兵师于 4 月 4 日在哥达附近发现并解放了第一个集中营——奥尔德鲁夫。这名步兵的装备代表着大战末期的典型配备——虽然手里的担架是 1942 年款——他背着新的双袋式 M1944 款"作战工装"包，以此取代了原有的 1928 年款背包。装非必要装备的背包下部可以很轻松地与装立即取用的必备物品的上部战斗包解开分离，背包上还有卷起来的毛毯，并挂着战壕锄。另一样新装备是配在左腰上的面罩包，用来装入更轻量化的毒气面罩。但很可能毒气面罩已经被丢弃了，该面罩包成了一个伸手可及的

这是一张第 17 空降师在执行"大学行动"前指挥官和参谋人员的合影照片的局部。该行动在 1945 年 3 月由美军和英军联合发动，旨在强渡莱茵河。在部署到阿登地区之后，这是第 17 空降师唯一的一次空降作战。除了左边第二位站立者穿着 1943 年夹克的里衬绒之外，所有的人都穿着 M1943 款战地夹克，另有一名中尉（最右边跪在地上）穿着老式的 1942 年款战地服。

1945年初，德国：第5游骑兵营的军官们还佩戴着他们在登陆日配发的钻石形状游骑兵臂章，而且很可能在头盔后部也涂上了橙色的游骑兵钻石形状。左边的一位穿着"坦克手夹克"和搭配的长裤，右边第二位穿着空军战斗夹克，还有一人穿着马金瑙短大衣。可以看到的武器包括一具巴祖卡火箭筒、一挺0.3英寸口径机枪、两支M1加兰德步枪、一支M3"注油枪"、一把汤姆逊冲锋枪捆上了胶带的手雷，以及一把缴获的德军P08鲁格尔手枪。

便利的个人物品储藏包。最后还值得注意的是，有一根弹力带此时也被配发用以固定头盔上的小网眼盔罩网。

G3：第45步兵师，医护兵，上等兵

1945年4月29日，第45"雷鸟"步兵师会同包括第42"彩虹"师在内的其他几个师的部队，一起解放了达豪集中营及其周边的卫星集中营。这名医护兵的左臂上有师级臂章、军阶以及红十字袖标。红十字袖标上有单独的编号，并对佩戴者登记造册，这对宣称获得日内瓦公约保护至关重要（医护兵同时还有特别标注的身份卡——日内瓦卡）。战地照片显示，在欧洲战区中，曾经使用过多种不同样式的红十字标志。曾有一张拍摄于达豪集中营的第45步兵师的医护兵照片，片中的士兵就是在这种大网眼盔罩网下涂装了4面4个圆圈的红十字标志。这名士兵的两个医疗包分居左右，用扼带系在一起，并有一根非常宽的背部肩带。医疗包中的基本配备包括外伤敷药、各种款式的绷带、碘酒棉签、烧伤及眼病药膏、止血带、吗啡针剂、双份标签用以描述治疗手段及附在伤员身上。除了使用自己的医疗能力减缓流血症状外，对吗啡的管理和使用也许是他能够防止伤员严重休克的最重要手段。前线的士兵对医护兵的昵称总是一成不变的"医生"。除了一把匕首之外，欧洲战区的医护兵都是无武装的，他们总是一成不变地在武装腰带上别着两个水壶。

（标识说明：因为是非战斗部队，前线的医护兵不准使用战斗步兵的徽章。在大量的游说工作后，1945年初他们终于被授予了自己的战斗医护兵徽章。）

H：1945年，占领军

3名老兵庆祝胜利，穿着他们耀眼夺目的制服上街游玩，展示了他们所获得的各种各样的徽章和表彰。值得注意的是，其中一人看上去还很年轻，要是在美国本土的一些州，不出示身份证证明年龄的话，连一杯啤酒都买不到。

H1：美军第9陆军航空队，第61运输大队，准尉滑翔机飞行员

与其他飞行军官一样，他的帽子和夹克是军官版质地，除了肩章带上的彩饰镀金军阶杠外，他还佩戴了军官版帽徽。这名飞行员穿戴着常服帽、一件军官版M1944款军绿色毛绒战地夹克（"艾克"夹克）以及巧克力色的制式长裤、一件军官版巧克力色衬衣，系了一条苍白色的领带。他的左胸上戴着银色滑翔机飞行员双翼徽章，上面有个大写的"G"——据说他们曾认为这代表着"勇气"。下面则是传统的勋表。图片中的大多数勋章由于太小难以辨识，但典型的勋章如下：铜星勋章、空军荣誉勋章、紫心勋章、美国本土服役勋章、有着一个登陆箭头和两枚战役铜星的欧洲战区勋章。在右胸上则是蓝色的"杰出单位"嘉奖勋章。他的4道海外服役杠条显示出他2年的海外服役生涯。在大战后期，滑翔机飞行员在其左肩的空军臂章上增加了空降兵标签。他所佩戴的飞行员偏光太阳镜在美军士兵中非常受欢迎。

H2：第82空降师，第505伞降步兵团，5级技术员

这名伞兵佩戴着船形帽和一件士兵版"艾克"夹克，还有一条整个大战期间都很常见的早期版本褐色毛料长

裤，宽松的裤脚收入了擦得发亮的跳伞靴中。帽子的右前方别着第 505 伞降步兵团的彩饰金属帽徽，左边则是空降兵的降落伞 / 滑翔机混合形象的徽章。他的军阶标志采用了刚成为标配的黑底绿色条纹。作为步兵在海外服役 18 个月后，他被转调到了通信兵部队——这一事实可以通过他左领尖上的交叉旗帜扣件看出来。在下翻领上，则是他左肩上的第 82 空降师臂章的彩饰版，右肩上的臂章则表明他曾在第 1 联合空降军中服役。他还佩戴着以第 505 伞降步兵团团级颜色为底色的伞兵双翼徽章、战斗步兵徽章和"杰出单位"嘉奖勋章。他的勋表上有铜星勋章、紫心勋章、品行优良勋章、一个登陆箭头三颗战役铜星的欧洲战区勋章，以及美国本土作战勋章。勋带——饰带——由被第 82 空降师解放的盟国授予他所在的部队的集体荣誉：右肩上的是比利时英勇十字勋带，左边是法国英勇十字勋带和荷兰威廉橙色勋带。他的专家射击徽章下挂着的则是步枪、刺刀和手雷形状的"叠片"。

（右边标志说明：伞兵双翼资质章，在蓝色和红色的椭圆中是第 505 伞降步兵团的颜色。有时在这枚徽章上还会有箭头或是星星，以代表参加的战斗伞降的次数。）

H3：第 1 步兵师，第 26 步兵团，一级军士长

这名长期服役、已经步入中年的一级军士长穿戴着船形帽、"艾克"夹克、颜色稍浅一点的裤子以及一双"扣带靴"，他还煞费苦心地把靴子打蜡抛光。（1947年时，美国陆军统一将军用鞋换成了黑色，从此那些参加过"二战"的老兵就吹嘘他们曾在那支"棕色鞋陆军"中服役过。）他的船形帽绲边嵌涂了步兵的浅蓝色，并佩戴着第 26 步兵师的彩饰帽徽。他的军阶 V 型臂章上是采用早期风格的黑底银色。臂章上的"红色大 1"代表着他归属于这支整个欧洲战区战斗经历最为丰富的部队，而左胸上佩戴的勋章则是士兵在战斗中所表现的勇猛精神的至高嘉奖。在蓝色的刺绣上是勋表，可以看到银星勋章、铜星勋章、紫心勋章、品行优良勋章、美国本土作战勋章，以及缀有代表至少一次登陆（或空降）的箭头，和代表 8 次独立战役的 1 银星 3 铜星的欧洲战区勋章。他也很快会被授予法国和比利时的英勇十字勋带。这名"顶级军士"也有专家射击徽章，下面挂着两枚"叠片"。

（左边标志说明："荣誉退役"，退伍人员可以在退役 60 天内继续穿着军装，但必须将这枚纹章绣在他们制服束腰上衣的右袋上以标明他们的身份。）

日本陆军
1931—1945 年

The Japanese Army 1931—1945

日本陆军 1931—1945 年

1931—1942 年

The Japanese Army 1931-45 (1)
1931-42

背景，1894—1931年

从1931年末入侵"满洲"算起，直到1945年9月向盟军投降，日本军队连续战斗了14年。事实上，有些历史学家认为，日本从1894年的甲午中日战争开始，就已经走上了穷兵黩武之路。赢得甲午中日战争，是日本数世纪以来取得胜利的第一场对外战争，使其攫取了台湾、辽东半岛和澎湖列岛。在数年之后，日本陆军和海军在一场艰苦的战役中击败了这一地区的另一强权——沙皇俄国，从而巩固了在远东地区的胜利果实。1904—1905年的日俄战争以俄军在陆战和海战中的全面失败而告终，扫除了日本在亚洲扩张的障碍；1910年，日本吞并朝鲜。战胜俄国使得日本——仅仅半个世纪之前它还沉沦在中世纪的落后愚昧之中——获得了不可轻视的世界强国的位置。

在第一次世界大战中，日本站在了协约国一方，虽然未曾发挥重大作用，但却获得了德国在马绍尔、加罗林和马里亚纳群岛等太平洋殖民地，以及在中国大陆的立足点。此时的中国是一个庞大而混乱的国家，互相敌对的军阀各自为战。面对这一巨大诱惑，日本——同其他列强一样——利用中国的孱弱，在此攫取了大量的租界和其他商业利益。按照《华盛顿公约》（1922年），美国、英国、日本和法国本应该限制海军规模并停止在太平洋的殖民地建筑军事要塞，但日本并没有遵守这一约定。

日本快速膨胀的人口很快超出了国土所能承受的范围。它强烈需求各种工业原料——煤、金属、橡胶，特别是石油——这是本土不能产出的。这些物资的主要交易方是所谓的"南方资源区"——基本上就是东南亚和太平洋上的欧洲、美洲殖民地——在国际关系趋于紧张的背景下，这一来源并不稳定。一个军国主义和沙文主义的政府在日本成功上位，从1932年起，11任日本首相中的9任都是军官。日本的好战姿态加剧了国际关系的紧张，并导致了国际上针对日本的禁运。但这反过来更进一步激起了日本政府考虑以军事冒险手段攫取领土和资源的野心。

在1920年代，日本对统治"满洲"地区的中国军阀张作霖施加了重大的影响。日本向其提供武器和军事顾问，作为回报，则希望他能支持日本在东北的利益。1928年，张作霖败给了蒋介石的国民政府[①]，从而被日本特务暗杀。他在东北的权力传给了他的儿子张学良——少帅——身上，日本希望能将他也塑造为像他父亲一样的傀儡。张学良被要求保护日本在

一名隶属于第1（东京）师团第49（甲府）步兵联队的上等兵，穿着全套1930年代早期的制服拍照。他戴着老式的大檐帽，身着有肩部军衔章的昭五式军服。左右两边的燕尾式领章上有黄铜质地的数字"49"，领章颜色为步兵的红色。他的装备包括老款的在1930年代末被淘汰的背包。这支"精锐"的陆军师团在1944年的莱特岛战役中被全歼。

---

① 1928年，蒋介石重新就任北伐军总司令，并发动第二次北伐总攻，攻击占领华北的奉系军阀。张作霖战败，在6月率奉军退出关外。同年6月4日张作霖乘坐的专列在皇姑屯被日军炸毁，他也因此身亡。事件的根本原因是其主政东北后期拒绝了日本在东北移民、开矿、设厂及在葫芦岛设港等侵略要求。

1930 年代，一群被部署在"伪满洲国"的日军骑兵军官和士兵合影。他们穿着昭五式制服，领章为绿色，上面缀有部队番号——见第 185 页插图 A2。中间的大尉将自己的大檐帽帽冠前部耸起，这一不标准的做法在这一时期的照片中却很常见。军官们佩戴的是西洋式的指挥刀——旧军刀。

东北地区的"投资"。当张学良向蒋介石的南京国民政府宣布效忠后，日本关东军便开始谋划侵占东北。

日本内部各派系早已习惯使用阴谋和强硬的政治手段。关东军的部分军官擅自做主，在 1931 年 9 月 18 日晚炸毁了日本控制的一段南满铁路。他们将这一事件归罪于中国防军，并以此为借口进攻东北。占领东北后，他们在 1932 年成立了"伪满洲国"作为傀儡国，扶持清朝的末代皇帝溥仪作为"伪满洲国"元首；在 1930 年代，日本向这一土地肥沃、物产丰富的所谓"新疆土"派去了 70 万名殖民者和官员。当中国内地因国民党军队忙于对付红军而无暇他顾时，日本陆军在东北虎视眈眈，一心想要吞下整个中国。

战时日本

从 1931 年 9 月到 1945 年 9 月的 14 年间，日本陆军的侵略身影既出现在中国东北和阿留申群岛这样的寒荒之地，也出现在缅甸和新几内亚的热带丛林之中。作为日本军国主义野心的工具，日本陆军在亚洲夺取了巨大的领土，从中国到南太平洋上遥远的岛屿，数以百万计的人口被纳入了日本帝国的版图。而这一疯狂军事冒险的源动力，是日本一心想要通过占领那些本土不能出产的原料产地来巩固自己的统治。

按照日本入侵者自己的说法，从 1941 年 12 月开始，在亚洲的军事扩张是为了"从白人殖民者的手中解救亚洲人民，并将其纳入由'兄长'日本领导的'大东亚共荣圈'"。事实上，所谓"解放"不过是一个浮夸虚伪的借口，在军队的刺刀保护下，大量的日本官员被派往亚洲各地，残酷地统治和剥削着当地人民。日军不仅对敌军残酷无情，对占领国的人民也是如此——但之后就被加倍奉还。

1931—1945 年的日本陆军可谓是一个怪胎：装备精良、训练有素，有现代军队的风范，但却又深深地沾染着古老的封建习气。这种传统习气不足为怪，毕竟他们从数世纪的固步自封迈入现代世界还不到一百年。日本社会的矛盾性在陆军中充分体现，它可以接受一切新的军事技术，但却墨守中世纪和封建社会的成规。这种矛盾性造就了一支对于大多数外国观察者而言都像谜一样的军队——很容易被它的潜在敌人所低估，但一旦暴露弱点，又不堪一击。

诡计多端、富于进攻性、狂热的勇气和无条件的服从，具备这些特点的日本士兵给这支军队在 1930 年代的侵华战争初期和 1941/1942 年针对亚洲和太平洋的美国、英联邦、荷兰军队发起的闪电进攻带来了一场接一场的胜利。但是这些所谓的品质，终究无法弥补工业实力的不足，也无法与美国的真正现代化的军队匹敌。追溯一切，会发现日本军队实际上在 1941 年 12 月[①]的辉煌首胜时就已经走上必然失败的不归路。

日本士兵

日本社会从远古时期就已经进入威权统治的时代，所谓自由与民主对其而言不过是舶来品（1930 年代的某届日本政府甚至直接将这两者蔑称为"西方文明侵蚀日本社会的证据"）。日本更像一个"廉耻"社会而非"原罪"社会：自尊和社会认同是建立在对集体规则的一致遵守之上。日本大众普遍有着狂热的君主崇拜思想——他们相信日本天皇是天照大神的后裔，并自然君权神授。帝国政府的每一项命令都具有不可违背的意志，不管是

1932 年：一群日本军官举着清酒杯在庆祝他们占领中国东北。左边的军官穿着昭五式双排扣大衣，右边一人则穿着冬季外衣。他们的头部装备既有早期的军官版作训帽，也有军官版毛帽。

[①] 西方历史学家倾向于将 1941 年 12 月的珍珠港事件作为日本正式参与"二战"的开始。实际上，抗日战争本身就是世界反法西斯战争不可或缺的一部分。从"七七"卢沟桥事变开始，穷兵黩武的日本军国主义的灭亡就已经不可避免。

政府部门的公告,还是某个结结巴巴的公务员或军队士官咆哮着下达的命令,都是如此。政府控制和操纵着所有的媒体和出版物,从孩童时期就对所有的人民进行所谓军国主义的洗脑宣传。

日本平民被鼓励和强迫用各种方式来捍卫由政府定义的所谓"国家利益";并且在邻里、学校和工作中,都有一张复杂而重叠的社会控制的大网。由于根深蒂固的社会原因,人民默然接受了这种奥威尔式的控制系统;极少数反对派(比如弱小的日本共产党和少数勇敢而有良知的知识分子)在这种体系中很容易被辨识并逮捕。大多数日本人住在农村小镇或城市里的贫民窟,生活窘迫。而在村镇或城市街区中,任何非正统的想法和习惯立即会引起官员和自发的告密者的关注。

这样一个驯服而又"爱国"的社会,造就了一支令人"羡慕"的愚忠军队。在战前和战争年代,日本的每一个社区都有一名军事书记员,负责200~300户人口,记录他们的各种状况,并向地区军事指挥部汇报。所有年满20岁的男子都必须接受体检,一旦通过体检觉得合适,并参考他的工作和家庭状况,很有可能就被征召服役两年——大多数得到优秀体检结果的人被分配到陆军部队。

红色的征召令由本地警察或军事书记员送达,通常是在凌晨时分。征召兵的亲属和邻里会以简朴的离别宴、纪念的旗帜以及祝福送走这位士兵;在战时,很有可能还会附上一条"千人针",这是由他的女性亲友和邻里共同制作的一条腰带,据说可以提供强大的保护。他的家庭会因为他们的儿子或是丈夫为帝国效力而感到骄傲与自豪。对这位士兵的未来命运的焦虑和担忧是不允许被表现出来的(即使在他战死之后,寡妇和孤儿的表情也必须是冷漠的)。即将离开的士兵唯一的安慰通常来自村长,他们会告知这些士兵,如果阵亡,将会被供奉在东京为战死者设立的神社里。在某种意义上,应征之日就是这名士兵的死期——他的生命已经奉献给了帝国,帝国有权将其使用在任何需要的地方。这个家庭的房子上会升起一面旭日旗,直到他回来或是死去,后一种情况则会加上一条黑色的饰带。如果他真的阵亡,他的家庭可能会收到一个装着他骨灰的小盒子;事实上,在战争年代,这个盒子里通常都是空无一物,或是一份来自其部队在有机会时群体火化阵亡者后遗留的混合骨灰。

在1930年代侵华战争时期,两名日本士兵正在吃饭休息。因为炎热,他们脱掉了上衣。其中一人穿着平民式的套衫,两人都穿着棉布质地的"护佑"罩衣——罩衣上的文字摘自《妙法莲华经》,祈求佛祖祝福并保佑穿着者平安。

如果一名士兵能够在中国服役两年并幸存下来，他会复员回国并纳入后备役。但在年满40岁之前，他都必须随时听候征召。复员兵两三次重返前线在其所在部队延长服役的例子并不少见，也许还会被提拔为士官。在1941年12月的"大东亚战争"爆发后，所有人都必须接受无限制的持续服役（除非他是议员、市长、村长或是地区军事书记员）。

在接受军事技术的训练之前，日本军队的主要训练目的是要求士兵对上级命令的绝对和毫不置疑的服从。日本军纪非常严厉，残忍的鞭笞是家常便饭，身体上的摧残和体罚始终贯穿于一名士兵的服役初期。新兵往往故意被欺凌，被他所在部队的老兵贬低和折磨。哪怕是一等兵，在新兵面前都可以趾高气扬，至于军官和士兵之间的鸿沟，当然更是不可逾越。一名初出茅庐又傲慢自大的低阶军官也可以肆意羞辱资历丰富的士官，这些军官享受着各种特权，使得他们高高凌驾于自己的士兵之上，这种待遇的区别甚至远远超过西方军队在几代人之前的境况。

1932年，"满洲"：这名不同寻常的骑兵军官穿着昭五版冬季厚制服，搭配皮质裹腿和毛皮里衬的手套。特别之处在于他的左臂上有一个骷髅头袖标；这种更西方化而非东方化的图案找不到任何官方化的记录和说明。但有些资料指出，这种标识代表的是日军驻扎在中国东北的一支精锐突击部队。他腰带上斜插着的是平民版的胁差短剑。

日本军队采取各种方式灌输这种对等级制度的愚昧服从和对国家的不计条件的愚忠——就是所谓的"大和魂"。自杀式的战斗方式——"万岁冲锋"——就是一个例子。这种思维方式的极端体现就是认为在战场上战斗身亡远比苟活来得光荣。这种思维的另一种后果就是使得这支军队对于自身的伤亡非常漠视，这一点在很多回忆录中都有体现。疏散和救治伤病员的规定非常薄弱；在战斗中，很多伤病员都被遗弃，或是自杀，或是被医护兵结束生命以减轻部队的负担。即使在亚洲战役的艰苦条件下，盟军伤病员的康复情况都远远好于日军。

也正因为日本士兵把自己的生命都看得如此廉价，所以他们对于外国人生命的漠视和残酷也就不足为奇。许多受访者都确认，在中国战场上，前线部队之间会互相竞争，为了锻炼所谓的"服从"意志，要求一名士兵用刺刀刺杀被捆绑的中国俘虏或是要求一名低级军官斩首俘虏的情况并不罕见。在高层的怂恿下，这些血腥残暴的士兵——他们是一个鼓吹"大和民族优势论"的社会的产物——对待占领区的平民冷酷无情，并经常表现出中世纪才有的残忍。在中国战场上，风起云涌的敌后游击，使得日本制定了臭名昭著的"三光"政策：烧光、抢光、杀光。在中国战场上的老兵被派往南亚"解放"其他亚洲民族时，他们继续保持这种行为方式也就不足为奇——特别是在他们的后勤系统难以支持，必须大量掠夺当地资源时。

1931年,"满洲":一群日本步兵正在行军,戴在毛帽外的是从1930年开始试验的3种头盔中的第2版,比其参考的德军样式头盔要宽广一些——见第185页插图A3。

军力和组织,1931—1945年

1931年时,日本陆军的常备军规模是总计约30万人的17个师团,这一规模与此时需求基本相当。从1931年入侵中国东北之后,日本开始陆续扩充军队以满足新的需求。到1937年7月"全面"侵华时,陆军军力已增长到24个师团,到第二年,为了应对巨大的战争需求,陆军扩充到34个师团。到太平洋战争爆发时,日本陆军已经扩充到51个师团,其中27个被牵制在中国战区,13个部署在蒙古边境以防御苏联可能发动的进攻。日本陆军用于太平洋攻势的部队总计约40万人。

高层指挥结构

天皇是国家元首,也是日本军队的最高指挥官。1926年,裕仁登上天皇宝座,定年号为昭和。在天皇之下,实际掌握军事指挥权的是战时大本营,辅之以海军军令部和陆军参谋本部的参谋策划。[1](自从军国主义者在政府的所有机构中都占据主导地位之后,有名无实的议会、内阁等行政机构都无权干涉军事。)

从战时大本营的陆军参谋总部以下,建立了数支集团军群规模的战略集团(如,中国派遣军),由一名元帅或大将指挥。战略集团包括2个或多个授名或授番号的"方面军",每个由1名大将或中将指挥,下辖2个或多个军,以及1个航空军(如,华中方面军,下辖第十一军、第十三军和第二十三军[2])。每个军通常是由中将指挥,下辖2个或更多的师团(同样也是中将指挥)以及一定数量的独立旅团及其他支援部队。在一个师团中,步兵指挥官通常是少将军衔。

[1]"二战"时,日本只有陆军、海军两个军种,空军分属陆军航空兵和海军航空兵。
[2]侵华日军师团以上的编制如军、方面军等的构成情况,随着战争的发展,总在不断变化之中。西方作者在资料收集和研究方面有一定的欠缺,本书中列举的部队番号、归属等,存在一定的错漏。读者可参考国内权威资料及书籍进行甄别。

步兵师团

日本陆军的师团，基本分为甲、乙、丙3个等级，其中甲种师团是加强部队，乙种师团是标准部队，丙种师团则是特设部队。

乙种师团是常规编制，下辖3个步兵联队，另有工兵联队、炮兵联队、辎重联队各1个，及1个大队规模的侦察部队，另有一些小规模的非战斗兵种——通信、医疗、军械、兽医、净水、防化等。但实际的编制多种多样：有的采用纯粹的骑兵大队代替半骑兵半摩托化的侦察大队；有的则给步兵增配一个战车中队，以增加或取代侦察/骑兵部队；另有一些则用山炮联队代替了炮兵联队。师团的组成结构也并非一成不变，总会根据当地环境而有所更改。

这些师团除了授予番号外，也会指定一个编成地，包括其下辖的步兵联队都主要从编成地征召士兵。例如，第14（宇都宫）师团——其隶属于关东军的第四军——下辖第2（水户）、第15（前桥）、第59（宇都宫）步兵联队。支援部队则从整个师团的编成地中招募，并且通常——但也并非一定——采用该师团的番号：如第14师团下辖的第14侦察联队、第20炮兵联队、第14工兵联队和第14辎重联队。有少数几支部队并未按照上述规则命名，如第27"全日本"师团，其步兵联队就被命名为第1、第2、第3"中国"联队。[1]

甲种师团拥有更多的步兵，以及一个附加了重型榴弹炮团兵力的炮兵部队（达到了炮兵师的规模），有时还有一个师团直属的战车大队；部分师团兵力勉强具有摩托化能力。甲种师团包括第1、第8、第10~12、第15、第19、第20、第23~25、第28、第51、第57师团。例如，第1（东京）师团——同样隶属于第4军——下辖第1（东京）、第49（甲府）、第57（千叶）步兵联队；其余的侦察联队、炮兵联队、师团属战车大队、工兵联队和辎重联队都用了与师团相同的"第1"的番号。

丙种特设师团，相对实力较弱，下辖两个共有8个步兵大队的旅团，没有炮兵，并只有很少量的支援部队。这种师团——包括第58~60、第62、第63、第65~70师团——主要是用来在中国战场执行反游击作战任务。例如，第69（弘前）师团，下辖来自秋田、山形、青森地区的第82~86、第118~120独立步兵大队，以及第69工兵联队和辎重联队。

3种师团的基本编制如下（当然官方标准与战役中的实际力量并不符合，总是根据不同情形有各种变化）：

1940年，乙种师团

共20000人、7500匹马，包括：

3个步兵联队——每个3845人；

1个炮兵联队——2480人（或山炮联队——3400人，1400匹马）；

师 —— 师团
旅 —— 旅团
团 —— 联队
营 —— 大队
连 —— 中队
排 —— 小队[2]

---

[1] 第27师团前身为日军"中国驻屯军"。

[2] 日军的编制最初参考的是旧德国陆军编制，民国北洋军阀组建时也是参考的这种编制系统。后来日军在此基础上进行了修改，突破了原17000的师编制极限。因此，日军编制的体系并不能完全按照师、旅、团等进行类比。

1个侦察联队——730人（或骑兵联队——950人，1100匹马）；

1个工兵联队——900人；

1个辎重联队——2480人（战车中队——100人）。

武器：9000支步枪，382挺轻机枪、112挺重机枪，340具50毫米掷弹筒；22门37毫米反坦克炮，18门70毫米火炮，12门75毫米火炮，36门75毫米野战炮/山炮；7辆装甲车或战车（另有10~17辆战车）。

每个步兵联队有710匹驮马，炮兵联队有2000匹马，师团属辎重联队有1300匹马。

甲种师团

共29408人、9906匹马、502辆摩托化载具，包括：

3个步兵联队——每个联队5687人；

1个炮兵联队——2379人（或山炮联队——3400人，1400匹马）；

1个中型炮兵联队——951人；

1个侦察联队——730人（或骑兵联队——950人，1100匹马）；

1个战车大队——717人；

1个工兵联队——1012人；

1个辎重联队——2729人。

武器：10000支步枪，405挺轻机枪、112挺重机枪，72支反坦克步枪，457具掷弹筒；40门37毫米反坦克炮，36门70毫米火炮，24门75毫米火炮，24门105毫米榴弹炮，12门150毫米榴弹炮；13辆装甲车或战车，20辆轻型坦克，48辆中型坦克。

每个步兵联队有1083匹马，但没有摩托化载具；炮兵联队有2463匹马和49辆摩托化载具；中型炮兵联队有769匹马，没有摩托化载具；侦察联队有188匹马和61辆摩托化载具；医疗部队有1468匹马，没有摩托化载具；辎重联队有1222匹马和176辆摩托化载具。

丙种师团

共13000人、2600匹马，包括：

2个步兵旅团——每个旅团4750人；

1个工兵联队——600人；

1个辎重联队——1800人。

武器：6950支步枪，110挺轻机枪、32挺重机枪，112具掷弹筒，16具轻型迫击炮，8门70毫米火炮。

每个步兵旅团有500匹马，辎重联队有1290匹。

杉山元将军（后升任元帅）[①]，是日本陆军中最著名的将领之一。在1930年代末期任侵华日军华北方面军总司令，"二战"期间他在裕仁的日军战时大本营中任职。他的制服是标准的军官版九八式制服，配有大将的金色军衔领章，其上有3颗银色将星。

[①] 日军大将，侵华战争和太平洋战争的积极策划者和参与者，在日本投降后，与妻子一起畏罪自杀。

步兵联队、大队和中队

标准的乙种师团，每个步兵联队由 1 名大佐指挥，包括 1 个有联队直属辎重运输队（驮马和两轮大车）的指挥部；3 个 1099 人编制的步兵大队；1 个通信中队，联队直属步兵炮中队（4 门 75 毫米火炮）和 1 个速射炮中队（4 门 37 毫米反坦克炮），有时候还有 1 个敢死冲锋队。

每个标准的步兵大队由 1 名少佐指挥，有 4 个 181 人编制的步兵中队、1 个机枪中队（12 挺重机枪），以及 1 个大队属炮兵小队（2 门 70 毫米火炮）。每个步兵中队则由大尉或中尉指挥，有 3 个由少尉指挥的 54 人编制的步兵小队，每个小队有 4 个组——1 个轻机枪组、1 个掷弹筒组和 2 个步枪组（每组 6 人）。

甲种师团的步兵联队的不同之处在于有 3 个 1626 人编制的步兵大队，联队直属炮兵为大队（8 门 75 毫米火炮）而非中队。每个步兵大队下辖的步兵中队有 262 人，有时候还下辖 1 个重武器小队（2 挺重机枪，2 支 20 毫米反坦克步枪）以及 1 个弹药小队。每个步兵小队的编制也扩充到 62 人。

骑兵旅团

除了有时包含在步兵师团编制序列里的骑兵联队之外，主要的骑兵部队组织模式是骑兵旅团。在中国战区，共有 4 个独立骑兵旅团，这里广阔

1930 年代末期，中国：在与中国军队交战的间歇，两名侵华日军军官相互敬礼。这群人都穿着昭五式夏季版制服，戴着标准的 1932 年款头盔。前排右侧的军官配有一把武士刀，刀柄上缠有皮条，还配有早期版本的水壶；另一名军官则携带了后期版本的水壶，壶型更圆润。

的疆域适合发挥骑兵的机动性。日本在蒙古边境上还部署了招募蒙古本地骑手组建的辅助部队,就像德国军队在1942年的苏联前线训练和组织哥萨克部队一样。有一支小规模骑兵部队——第5骑兵侦察大队——部署在中国境外,参加了1942年的马来战役。骑兵旅团的人数介于5000~6000人之间,下辖2个950~1200人的骑兵联队、1个骑兵炮兵联队、2个战车队,以及辎重、工兵、医疗和兽医部队。

装甲部队

日军的装甲部队最初规模还算得上庞大,也基本符合1930年代早期的国际标准。但为了追求轻量化和速度,牺牲了坦克的防护和武器的配重。日军在1939年夏天与苏联红军的诺门罕战役中,这些弱点暴露无遗,而且在整个第二次世界大战的进程中,日军坦克的设计水平都持续落后于外国竞争对手。但是,在1941至1942年间直面日军的盟军部队缺乏足够的坦克或能够胜任作战需求的反坦克武器;日军坦克乘员被训练出在夜间和恶劣天气中作战的优秀能力,并且富有进攻性。装甲车或战车通常充当侦察任务,每个步兵师团都配备了一个战车中队。真正的坦克部队则一般隶属于甲种师团,主要承担步兵支援的任务。日军对发展装甲部队持保守态度,因此直到1942年才成立了第一个战车师团。在其后一共组建了4个战车师团,通常下辖4个坦克联队,以及包括1个"机动"步兵联队和1个"机动"炮兵联队在内的支援部队。坦克联队(战车联队)设有指挥部、3个坦克大队和1个后勤及保障分队,共计800~850人,配备27辆轻型坦克和48辆中型坦克。

一名日军哨兵在中国的一处城门前站岗。他身着昭五式双排扣大衣,附有兜帽。从这张照片中可以看清他手中拿着装上长刺刀的6.5毫米口径三八式有阪步枪——这是整个大战期间日军的标准个人武器。

1931—1941年12月,年表

1931年

9月18日,奉天事变[①]——由关东军的军官策划,并归罪于中国东北军,声称"南满"铁路的一段被中国军队炸毁。在此时,关东军共有10400人。
9月19日,奉天被轰炸并占领。
9月30日,日本向国联承诺会从争议地区撤出。
11月4日,嫩江桥事件——日军嫩江支队攻击嫩江桥北中国守军。

[①] 即九一八事变。

11月18日，齐齐哈尔被占领。

12月，关东军增加至6.5万人，发动对"南满"的入侵，东北军战败撤离，日军占领"南满"。

1932 年

1—5月，第一次上海事变①——在空袭之后，4个日军步兵师团和1支海军陆战队以"保护侨民"为借口在上海登陆，但遭到了中国第19路军的抵抗。

2月，日本海军炮击中华民国的首都南京。②

3月18日，日本在东北成立了傀儡政权"伪满洲国"。③

1932—1934 年

大约有20万名游击队员在日占区展开各种抵抗活动，但日军发起镇压行动，1934年，敌后游击活动有所减弱。

1933 年

2月24日，日本否决了国际社会对其入侵中国的谴责，并退出国联。

1930年代早期，"满洲"：这是一张摆拍的照片，表现一支日军巡逻队在高粱地里抓住了一名有手枪的中国游击队员。所有的士兵都穿着昭五式呢质军服，戴着新的闪亮的"樱花"头盔；在左侧一人身上可以看到在Y形环带和刺刀刀鞘中间的上衣底部腰带支撑扣带。真正能够引人关注的，是这些士兵身穿的早期版本的金属护甲，在背后用浅色皮质交叉捆带绑定。

①即一·二八事变。
②2月1日，停泊在南京下关江面的日军舰队炮击南京下关车站及狮子山一带。
③实际成立时间是3月1日。

1938年，中国，广东省：残暴的日本宪兵队成员正在搜查中国平民。宪兵队通常穿戴骑兵版或标准版制服，并在左袖上佩戴有"宪兵"两个红字的白色袖标。他们通常装备南部十四式半自动步枪，有时也装备过时的三零式（1897年款）步枪。

3月4日，日军入侵内蒙古的热河地区，并很快将其并入"伪满洲国"。

1934年

3月1日，溥仪就任"满洲帝国皇帝"。

1934—1937年

关东军持续在华北、内蒙古和东北地区发起小规模的侵略战争，意在削弱国民政府的斗志。

1935年

6月10日，国民政府从天津和北平撤出军队。

1936年

1月15日，日本宣布，《华盛顿公约》从年底起对其不再有约束力。

11月25日，日本和德国签署《反共产国际协定》。

1937年

7月7日，卢沟桥事件——日军在北平郊区策划实施的小规模冲突最终演变成对中国的全面入侵。

7月30日，天津沦陷。

7月31日，北平沦陷。

8月13日，第二次上海事变[①]——1万名日军登陆上海，围绕这座城市的战斗持续了92天。

9月25日，八路军在山西省获得平型关大捷。

11月5—12日，上海沦陷。

11月8日，山西省会太原沦陷。

12月13日，国民政府首都南京沦陷。日军在此进行了规模空前、惨无人道的烧杀掳掠。直到今天，确切的遇难人数都尚未有定论，中国的统

[①] 即八一三事变，淞沪会战由此发端。

计中，最少也有 20 万人遇难，日本学者却认为只有 4.2 万人[①]。直到今天，在日本教科书中如何看待"南京大屠杀"问题，依旧是中日关系中的重要阻碍。

1938 年

2—6 月，日军进攻黄河流域。

3—4 月，李宗仁将军指挥的台儿庄战役取得胜利，痛击了日军。但在南方，日军占领了厦门和福州。

5 月，汕头沦陷。

6 月 10 日，日本华中方面军向国民政府临时驻地武汉发起进攻。

7—8 月，张鼓峰事变——日本关东军与苏联军队在满洲和外蒙古边境发生战斗，但最后陷入僵局。

10 月 21—25 日，广州和武汉沦陷。

1939 年

3 月 27 日，南昌沦陷。

5—9 月，诺门罕事变——日苏两国在哈尔哈河附近的争议地段发生战斗。5 月，关东军下属的第 23 师团发起的进攻在最初取得了成功。8 月，苏联远东集团军以朱可夫将军的坦克部队为先锋发起反击，大败日军——总共 5.6 万人的日军有 8500 人阵亡，数量相当的人受伤。

9 月 30 日，长沙会战以中国胜利而告终，迫使日军撤出了湖南省。

1930 年代末期，日本海军陆战部队的士兵在一处被占领的中国城市中巡逻，他们坐在九七式挎斗摩托车上，车身侧面有日本海军的标识，挎斗上有一挺用螺栓连接底座的十一式轻机枪。他们穿着海军陆战队的开领式三七版制服（见第 188 页插图 D3），在头盔上有很小的海军陆战队的海锚标识。

[①] 战后南京审判军事法庭经调查判定，日军集体屠杀有 28 案，遇难人数 19 万人；零散屠杀 858 案，死亡人数 15 万人。合计 30 万人以上。远东国际军事法庭的判决书中也认定南京大屠杀的遇难者在 20 万以上。

1940 年

5月，日军在湖北省发动新的攻势，意图直扑国民政府战时首都——重庆。

7月，在湖北战役中付出了2万人的伤亡后，日本在国内大量征兵，接着极大地增强了关东军的编制和实力。[①]

9月，随着当年6月法国向德国投降，日本强迫印度支那（越南、柬埔寨、老挝）的法国殖民政府允许日军在此设立基地，提供战略机场并切断了中国的一条外援路线。

9月25日，日军第5师团进入北越的河内。

9月27日，德国、日本、意大利签署了三方军事合作协议。

1941 年

4月2日，中国取得上高会战的胜利。

4月13日，日本与苏联签订《互不侵犯条约》。

4月21日，福州沦陷。

8月1日，日军占领南越的西贡。

9月，第二次长沙会战，以中国胜利而告终。

10月16日，东条英机中将被任命为日本政府的首相，并兼任陆相。

12月7日，日本海军空袭了美国太平洋舰队位于夏威夷的珍珠港。美国宣布参战，并开启了太平洋战场。

截至此时，已经有近30万日本人在所谓的"中国事变"——这是日本对这场规模空前的战争的称谓——中阵亡。大约有100万日本军队被牵制在中国战场，到日本投降前，这一战场上被消灭的日军达到了40万人之多。[②]

1941—1942 年，太平洋战役

1940年底至1941年初，为了迫使日本停止对中国的侵略，美国向其施加了一系列的经济制裁措施，禁止向其出口铁矿石、铜、镍，以及其他可用于石油开采的原材料和设备。但是这些制裁措施并未能使日本有所收敛。1941年夏天，新的石油禁运措施逐步实施，试图进一步加大对日本的国际压力。在9月5日美国正式签署对日本的全面石油禁运之前，日本石

1937年，华北：在一次战斗胜利后，一群日本步兵在高呼"万岁"。"日本天皇万岁！"这个口号表达的是日本士兵对裕仁天皇的愚忠。所有人都穿着昭五式制服，戴着标准的1932年款头盔。大部分人装备的都是三八式步枪，但左侧远端的士兵举着一挺十一式轻机枪，而右前方的士兵则可以看到装备着一个50毫米掷弹筒，要么是早期的十式（1921年款），要么是后来的改进款八九式（1929年款）。这两种都是日军组（班）级标准支援武器。

[①] 1940年10月，日本将关东军司令部升格为关东军总司令部，增设两个方面军和装甲军、关东防卫军司令部以及第2航空军司令部，关东军的兵力达到顶峰，约有120万人。

[②] 1964年日本厚生省调查宣布在侵华战争中死亡的日本士兵约44万人（不包括中国远征军在印缅战场上及苏军在东北消灭的日军）；1946年国民政府国防部的统计则表明日军死亡人数为483708人。

表1：1941年12月7日，日军侵华部队

关键词：

IR= 步兵联队

R= 搜索联队

Tkt= 战车中队

MA= 山地炮兵联队

C= 骑兵部队

T= 坦克部队

FA= 野战炮兵联队

AG= 炮兵集群（甲级师团）

关东军——中国东北

第三军

第9步兵师团（7、19、35IRs；9C、9MA）

第12步兵师团（24、46、48IRs；12R、12T、24FA）

另有4个旅团和直属部队

第四军

第1步兵师团（1、49、57IRs；1R、1T、1FA）

第14步兵师团（2、15、59IRs；14R、20FA）

第57步兵师团（52、117、132IRs；57R、57FA）

另有5个旅团和直属部队

第五军

第11步兵师团（12、43、44IRs；11C、11MA）

第24步兵师团（22、32、89IRs；24R、42FA）

另有4个旅团和直属部队

第六军

第23步兵师团（64、71、72IRs；23R、23T、13FA）

另有1个旅团

第二十军

第8步兵师团（5、17、31IRs；8R、8T（中队）、8FA）

第25步兵师团（14、40、70IRs；75C、15MA）

另有4个旅团和直属部队

预备队

第10步兵师团（10、39、63IRs；10R、10FA）

第28步兵师团（3、30、36IRs；28C、28MA）

第29步兵师团（18、38、50IRs；29C、29MA）

另有1个旅团及第4、5、9、10、11、12、13战车联队

防卫军司令部

5个民兵旅团

华北方面军——北平

第一军——太原

第36步兵师团（222、223、224IRs；Tkt、36MA）

第37步兵师团（225、226、227IRs；Tkt、37MA）

第41步兵师团（237、238、239IRs；41MA）

另有3个旅团和直属部队

第十二军——济南

第17步兵师团（53、54、81IRs；Tkt、23FA）

第32步兵师团（210、211、212IRs；Tkt、32FA）

另有3个旅团和直属部队

内蒙古卫戍军

第26步兵师团（11、12、13独立IRs；26R、11独立FA）

骑兵集群

另有1个旅团

预备队

第27步兵师团（1、2、3中国IRs；27R、27MA）

第35步兵师团（219、220、221IRs；Tkt、35MA）

第110步兵师团（110、139、163IRs；110C、110FA）

另有5个旅团和直属部队，以及第8战车联队

华中方面军——上海

第十一军——杭州

第3步兵师团（3、64、68IRs；3C、3FA）

第6步兵师团（13、23、45IRs；6C、6FA）

第13步兵师团（116、65、104IRs；13C、19MA）

第34步兵师团（216、217、218IRs；34R、34FA）

第39步兵师团（231、232、233IRs；39R、39FA）

第40步兵师团（234、235、236IRs；40C、40MA）

另有2个旅团和直属部队

第十三军——上海

第15步兵师团（51、60、67IRs；T、21FA）

第22步兵师团（84、85、86IRs；Tkt、52MA）

第116步兵师团（109、120、133IRs；120C、122FA）

另有5个旅团和直属部队

第二十三军——广州

第38步兵师团（228、229、230IRs；Tkt、38MA）

第51步兵师团（66、102、115IRs；51R、14FA）

第104步兵师团（108、137、161IRs；104C、104FA）

另有1个旅团

预备队

第4步兵师团（8、37、61IRs；4R、4FA）

第3、7战车联队

华南方面军——广州

第二十一军——广州

占领军步兵师团

另有1个旅团

油的供应量已经连续数月逐渐减少。由于国内并不能生产石油，日本军国主义者铤而走险只剩下时间问题。9月6日，日本政府通过了入侵荷属东印度地区以夺取油田及其他资源的计划。所有其他针对南亚的入侵计划都是围绕着要获取和保证通往东印度群岛的航线这一目标而制订。

基本目标是山下奉文将军的第二十五军从北方入侵马来半岛，一路向南，夺取英军在半岛最南端至关重要的军港新加坡。同时，牟田口廉也将军的第十五军从日本在暹罗（泰国）新建的基地出发，入侵并夺取缅甸，以期在日本占领地和英属印度之间建立起一个缓冲区。第二十三军的部分部队则要占领由1.4万名英/加联军守卫的香港。入侵菲律宾的，则是本间雅晴将军的第十四军，希图歼灭部署在太平洋地区的美国陆军。之后则由一支以隶属于第十六军的第2师团为主体组建的混合部队夺取荷属东印度群岛；这一行动将得到分别从香港和菲律宾撤出的第38、第48师团的增援。一旦新加坡被占领，第二十五军的部分部队（包括第2坦克联队）也将从马来半岛赶赴荷属东印度群岛。

年表，1941年12月至1942年6月

总览

1941年

12月7日，日军在空袭美国太平洋舰队位于夏威夷的珍珠港之后，向美国和英国宣战，并发起对太平洋地区的进攻。

12月8日，日军开始空袭关岛、中途岛、复活岛、中国香港、菲律宾，并开始进攻马来半岛。

1942年初，日军沿着马来亚半岛的海岸长驱直入时，主要靠自行车骑行。日本军队可以适应各种环境并使用各种交通工具，包括配发或抢夺的大量自行车。这在他们的胜利中起了重要作用。所有的人都戴着早期版本的软木遮阳盔，并穿着短袖制服，并且他们的装备大多数都驮在自行车上——详见第191页插图G3。

12 月 9 日，塔拉瓦岛和马金岛被入侵。

12 月 10 日，英国海军的威尔士亲王号战列舰和反击号战列舰在马来半岛海岸被日本航空兵击沉。

12 月 14 日，泰国宣布与日本结盟。

12 月 23 日，日军占领复活岛。

12 月 25 日，香港沦陷。

1942 年

1 月 19 日，英属婆罗洲沦陷。

1 月 23 日，日本入侵新不列颠、新爱尔兰和所罗门群岛。

2 月 19 日，葡萄牙属帝汶岛被入侵。

3 月 23 日，安达曼、尼科巴群岛沦陷。

6 月 4 日，美国海军在中途岛海战中获胜，重创日军在太平洋中部的航母编队。

6 月 13—21 日，日军占领了阿拉斯加海岸的阿留申群岛中的阿图岛和吉斯卡岛。

入侵马来亚

1941 年

12 月 8 日，日军从马来亚东北部的哥打巴鲁登陆，以掩护不久之后在西北方向的泰国宋卡和北大年府的主力登陆。（本来准备此登陆与偷袭珍珠港同时进行，但实际上要比后者早了两个小时。）

主要是由澳大利亚人和印度人组成的马来亚守军共 12 万人，差不多是 7 万人左右的日本侵略军数量的两倍——但在坦克和火炮数量方面却只有对手的一半，反坦克武器薄弱，空中掩护更是近乎于零。英联邦军队很快就被大胆从丛林地形中推进的日军迂回包围。

12 月 16 日，槟州沦陷。

1942 年

1 月 5 日，日军在马来亚西海岸登陆，迂回包抄了士林河的守军。

1 月 7—8 日，日军坦克突破了英军位于吉隆坡主要补给基地的北部防线。

1 月 11 日，英军放弃吉隆坡。

1 月 22 日，英国和英联邦援军抵达新加坡，但并没有充足的时间进行部署。

1 月 30 日，在付出包括 9000 人阵亡在内的 2.5 万人伤亡代价之后，英联邦军队通过柔佛长堤从马来亚撤退到新加坡。主要防卫来自海上的威胁而非陆地，这 8.5 万名装备低劣的英联邦军队在帕西瓦尔将军的指挥下要对抗的不过是山下奉文将军指挥的 3 万名日军——但英国人并不知道敌人的真实数量。

1942年的马来亚战役中,第二十五军司令山下奉文将军[1]在主持临时参谋会议。他(中间坐着者)穿着一件热带制服,军衔领章佩戴在衣领上,另穿着开口衬衫、黑色皮质筒靴。他的军官们则混穿着各种制服。左后方的军官戴着第一款软木遮阳盔;其他军官混搭着不同版本的有盔网或没有盔网的钢盔,以及作训帽。

山下奉文在马来亚战役中的胜利使他获得了"马来亚之虎"的绰号,接着被调往中国东北指挥日军第一军。1944年,他被任命为菲律宾日军总司令,在此指挥日军负隅顽抗到1945年8月25日——日军投降足足11天后。因对其部队在马尼拉的屠杀行为负有直接责任,山下奉文被定为战犯,于1946年2月被绞死。

2月15日(黑色周日),大英帝国遭遇了最大的败仗,新加坡沦陷,驻军全部被日军囚禁。

入侵缅甸

1942年

1月15日,日军穿过泰国向南深入,并向克拉地峡推进。英国和印度驻军只有不到两个师,并且缺乏资源,另有40架老式飞机。而最初进攻的日军兵力为35400人。

1月20日,日军第55师团从泰国出发,向毛淡棉港口进攻。

1月30日,毛淡棉沦陷。

2月11日,日军渡过萨尔温江[2],迫使守军放弃阵线向锡当河撤退。

2月17—19日,在锡当河附近,英联邦军队进行了坚决的抵抗,但因为过早摧毁了河上的大桥,许多英联邦军队被围困。

3月8日,日军攻克缅甸首都仰光。英联邦军队退守伊洛瓦底江和上锡当河谷,中国军队[3]则在史迪威将军的指挥下,防守曼德勒和同古。

3月30日,经过激战之后,中国远征军从同古撤退。两支日军沿着河谷两岸继续向北推进。

4月3日,残存的英国飞机撤退至印度。

4月12日,日军攻至仁安羌附近,威胁到附近的油田。

4月29日,日军攻克腊戍,切断了经由缅甸前往中国的补给路线。

5月1日,盟军从曼德勒撤退。

5月8日,密支那沦陷。

---

[1] 日本陆军大将,战犯,曾策划和实施在新加坡对华人的"肃清行动",造成新加坡大屠杀惨案。战败后于1946年在马尼拉被执行绞刑。

[2] 在中国境内,即怒江。

[3] 指中国远征军,当时入缅作战的主要是国民党军队第5军、第6军,统一由杜聿明将军代替未到任的中国远征军总司令卫立煌进行指挥。美国史迪威将军时任盟军中国战区参谋长兼中缅印战区美军司令。

在 1942 年的太平洋攻势中，一支步兵部队准备登上一支由尼桑①八零式卡车组成的车队。所有军官和士兵都穿戴着热带制服，许多人都是短袖打扮，并戴第 2 款软木遮阳盔。日军的摩托化运输部队的补给状况一直很糟糕，但当有足够的油料时，总是首先用来保证进攻推进的势头。

5 月 10 日，英联邦军队在葛礼瓦附近进行了阻击作战，掩护主力撤退渡过钦敦江。

5 月 12 日，缅甸进入季雨季节，延缓了日军的追击。

5 月 20 日，在溃退了 900 英里、付出了 1.3 万人伤亡的代价之后，英联邦军队终于向西北撤入了印度境内。

入侵菲律宾

1941 年

12 月 7 日，在吕宋岛上的美国远东空军，大部分被日本空袭所摧毁。

12 月 10—12 日，最初的 5.7 万名日军在吕宋岛北端和南端登陆，麦克阿瑟将军的驻防部队包括 1 个美军步兵师和 9 个菲律宾步兵师，但只有美军部队的训练和装备水平可堪一用。

12 月 22 日，日军主力在吕宋岛西北方向的林加延湾登陆，并向南推进。

12 月 24 日，日军在东部海岸的拉蒙巴戎登陆，威胁到菲律宾首都马尼拉。麦克阿瑟将军迅速组织战略撤退，将美菲联军撤退到设于巴登半岛的最后防线中。

1942 年

1 月 2 日，日军占领马尼拉。

1 月 22 日，最后的盟军部队撤入巴丹防线。

2 月，盟军苦战抵御敌军进攻。日军在后勤补给上的缺陷开始暴露。

3 月 2 日，日军登陆棉兰老岛。

3 月 11 日，根据美国政府的指令，麦克阿瑟将军从海路离开菲律宾。

①即现在的日产。

温赖特将军接替组织巴登半岛以及位于马尼拉湾的科雷希多要塞的防御。

4月3日,获得增援的日军开始对巴丹防线发动大规模进攻。

4月9日,巴登半岛的3.5万名美军和4.1万名菲律宾部队投降。

4月10日,日军在宿务岛登陆。

5月6日,科雷希多要塞沦陷。

5月9日,日军在棉兰老岛西海岸登陆,盟军在菲律宾的最后抵抗宣告终结。

入侵荷属东印度群岛

1942年

1月11日,日本向荷兰宣战,并立即入侵荷属东印度的西里伯斯岛[①]。荷兰守军共有12万人,但部署分散,并且缺乏空中支援。

1月23—24日,更多的日军在西里伯斯岛西北和东南部登陆。

2月14日,日本陆军伞兵部队对苏门答腊岛上的巴邻旁油田实施了空降突袭。海运部队也随之登陆苏门答腊。

2月27日,国际联合舰队在爪哇海战中被摧毁,从而确定了荷属东印度守军的厄运。

2月28日,日军登陆爪哇岛。

3月8日,荷兰的特尔普腾将军带领9.3万人投降,几天后另有5000人的盟军部队投降。

1942年2月,新加坡:这些看起来疲惫但却骄傲自得的日本步兵,正列队穿过刚占领的新加坡邮局总部大楼前的街道。中间的士兵直接脱得只剩一件打底的汗衫。在这一"重要"时刻穿得如此随意,他的士官肯定会通过责打体罚要求他下次着装规范。

[①] 即现在的印尼苏拉威西岛。

4月1日，日军登陆荷属新几内亚。

1942 年夏季的日本陆军

在太平洋的闪电攻势结束时，日军士兵已经获得了所谓"杰出"（在有的人看来甚至是不可战胜的）的丛林战士的评价，认为他们可以克服一切障碍和困难。而日军对自己表现的信心，可以用马来亚战场上一位日军大佐的话来总结："平均下来，我们的部队每天要打两场仗，修复四五座桥梁，推进20公里。"实际上，虽然这些日军师团的表现令盟军印象深刻，经常战胜数量大于自己的对手，但他们的对手其实有着各种致命的缺点，正如前文所述。

在这第一战场上，日军的战术学说被证明非常成功。其基于简单的计划，但有很大的灵活性，由指挥人员机动把握并顺利实施。它建立在不断的进攻之上，不顾伤亡代价；它建立在快速通过哪怕最复杂的地形，以及抓住机会渗透切入的基础之上。包围进攻是日军的常用手法，往往使用混成部队发动钳形攻势。一支部队用坚决的正面进攻牵制对手，经常辅之以大规模的侦察渗透并牵制数量占优的敌军；同时另一支部队——通常实力更强——从侧翼迂回并包抄守军。搜索部队会为后续的坦克部队确定合适的突击方向和目标；坦克、炮兵和航空兵则为步兵打开冲击通道；步兵则被训练出快速接敌的本事，用机枪扫射为先导，继之以大规模的刺刀冲锋。夜战的训练更增加了日军这种战法的威力。一旦获得胜利，日军又会以巨大的决心发起追击，从不停留等待"后续部队"。

这些战术通常是由日军坚定的老兵实施，他们对付的——通常情况下——经验不足的部队会在不熟悉的地形和环境中迷惘并精疲力竭。后者在初期的挫折之后就会灰心丧气并不断溃退，他们缺乏支援的装甲、火炮和反坦克武器，并且最糟糕的是，几乎没有空中支援。在这样的情况下，日军的战术具有毁灭性的攻击效果；但当日军不再享有这些优势时，这种攻击战术就无异于自杀。这种不顾一切的进攻学说的局限性，在后来的战争中被非常残酷地暴露无遗，当战争资源的天平转移，战争的运气也不再眷顾时，大多数日本士兵都只能采取守势。

尽管在纸面上看起来，日本陆军是一支令人生畏的力量，它最好的部队集中在少数几个"精英"师团中。一小部分这种师团被部署到太平洋战场上，他们一旦在某条战线上取得胜利，立即就会被转移到下一条战线上。而这场"闪电攻势"后来归于停滞，也正是因为从其他战斗区域调集援军的过程出现了诸多意外。例如，日军的第5师团，从1937年7月到1940年8月间，已经在中国战场上部署了3年。之后7个月中，它在法属印度支那作战，再之后则在1941年4月在中国浙江登陆。在1941年12月入侵马来亚的战役中，第5师团又是主力部队；新加坡沦陷后，他们又被部署到荷属新几内亚，在该地一直待到 1944 年。在 1941/1942 年间，日本的海上和空中优势，使得这一极其冒险的战术还算可行，但这些优势很快就会永远消失了。

日本在东南亚的攻势结束后，获得了广大的占领区。虽然夺得了许多珍贵资源，但日本对于这一南方新版图的兴趣始终要让位于它的主要目标——还在中国继续进行的侵华战争。中国的幅员辽阔和坚决抵抗，依然消耗着日本大部分的装备和人力资源。基于这个原因，进攻锡兰甚至登陆澳大利亚的计划被迫放弃，日本转而采用了固守的战略姿态。

日本军队的征服侵略，造成了其巨大漫长并且脆弱的补给线（位于特鲁克岛的海军基地距离东京 2340 英里，距离新加坡 3490 英里）。日本的后勤系统从各个层面来说都并不发达——甚至称得上原始，但日本战时大本营依然罔顾事实，妄想守住这漫长的战线。在入侵菲律宾期间，日军的后勤缺陷其实已经开始暴露。遥远的距离，以及制空权、制海权的丧失，很快就将这些弱点无限放大。日本很快就发现无力为遥远的驻防部队提供补给和增援，而且各种资源的战略性短缺其实早在 1942 年初就已经影响到了本土民众的生活。

1942 年春，菲律宾：当美军退入他们位于马尼拉湾北部的巴登半岛时，日本海军陆战部队的成员正在观测他们的轰炸效果。他们穿着"海洋绿"色的海军陆战队制服——见第 188 页插图 D3——另在头盔上有帆布盔罩。最近的人是一名号手，其右臂上有二等水手的交叉海锚的军衔章。日本海军的旗帜上，太阳更靠近旗杆尖，在旗杆末端有金色的球体。

日军在新几内亚海岸及其他较小岛屿上发起的登陆战，是想要切断澳大利亚和英国及中东的联系。也正是在这一区域，1942 年 8 月，盟军登陆所罗门群岛的瓜达卡纳尔岛，由此展开了最终摧毁日本帝国的反击。在日本大胜的几个月内，美国海军就已经在 1942 年 5 月 7—8 日的珊瑚岛海战中遏止了日本海军的猛烈攻势，之后在同年 6 月 4 日的中途岛海战中夺取了战略主动权并摧毁了日本大部分的航母编队。

日本缺乏足够的工业基础来保证其庞大的军队所需的装备和弥补持久作战的损耗（例如，甚至在 1941 年时，美国的飞机产量就已经是日本的 4 倍之多，并且差距在之后还不断扩大）。美国令人震惊的工业潜力很快就在数量和质量上都让日本无法匹敌。到 1942 年底，美国武器生产的规模和质量，人员、飞机和舰只的数量已经远超对手，开始打破在战争爆发初期那些震惊的盟军所渲染的日军"不可战胜"的神话。

虽然如此，由于日本士兵的愚忠和负隅顽抗，还有足足 3 年血腥野蛮而且代价高昂的战争，才能使日本帝国最终瓦解。

制服，1931—1942年

士兵制服

在吸取了1904—1905年的日俄战争的经验之后，日本陆军的军服又经历了近30年的持续发展和变化。卡其色——按照欧洲的管理，意味着一种中度的棕色——在日本短暂参与第一次世界大战时，成为军服的标准色。事实上，当日本军队在1931年入侵东北时，他们身着的军服与1918年的"一战"军服并没有太明显的区别。从一开始，日军的军服设计思路就是走实用主义路线。外表的光鲜要让位于为士兵在各种环境中都能得到妥善保护的实用需求。例如，早在1914年，日本就成为第一个为自己的士兵既配发厚呢大衣也配发雨衣的国家，这两种衣物一起使用，既能保暖，又能保持干燥。由于日本军队之前已经在中国土地上盘踞了数年，所以早已做好应对1931年"满洲"气候的各种准备。

表2：1941—1942年，太平洋战场中的日军

关键词：
- IR= 步兵联队
- R= 搜索联队
- Tkt= 战车中队
- MA= 山地炮兵联队
- C= 骑兵部队
- T= 坦克部队
- FA= 野战炮兵联队
- AG= 炮兵集群（甲级师团）

第二十五军——马来亚半岛
近卫师团[①]（1、2、6、7近卫步兵联队；1近卫骑兵联队、1近卫炮兵联队）
第5师团（11、21、42IRs；5R、5FA）
第18师团（55、56、114IRs；22C、18MA）
第56师团（113、146、148IRs；56R、Tkt、56FA）
第1、6、14战车联队
第2战车联队（后转移到荷属东印度）

第十五军——缅甸
第33师团（213、214、215IRs；R、33MA）
第55师团（112、143、144IRs；55C、55MA）

第十四军——菲律宾
第16师团（9、20、33IRs；16R、22FA）
第48师团（1、2台湾联队；47IRs；48R、48MA）
第4、7坦克联队

第十六军——荷属东印度
第2师团（4、16、29IRs；2R、2FA）
（后期加入了第38、第48师团——编制见表1——以及第2坦克联队）

预备队
第21师团（62、82、83IRs；Tkt、51MA）

1930年款（昭和五年式[②]）制服

这种在侵华战争头7年里使用的制服，其实刚启用不久。这套1930年款[③]制服有冬季和夏季两个版本，包括全部采用深黄—卡其色布料的上衣、裤子和呢质绑腿，搭配大檐帽穿戴。昭五式的冬季版使用的是厚呢布料，夏季版使用的是薄棉布料。

昭五式的冬季版和夏季版采用了同样的基本设计，立领、前襟5颗铜扣，2个胸袋和2个腰袋。口袋都是插袋设计，只有翻盖显露在外。翻盖使用了单尖设计，并有1颗铜质纽扣。有一些上衣只有胸袋，但原因不明。

昭五式制服和后来的九八式（1938年款）制服都是半长马裤，或称灯笼裤，在脚踝处用纽扣、拉索或按扣收紧。这种裤子的穿着方式有很多，从蓬松的马裤式穿着方式到紧一点的"灯笼裤"式都有，贴身程度取决于日军把它抄进卡其色呢质绑腿里的方式。这种绑腿用边带固定在膝关节以下的小腿上。为了帮助固定，还会在外面缠上帆布索带，一般是采用十字形绑定方式，因此在前方形成一个"X"形。

1938年款（九八式）制服

日军在启用新的九八式着装条例之后，用新的制服大规模换装了旧有

[①] 日军近卫师团实际是日本天皇的禁卫军，长期驻扎在东京，1943年前只有一个近卫师团，后陆续扩编第1、2、3近卫师团。

[②] 日本传统纪年方式包括黄道纪年和年号纪年两种。前者以日本神武天皇即位开始纪年，即公元前660年开始；后者为在位天皇年号纪年。如，1930年，即昭和五年，神武纪年2590年因此1930年款日军制服，又称昭和五年式或九零式。下文中除特别注明天皇年号外，都是采用神武纪年。

[③] 即昭和五年式，下文简称昭五式。

的昭五式制服。为了适应这种改变，昭五式上衣也做出了相应的改变。这种过渡性的上衣最大的特征是将军衔标识从肩部移到了立领上——但肩部原来固定军衔标识的环带却通常保留了下来。这一时期的大量照片显示了许多进行这种更改的权宜之计，大部分都是由士兵自己或雇用当地的裁缝完成。

正式的九八式上衣采用了与昭五式一样的冬季和夏季布料，同样有5颗前襟扣和4个带扣翻盖暗袋，但采用了折领式设计。九八式上衣的夏季版加上其他装备构成了日军的热带版制服。两种不同厚度版本的制服所使用的布料颜色其实非常多变，很难描述其标准色到底如何。这是因为这些制服经常是在本地生产，由于使用的附加材料和染色剂的不同，所以会有严重的色差出现。

军官版昭五式和九八式制服

就像同时代的大多数军队一样，日本陆军军官可以从民间裁缝那里定做自己的制服。虽然明显是按照基本的着装条例设计，但在颜色、面料和质量等细节上却有很大的区别，这主要源自裁缝和军官个人的不同意图。昭五式军装的士兵版和军官版的一个不同之处，在于后者的立领要更高一些。而作为九八式制服的一部分，日本军官通常会穿一条质量明显优于士兵的马裤，搭配皮质绑腿或裹腿。有的军官选择穿喇叭形的骑兵马裤而非标准的长裤，搭配高帮皮靴。这种马裤靠后面的背带固定，用一根布质半腰带调节，在踝关节处用四颗纽扣收紧。

日本军官的昭五式常服包括一件5扣高领上衣，搭配一条直筒剪裁的长裤，一顶大檐帽和棕色皮鞋。将官的立领上没有饰物，其他较低军衔则有兵种色的"燕尾"形领章。临时的任务指派则通过横配在胸前的饰带辨别——例如，有2根白色条纹和红色流苏的红色饰带表明是部队副官身份，有2根白色条纹的黄色饰带则是值周官。

九八式军官常服的最主要变化同样是改成折领的衣领部分。很独特的是，在衣领和肩部都佩戴军衔标识，使用的是金色丝线的纤毛带，上有用银星标识的军衔系统。而在作战服上，军衔只会佩戴在领口处。

这名一等兵穿着从昭五式向九八式制服过渡时期的军服。他的昭五式立领上衣上有缀2颗黄星的红色军衔章，尺寸缩小，并从肩部移到了衣领上。作训帽并没有什么变化，可以看到帽子前方和帽冠的接缝形成了一个"Y"字形，实际是一种"带檐船形帽"。他戴着有黑色字的白色袖标，这表示他是因公外出。如果这袖标中间还有两条红色条纹，表明他"因公驾车外出"，一条红色条纹则表明他"因公骑马外出"。

1940年，中国：3名日本哨兵站在他们的碉堡顶部摆拍，这座距离上海30英里的碉堡里是日军的无线电收发站。所有人都穿着九八式制服，放大看可以看到在左侧的士兵的右胸袋上方有兵种色的倒置"W"形兵种章。他们的软木遮阳盔是第2款士兵版——也是最常见的一款。他们在执勤时只穿戴了最基本的腰带携具。

昭五式和九八式制服标识

昭五式制服上的日本士兵军衔还是沿用了日军之前的在红色布质军衔章上的黄色金属星系统——对于所有兵种都是一样——用环带横向固定在肩部外侧。军衔章的官方尺寸是 90 毫米 ×30 毫米。

在左右立领的正前方都会佩戴前端正方形后端或外侧燕尾形的领章。这些领章根据穿戴者的军种或兵种有所不同。按照日方自己的资料记载，其颜色分类如下：步兵＝红色；骑兵＝绿色；炮兵＝黄色；工兵＝棕色；医疗＝深绿色；兽医＝紫色；军乐队＝海军蓝；辎重＝深蓝色；宪兵＝黑色；陆军航空兵＝浅蓝色；军法官＝白色；军需和管理部门＝银灰色。

这些领章上缀有黄铜的数字和符号来辨识佩戴者的部队归属。这一复杂的标识系统的基本规则如下：无装饰领章＝未分配士兵；阿拉伯数字＝常设联队；阿拉伯数字加下画线＝后备联队；右领章罗马数字、左领章阿拉伯数字＝朝鲜或中国台湾驻防联队；阿拉伯数字加大写"D"＝师团直属部队；右领章兵种徽章、左领章阿拉伯数字＝归属某部队的特种单位。

在九八式制服上的军衔标识佩戴在左右折领上，基本设计与昭五式没有太大区别，但尺寸缩减为40毫米×18毫米。随着战争进行及物资短缺的加剧，这一领章尺寸在后来又稍微缩小了一些，以节约宝贵的布料。

在士官和列兵的常服上，有卡其色肩章带，上面会有与军衔领章同样的金星；士官则在肩章带上另有一条金色条纹。

后来，日军取消了在衣领上的兵种色领章，其功能被佩戴在右胸带上方的倒置"W"形布质兵种章所取代。但是，这并非一种普遍统一的标识。到1940年时，尽管部分支援兵种——如医护兵——继续佩戴直到战争结束，但绝大多数部队都已不再使用这种兵种章。这也许是为了让医生以及其他特种人员能够更容易地被识别。1941年时，新的着装条例又规定部分兵种可以在衣领军衔章下佩戴一根兵种色小布条，但这仅限于工兵、兽医、军乐队、财务和医疗人员。照片显示，这种新的兵种识别系统其实很少使用，而且就算有兵种标识出现也通常是老款的倒置"W"形兵种章。

兵种徽章

在昭五式和九八式军服的衣领上都有用来显示佩戴者兵种的一套金属质地黄色小徽章。在昭五式军服上，兵种章一般佩戴在右领上，而用阿拉伯数字标识的部队番号章则佩戴在左衣领上。在九八式制服上，兵种章佩戴在衣领的军衔章后（即更靠外的位置）。这些兵种章使用的符号通常是含义明确的图案，如，交叉加农炮＝炮兵，卡车＝摩托化运输兵，坦克＝装甲兵，竖琴＝军乐队，气球＝气球观测。兵种章上如果有一颗金星，代表该人是正规部队的军官生，如果金星下还有一个金色圆碟，表明这是一名非正规部队（比如预备役）的军官生。其他的附加符号包括代表军事训练学校的十芒星、代表台湾建立的师团的樱花图案等。

事实上，由于独立部队会用罗马数字代替标准部队使用的阿拉伯数字，这一系统变得更加复杂。以下是几个九八式制服上的典型例子：

第3坦克联队：左衣领，坦克；右衣领，阿拉伯数字3；

第17山地炮兵联队：左衣领，交叉加农炮；右衣领，阿拉伯数字17；

第1独立卫戍队：左衣领，交叉步枪和大写的I；右衣领，罗马数字"Ⅰ"。

专长章和熟练章

日军在九八式制服上很少佩戴专长标识，但有一些个人技能则通过一系列佩戴在士兵左袖上部的红色布质徽章表现出来。包括：鞋匠＝一双鞋；鞍匠＝马鞍；号手＝军号；裁缝＝剪刀；兽医＝马蹄铁；木匠＝锯条；药师＝曲颈瓶。

对于士兵中的勤勉者，则奖励其在上衣右袖上佩戴一根小的红色布质

这是一名士官生，这一点可以从他的九八式上衣本该佩戴军衔章的衣领上所别的有一颗星的圆徽看出来——但很有意思的是，他还在肩上保留了军衔章。他戴着第1版的软木遮阳盔，一个金色五星帽徽别在正前方。他的长筒靴应该是棕色而非军官版的黑色。他的新军刀收在金属刀鞘内，外有皮质护壳。

V 形章。在常服的胸前，则有授予技能熟练者的金属别章，其形式是樱花为底，上面有各种符号。技能主要包括射击、炮术、骑术和观测。

另外还有各种椭圆形金属章，用来表现该人曾在东北服役，或是用来表彰行为优良的士官，两者都是铜质。有些军官也会在常服上佩戴椭圆形金属章，看起来这些军官金属章并没有什么严格的系统规定，但明确的例子中则包括授予大队长和联队长的银色金属章。陆军元帅佩戴的金属章颜色最丰富，但数量最少，是明亮的珐琅质地并有多种颜色，其图案设计是两面交叉的日本旗加上日本帝国的符号，另有一朵黄色的 16 瓣菊花。

每个联队经常配发特殊的联队章，别在他们的制服或是帽子上。最出名的例子是缅甸战场上的第 33 师团的第 214 步兵联队佩戴的"白虎"章（见第 192 页插图 H1）。但大多数这样的联队章并没有留存下来。

袖标

袖标通常佩戴在左袖上，以表示各种临时任务或职能。中间有红色三角的白色袖标，是由临时分配给军需部门的士兵佩戴。战地通讯社的人员佩戴有白色字母的蓝色袖标或有黑色字母的白色袖标，另加一颗金星图案。中间有两条白色条纹的红色袖标则由军营中的值周官佩戴。

一名日军大佐正在中国某地拍摄肖像照，他穿着九八式制服，搭配军官版冬季毛帽，手中拿了一把传统武士刀样式的新军刀。他的大佐军衔清楚地显示在衣领上——3 颗银星，两根金条纹，有金色边缘、红色底色。

头部和脚部装备

大檐帽

在 1930 年代早期，日军搭配昭五式制服的头部装备中最常见的是外形相当古旧的大檐帽，这种大檐帽早在 1905 年就启用，多年来并没有什么变化。它有卡其色帽冠、黑色皮质帽檐和颔带，以及 1.5 英寸宽的深红色帽墙。所有军阶都在帽墙正前方佩戴黄铜五角星；近卫师团的士兵佩戴的是带花环的五角星帽徽。有的年轻军官喜欢将帽冠前端朝上翻折，以模仿所谓的"德国式"形状，但这种擅自做主的改变往往会引起保守一些的军官的鄙夷。在启用作训帽之后，大檐帽很快就退出现役，在 1930 年代中期时就已经几乎绝迹。

这些军衔标识佩戴在昭五式常服和大衣的肩膀上。后来在 1938 年 5 月 31 日根据命令被九八式制服上的领章所替代。

将官（1—4）：金色镶边红色军衔章，中间金色宽条纹，1～3 颗银色金属星；（1）彩色珐琅右胸徽章。后来在表中的 14、15 号军衔中加入了相当于英军的代理下士的"兵长"军衔，有红色军衔章，中间有一根中等宽度的黄色条纹。

佐官（5—7）：金色镶边红色军衔章，两根中等宽度金色条纹，1~31 颗银色金属星。

尉官（8—10）及准尉官（11）：金色镶边红色军衔章，一条中等宽度的金色条纹；（8—10）1~3 颗银色金属星。

下士官（12—15）：红色军衔章，一根中等宽度黄色条纹，1~3 颗金色金属星；（15）红黄两色 V 形章，配于左臂。

兵（16—19）：红色军衔章，1~3 颗黄色布质星；（17）红底白色 V 形章，配于左臂。

日本陆军军衔，1931—1938 年

1. 元帅（陆军元帅）
2. 大将（上将）
3. 中将（中将）
4. 少将（少将）
5. 大佐（上校）
6. 中佐（中校）
7. 少佐（少校）
8. 大尉（上尉）
9. 中尉（中尉）
10. 少尉（少尉）
11. 准士官（准尉）
12. 曹长（军士长）
13. 军曹（中士）
14. 伍长（下士）
15. 代理伍长（代理下士）
16. 上等兵
17. 代理上等兵
18. 一等兵
19. 二等兵

作训帽

在这一时期中，日本陆军最常佩戴的头部装备是作训帽。这种帽子虽然有很多细微差别的小改款，但其基本设计在 1945 年之前都没有发生改变。这种有时候被称为"带檐船形帽"的帽子紧贴头部，有布质帽檐和棕色皮革颏带。它首次被启用于 1932 年，在日军于 1933 年入侵热河时开始大规模使用。在最初的几年中，这种帽子的后部是直接用针线缝合的，但在后期则使用了后部拉索来调节帽子的松紧。这款帽子的冬季版和夏季版都是采用的与制服其他部分相同的呢质或棉布材料制成。在帽子前端绣有一个通常有布质底的黄色布质五角星。军官的帽子通常是用上等布料制成，有更高的硬度，并且采用镀金的帽徽。

当在夏天或热带地区佩戴这款帽子时，会在帽子后方加上一个遮阳帘。这种遮阳帘用 4 块分离的布料制成，垂达衣领。

钢盔

从 1931 年到 1945 年间，日本陆军佩戴的钢盔种类繁多且复杂，在同一时期使用的钢盔都有不同型号——事实上，在 1930 年代，在同一个部队里都会有各种不同的款式。

日军的第一款头盔启用于 1920 年，外形与英国的"一战"式头盔接近，但前端要稍微比后者低一点。尽管这款头盔在 1930 年就被官方宣布废除，但在日军于我国东北的早期战斗中还会偶尔看到使用。

　　自 1930 年起，启用了 3 种实验型的头盔，在设计方面大相径庭。第一款 1930 式头盔参考了法国的 1915 年款亚德里安头盔，但在盔顶上方有一个樱花形状的饰片。而且它就如同 1920 款一样，要比外国型号更低一些，并有一个更突出的前盔沿（见第 185 页插图 A1）。第二款 1930 式头盔只配发了很小一部分，但在我国东北战场上曾见过使用。这款头盔（见第 185 页插图 A3）很像德国的 1935 款头盔，但更宽更平，在头部两侧有很明显的突出。这种形状使其可以在里面很轻松地再戴上一顶毛皮帽，这也许就是这种设计的最初目的。第三款 1930 式头盔是一种锅形盔，并最终被采用，在 1932 年进行了小改款后，直到 1945 年都是标配头盔。

　　1932 款钢盔使用一些绑带固定，这些绑带穿过下巴，绕过耳朵，然后在脑后打蝴蝶结固定。事实上海军和陆军有各自不同的绑带打结方式。后来在大战时期启用了一种简单的绑带方式。在头盔内部有一些可以调节的小垫块，可以使头盔很紧密地贴合头部。但 1932 年款头盔的评价并不高，有报告表明这种头盔的防护水平较低，其材料使用的是低等级的铬钼合金，很容易被子弹击穿或打碎。头盔通常搭配有 4 块垫絮布料缝合的里衬。这种里衬用绑带固定，其前端也有一个黄色五星帽徽。

　　另外还有一种早期型号的头盔，很接近英国"一战"式头盔，但盔沿更宽。它只配发给了海军登陆部队，其前方有该兵种的帽徽。这种头盔主要见于

1940 年，中国：一群日军军官和士兵在他们的兵舍外活动。所有人都戴着各种版本的作训帽。左侧远端的士兵穿着九八式单排扣大衣，其余人穿着九八式（左和右）及昭五式改款（中间）上衣——可以看到衣服颜色有所不同。他们的脚部装备既有棕色皮质及踝鞋，也有分趾鞋和草鞋，一名军曹（左数第四）则穿了皮质裹腿。还有各种标识，包括红白两色的值周兵袖标（左起第四）以及代理伍长的红黄两色 V 形章（右方远端）。军官（中间）有红白两色饰绳，表明是值周军官。

1930年代早期，中国东北：一支日军步兵部队为了宣传拍照正在进行进攻演习。几乎所有人都戴着第一款"樱花"式头盔，这种头盔从1930年开始试验配发，是法国亚德里安头盔的宽松放大版。但是在右侧远端，三式中型机枪的一名机枪组成员戴了一顶参考英国设计的1920年款头盔。可以看到在机枪后部的战壕中的部分士兵戴了护目镜，可以判断他们也许来自摩托部队。

1932年的上海战役中，当时由海军地面部队大量佩戴，但不久之后它就被替换为标准的1932款头盔。

遮阳盔

日本陆军与其他1930年代的殖民势力一样，为他们的士兵配发了软木遮阳盔。遮阳盔主要有两种型号：

第一种设计基本参考了英国、法国及其他殖民势力的"热带遮阳帽"，在盔顶有通风口，两侧也各有一对通风孔，另有棕色皮质颏带。虽然照片显示有部分士兵也配备了这种头盔，但其主要是配发给军官佩戴。

第二种遮阳盔设计更圆滑，呈瓶形，类似于普通钢盔，但是用软木制成。在软木上方罩有6片卡其色布料，在头盔底部固定。这款遮阳盔在士兵和军官中都广泛配发，但军官使用的通常是个人采购的质量更好的版本。军官的这种头盔还另有一种白色棉布盔罩，在头盔底部用一根卡其色布条固定。所有的遮阳盔在正前方都有一块五角形的卡其色布，上面缀有黄色五星帽徽。

脚部装备

在1930—1945年间最常见的脚部装备是棕色猪皮钉头鞋。尽管有许多细微差别的小改款，但其基本样式并没有变化。这一时期的军官也穿着这样的钉头鞋，当然他们使用的是更好的材质和做工。

日军专有的一种鞋名叫"分趾鞋"。这是一种橡胶鞋底、高帮、黑色帆布鞋面，并有"骆驼趾"——脚趾部分分为两大块——设计的鞋。其他较轻的帆布鞋和橡胶鞋采用的是传统设计，但这种分趾鞋的使用最为广泛。另一种令人印象深刻的脚部装备是草鞋，由士兵自己用稻草制作。这是日本农民和士兵的传统用鞋，适宜在泥泞中行走。此外，骑兵部队的骑兵、骑炮兵和辎重部队穿着配有马刺的棕色皮质长筒靴。

军官的脚部装备通常是黑色皮质鞋。最常见的两种款式包括与及踝鞋相近的行军鞋，以及高帮骑兵靴。骑兵军官既可以穿黑色皮质骑兵靴，也可以穿及踝鞋搭配皮质裹腿。

防护和特种衣物

昭五式和九八式大衣

昭五式大衣的士兵版和军官版都使用了卡其色厚呢布料，以及带两排黄铜衣扣的双排扣设计，在衣领上还有很大的可拆卸帽兜，两边各用一根两扣条带固定。军衔标识佩戴在大衣肩部，军衔章紧贴在肩缝处。九八式大衣则为单排扣设计，颜色更接近橄榄色，前襟有5颗金属扣，军衔章附在折领上。在袖口处有简单的军衔标识：3根黄色条纹的红色章代表军官；2根黄色条纹代表准尉；1根黄色条纹代表士官。

九八式军官版雨衣

九八式双排扣罩帽雨衣主要配发给军官使用，其前襟有两排金属扣。雨衣上部通常下折形成一个大翻领并固定在从上数第二颗纽扣上。当不扣衣扣时，军衔章佩戴在翻领上，但当扣上衣扣时则采用了不同的佩戴方式。有一条布带围绕在喉部，上面缀有分别代表尉官、佐官和将官的1~3条绿色条纹。

昭五式和九八式披风

军官可以在制服外穿一种及膝的披风或"斗篷"。其在颈部用一颗纽扣固定。1938年前和1938年后的版本都是折领设计，后者在折领上有军衔章。早期版本的军衔章分别用1~3颗军衔星来代表尉官、佐官和将官。

另有一种短一些的及腰的披风，是由骑兵军官和士官，以及宪兵队人员穿戴，有昭五式和九八式两种。两者都由在胸口处的纽扣固定，后者在折领上有军衔章。

1940年8月：一名上等兵（左）和一名军曹穿着有军衔领章的夏季衬衣，以及棕色皮革高帮鞋。两人都握着有普通皮革剑索的1935年款士官新军刀。这群人中的一部分还穿着将军衔章移到领口处的昭五式上衣。

冬季衣物，1931—1942 年

由于日本陆军主要在中国战场，而这里的冬季极度寒冷，因此在这一时期配发了大量各种冬季衣物。在标准的昭五式和九八式冬季制服下，日军士兵会穿上各种额外的衣物，包括绿色呢质冬季衬衣以及毛线帽或罩帽。在制服长裤外，士兵可能会穿上特制的用布带固定的棉裤，以及用布质绑带固定的毛皮里衬护踝。在呢质上衣外士兵则可能穿以下几种衣物之一：

冬季外衣：这种在中国战场上最常见的冬季衣物是羊皮里衬的无袖外套或短上衣。其前襟用拉索或纽扣固定，长度刚刚到膝盖以上；通常有 1 个胸袋和 1 个腰袋。由于衣物都是本地生产，在细节上有许多不同。

冬季大衣：这种特别的冬季大衣，士兵和军官都有配发，制作采用的是厚重的浅卡其色篷布。这款大衣有着带两排棕色前襟扣的双排扣设计，里衬为羊毛或绒毛。有毛皮衣领和袖口，有在肘部上方用纽扣固定的可拆卸袖子。军官版大衣即使没有使用更好的材料，也会有更好的做工。

1930 年代，中国：这名年轻的日本军曹正在拍摄要寄回家的照片。他戴着有毛皮里衬和护耳的冬季帽，以及在衣领和袖口有毛皮并设计有可拆卸下袖的双排扣冬季大衣——详见第 186 页插图 B2。在肩膀上可以清晰地看到昭五式军衔章。

毛皮帽：冬季衣物中很重要的一种装备就是毛皮帽，这种圆形帽有毛皮里衬和毛皮护耳。这种护耳既可以垂下来盖住耳朵，也可以用一颗纽扣或按扣固定在帽冠上方。在 1931 年的中国东北地区上，其早期型号有一种很厚且蓬松的里衬；后期型号则采用了更统一的里衬材料，看上去要整洁一些。

雪地伪装服：有一些小规模配发的装备是用白色布料制成，用于穿在制服外充当雪地伪装服；其基本设计是有兜帽的雪地披风，搭配白色手套。另外也为部分如饭盒和水壶等用金属制成的装备配发了毛皮里衬的罩袋。

冬季脚部装备：包括罩靴和特制的冬季半长筒靴。特制的冬季毛皮里衬长筒罩靴或及踝鞋，用一根皮质索带固定在脚背上，并在小腿处有 4 根扣带。

特种制服

特种制服一般有以下几种：

坦克乘员制服：装甲部队坦克手穿着的特制罩服，也有冬季和夏季两个版本。夏季版使用了和九八式夏季制服同样的棉布材料，连体设计，在左胸上有 1 个单独的口袋，军衔佩戴在折领上。冬季版为两件套设计，毛

皮衣领的夹克上衣有 1 个单独的左胸袋，军衔章佩戴在胸前。在冬季夹克上衣下，坦克手穿着用厚棉布制成的带有围裙的长裤，两侧各有 5 颗扣子用于紧固。裤子上有 2 个腿袋，在上衣下的右胸上另有 1 个。

防撞头盔：也有季节不同的版本。罩着棉布的软木头盔是夏天使用，毛皮里衬的则是冬天使用。夏季版有一根皮质颏带配在耳朵附近；冬季版则将其替代为毛皮里衬的护耳。为了应对"极端"寒冷的第二款冬季防撞头盔，在颏带上设计了厚的毛绒里衬。

防化衣物：日军在中国战场上使用了毒气，为此还配发了 3 种防化衣物。前两种都是涂了橡胶层的丝绸衣物。第一种被称为"玻璃纸"，包括带罩帽的上衣、长裤、鞋罩和手套，都采用了"玻璃纸"式的橡胶材质里衬。第二种被称为"干酪素"[①]款，包括上衣、长裤、罩靴和手套，都涂上了干酪素。另有较厚的第三种版本，使用红棕色的涂胶纤维布料，是一件有罩帽并连着鞋子的连体罩服。三种版本都搭配九五式或九九式防毒面具使用。

工装：日本陆军中有好几种工装。第一种夏季工装是穿在制服衬衣外的白色棉布上衣和长裤，军衔章佩戴在左胸袋上方。第二款是连体服设计，有 1 个单独的左胸袋，浅卡其色，军衔章同样佩戴在左胸袋上方。第三款则搭配一种特别的浅卡其色棉布帽，其护耳通常固定在帽冠上方。冬季工装则包括一条带围兜的卡其色厚棉布长裤，围兜上有右胸袋，另有 2 个腿袋和 1 个右臀袋。在围兜裤上则穿着一件毛皮领、带扣袖口的工装上衣。

1932 年冬，中国东北：一队日军每人扛着两枚可能是 70 毫米大队属野战炮的炮弹，赶往山上的炮阵。四个人都戴着新的 1930/1932 年款锅形盔，在他们的昭五式呢质制服外穿了羊皮罩衣，另有呢质手套和厚呢布裹腿。

[①] 干酪素是从牛乳中提取的酪蛋白制品，应用在工业领域有防火、防水、防（盐）酸等作用。

179

步兵装备

1931年日军使用的作战装备,设计相当古旧。步兵的基本携具是一根有单爪钩扣的棕色皮带,前方有2个厚重的、像盒子一样的弹药袋,后背则有1个更大的弹药袋;刺刀刀鞘扣挂在左臀上,在此处还另有一个扣带协助将皮带与上衣固定。前面的2个弹药袋每个可以装6个5发弹夹,后面的袋子则可以装12个弹夹以及枪管清洁工具,总计可以装120发子弹。尽管在大战后期皮带的材质改为了涂胶防水布,并将弹药袋的材质改成了硫化纤维,但其基本设计并未改变。

备用衣物以及其他必要装备被装在一个硬牛皮背包里。金属饭盒用皮索附在背包后方,另外还有一种常见的做法是把掘壕工具也固定在上面。掘壕工具是两把铲子配一把鹤嘴锄,很容易拆分携带。不穿戴的大衣会卷起来并用绳索固定在背包的上半部,并有防水的帐篷组件或披风系牢在顶端。其他装备分别斜挂在肩上,包括帆布挎包、金属水壶(有多种版本),以及防毒面具包。

1930年代启用了一种更轻便也更便宜的帆布背包,用帆布捆索代替了皮质捆索。个人装备通常都装在这个背包里,但士兵的大部分有价值的个人财物会装在一个小的帆布拉绳袋里。

军官的装备通常包括佩剑腰带、地图盒、装在棕色皮盒里的眼镜,以及一个水壶。佩剑腰带既有棕色皮革材质,也有绿色帆布材质,用于佩带各种佩剑。佩剑通常用一根皮质挂钩与腰带连接,同样既有皮质也有布质版本。另一种佩剑腰带则穿在上衣内,有挂钩穿过上衣或大衣的挂槽处。

参加侵华战争的日军第13战车联队的一辆九八式B款中型坦克的成员,正将57毫米的主炮炮弹搬进炮塔里。其中3人戴着夏季版的防撞头盔,站在炮塔上的人戴着护目镜。右前方的人看上去脸部受伤包扎过。

武器

在侵华战争和太平洋战争初期来得较为容易的胜利,掩盖了日军武器的诸多缺点。1931—1941年间日军使用的武器还算得上耐用,但许多都是早期设计的型号。在太平洋战争初期,这些武器还能胜任作战所需,但1941年之后,日军在武器方面并没有多少新的发展。当盟军在不断地启用更新更好的武器时,日军只能将就使用他们当时仅有的老旧武器。

轻武器

　　日军的标准步枪是 5 发弹夹的 6.5 毫米口径栓式三八式有阪步枪（日军士兵将其称为"三八"），该枪设计参考了经典的德国毛瑟步枪，并从日俄战争时期就开始使用。它结构简单、坚固耐用，但 50.2 英寸（1.275 米）的长度对普遍身高较矮的日本士兵而言还是太长——当抵在肩上射击时，很多日本士兵甚至很难拉到枪栓。也正是因为太长，当作为狙击枪使用时，其狙击镜的安装位置也相当靠后；这一方式的效果并不特别理想，所以日军的狙击手主要训练在中等距离上隐蔽射击而非远程狙击。军械部门后来设计将 6.5 毫米半缘式子弹替换成了威力更大的 7.7 毫米无缘式弹药。这种 7.7 毫米九九式步枪（1939 年款）有长款（50 英寸）和短款（43.9 英寸）两种设计。

　　日军为伞兵部队生产了两种特殊的"可拆卸"步枪，同时日本伞兵也配发了日军生产的唯一一种冲锋枪，即 8 毫米口径的百式冲锋枪（1940 年款），其设计参考了德军的 MP28 冲锋枪；但百式冲锋枪的两个版本总共只生产了 2.7 万支，配发量很少。在常规战斗中，既没有伞兵的编制，也没有冲锋枪手的编制。手枪有 3 种基本型号：9 毫米口径的二六式（1893 年款）左轮手枪，以及两款 8 毫米口径的半自动手枪：十四式（1925 年款）和九四式（1934 年款）。十四式手枪被盟军按照日本最主要的武器厂商的

　　一队九四式战车的成员在行军途中休息，啃着甘蔗拍照。所有人都穿着夏季版坦克手罩服，戴着作训帽。一般来说军衔章会佩戴在左胸口袋上方，但此图中无一人按此佩戴。大多数人都戴了泪珠状的坦克手护目镜；两人（左前方以及中间背后站立者）看上去戴的是通常配发给摩托车部队的曲面护目镜。

这名日军士兵穿的是没有识别标识的标准九八式冬季厚呢制服。可以看到制服不同部分在颜色上的区别，作训帽和上衣的颜色要比长裤浅一些。在他的绑腿上有用帆布绑带绑出的"X"形状。他的全套行军装备都装在皮质背包里，帆布挎包和有皮革挂袋的水壶斜挂在右臀后；防毒面具包挂在左肩下，标准的皮质腰带上有3个弹药袋，可以看见前方的2个。他的步枪是7.7毫米口径的有阪九九式。

名字简称为"南部手枪"，是日本军官的最爱；另有一款造型丑陋的九四式手枪。

日本还有多种手雷，包括3种"菠萝"型手雷：九一式（1931年款）、九七式（1937年款）和九九式（1939年款）；另外还有两种不同的木柄手雷。枪榴弹发射器有4种——九一式、二式、三式和百式——可以配在有阪步枪上发射碎片手雷、烟雾弹或反坦克手雷。

佩剑

1930年代中期，标准的日本军官佩剑是1875款或1886款指挥刀——"旧军刀"——初代军刀。这种军刀的外形非常西方化，是一种有金属护格的微曲的马刀。1875款规定由委任军官佩带，1886款则授予准尉。

传统的日本武士刀在日本封建时期广泛使用，早至江户时期以前至今没有太大变化，有时会被日军军官带上战场。它有两种不同的款式：24~36英寸长的武士刀，或称太刀（根据朝上斜挂还是朝下斜挂有不同的称谓）；以及12~24英寸长的胁差。在历史上两者一起佩带在日本武士的腰部。很多历史悠久的武士刀，不仅成为其使用者家族传承的物品，许多日本人也深信其中蕴含着一种精神，并有神秘的力量灌注其中。从年轻军官中成长起来的军国主义狂热者，要求用一种"传统式"的佩剑来代替西洋剑。为了满足这种要求，在1943年启用了九四式"新军刀"——一种用现代化方式生产的太刀。它装在上色金属或木质刀鞘内，外面覆有皮革，有时则松松垮垮地缠绕着罩布。刀鞘则用索袋连接在1个或2个腰带的悬挂扣件上，以固定位置，底部的悬挂扣件可以去掉。

士官也携带佩剑，为这一军阶设计的第一款新军刀是"九五式陆军士官佩剑"。可以通过剑索和流苏的颜色来判断佩带者的军衔（流苏纯粹是装饰，剑索则在战斗时缠在手腕处以防止脱手）：

将官：有金色丝线的棕色和红色剑索，"之"字形针脚的黄色流苏。

佐官：棕色和红色的剑索和流苏。

尉官：棕色和蓝色的剑索和流苏。

士官：棕色剑索和流苏。

一名侵华日军的机枪手穿着昭五式夏季上衣，军衔章已经从原来固定的肩部环带上取下。他正在用一挺6.5毫米口径的三式中型机枪射击；这挺机枪于1914年列装日军，基本参考了法国哈奇开斯机枪的设计。

支援武器

非常有用的50毫米口径八九式（1929年款）榴弹发射器/轻型迫击炮——被某些没有实地经验的人想当然地称为"掷弹筒"——被日军大量生产并成为班级标配武器。它的膛线式筒身设计以及可调式撞针设计，使其可以达到700码（650米）的有效射程，可以发射包括高爆弹、碎片手雷、燃烧弹、照明弹和烟雾弹在内的各种弹药。

其他迫击炮包括50毫米的九八式（1938年款）滑膛迫击炮，可以发射一种方形的71磅炮弹；70毫米的十一式（1922年款）膛线式迫击炮；81毫米的三式（1928年款）、九七式（1937年款）、九九式（1939年款）迫击炮——第一种基本是经典的法国勃兰特迫击炮的复制版，第二种和第三种则是更轻更短的版本。另有重型90毫米的九四式（1934年款）、九七式（1937年款）以及150毫米的九七式迫击炮，这些款式的迫击炮基本上都是被部署在固定防御型炮位上。（盟军的战斗报告认为日军很擅长使用迫击炮，并且他们经常在战场上被日军的迫击炮压制；也正因为如此，奇怪的是美军情报机构对日军的研究却往往忽略其步兵部队编制中的迫击炮单位。）

日军步兵很喜欢在进攻中使用机枪，但又一次因为缺乏标准化而造成后勤上的压力。轻机枪主要是6.5毫米口径的十一式（1922款）机枪，使

183

用了与三八步枪同样的子弹，并采用漏斗供弹系统——理论上步枪手可以用自己的 5 发弹夹给这挺机枪供弹。由于这款机枪的退弹器需要用子弹润滑油进行润滑，它的开放式弹仓设计不可避免地会混进灰尘引起卡壳。另有更好一点的 6.5 毫米九六式（1936 款）机枪，是参考了非常成功的捷克 ZB26 式机枪的设计，有可以快速更换的枪管，并采用 30 发的盒式弹匣供弹；它同样需要润滑油，但其润滑系统较之十一式有很大的改善。随着步枪子弹改为 7.7 毫米，出现了一款从九六式机枪发展而来的九九式机枪（1939 款）；在照片中其最容易辨识的特征就是枪口处的圆锥形消焰器。

有两款标准中型机枪都是参考的风冷式的法国哈奇开斯机枪，都是从左侧用 30 发的金属弹链供弹：6.5 毫米口径的三式（1914 年款）和更重一点的 7.7 毫米九二式（1932 年款）。另外还有一种型号的机枪，主要是海军使用，但后来陆军也有装备，发射的是有缘式的 7.7 毫米子弹，但依然令人困惑的是它同样命名为九二式，其设计基本参考的是刘易斯机枪。重机枪则是 13.2 毫米口径的九三式（1933 年款），基本是同样口径的哈奇开斯 M1932 款重机枪的复制品。

日军的火炮装备基本上相当于盟军的早期装备，包括 70 毫米步兵炮、75 毫米野战炮和山炮，都是抄袭早期德国和法国的型号；其中山炮可以拆卸成 6 块用骡马运输。在战争中期，日军用 47 毫米反坦克火炮替换了 37 毫米火炮，实战效果不错。中型炮兵联队通常装备 105 毫米九九式（1939 年款）和 150 毫米四式（1915 年款）榴弹炮，这些较重型的炮的最大问题是数量太少，不足以有效应对随着战争进程不断增加的大量的美国和英国火炮群。

中国东北：一群炮兵正将一门 150 毫米四式（1915 年款）重型榴弹炮移入炮位。在炮轮下垫有榻榻米，以防止其陷入柔软的地面中。这些炮手在肩上披着伪装网式披风，他们的作训帽看起来是早期版本，并没有后部的调节拉索。正在看着这群炮兵的军官们有的戴着大檐帽，有的戴着作训帽。

1931—1932 年，中国"满洲"
1：1931 年，第 2 步兵师团，一等兵
2：1931 年，第 1 骑兵联队，二等兵
3：1932 年，第 6 步兵师团，第 13 步兵联队，伍长

A

1932—1935 年，中国
1：1935 年，作战服，大佐
2：1933 年，热河，关东军，第 8 步兵师团，少将
3：1932 年，中国"满洲"，铁路卫戍部队，一等兵

B

1937—1939 年，中国
1：1938 年，广州，第 104 野战炮兵联队，大尉
2：1938 年夏季，第 108 步兵师团，第 117 步兵联队，中尉
3：1939 年，第 21 师团，第 82 步兵联队，少佐

C

1937—1939 年，中国
1：1937 年 7 月，北平，步兵，二等兵
2：1937 年 8 月，上海，步兵，准士官旗手
3：1939 年，上海，海军陆战师团，一等水手

D

1939 年，诺门罕和中国
1：1939 年 6 月，诺门罕，第 7 步兵师团，第 28 步兵联队，军曹
2：1938/1939 年冬季，中国，战车联队，少尉
3：1938/1939 年冬季，中国，工兵，大尉

1942年，太平洋战场
1：1942年1月，婆罗洲，曹长
2：1942年3月，荷属东印度群岛，爪哇岛，巴达维亚，步兵，上等兵
3：1942年1月，荷属东印度群岛，西里伯斯岛，万鸦老，第1（横须贺）特别空降部队，海军二等伞兵

1942年，菲律宾和马来亚
1：1941—1942年，菲律宾，海军陆战师团，海军一等旗手
2：1941—1942年，菲律宾，第48步兵师团，第47步兵联队，上等兵
3：1942年2月，马来亚，新加坡，第5步兵师团，第11步兵联队，伍长

G

1942 年，缅甸
1：第 33 步兵师团，第 214 步兵联队，二等兵
2：第 55 步兵师团，伍长
3：第 18 步兵师团，中佐

插图图说

A：1931—1932 年，中国"满洲"

A1：1931 年，第 2 步兵师团，一等兵

这名一等兵戴着在侵华战争中的早期型号钢盔中最常见的一款，以其在钢盔顶部的樱花状饰片而闻名。早在 1920 年代，日军就已经盘踞在东北部分地方，因此早已做好应对在 1931 年侵吞东三省时会遇到的各种天气气候的准备。这名士兵在他的昭五式（1930 年款）呢质制服外，套着一件毛皮里衬的冬季罩衣。他的行军装备包括早期型号的皮质背包和早期型号的水壶。他的武器是 1905 年设计定型的有坂三八式 6.5 毫米口径步枪，尽管后来启用了新的 7.7 毫米子弹以及九九式步枪，三八式步枪直到 1945 年之前都是日军的标准装备。

A2：1931 年，第 1 骑兵联队，二等兵

从 1931 年侵华以来，日军大规模使用了骑兵兵种。这名低阶士兵的军阶可以从他的昭五式呢质冬季上衣的军衔肩章上识别出来。在他的绿色骑兵燕尾形领章上有阿拉伯数字"1"，代表着他隶属的联队番号。此时大檐帽还在广泛使用，但很快就被作训帽替代。这款大檐帽上的帽墙和帽冠绲边，无论任何兵种都是红色。他的冬季版呢质马裤抄进了配有马刺的棕色皮质马靴里。他轻装上阵，装备了一个装早期的三零式卡宾枪的 6.5 毫米子弹的弹药袋。他的三二式骑兵刀比标准版本要长一些，在马鞍上劈砍式杀伤范围要大一些。

1930 年代早期，一名日军上等兵在中国东北拍摄的肖像照。他穿着昭五式双排扣大衣，加上了一个很显眼的毛领，详见第 186 页插图 B。在左袖上，他佩戴着红黄两色 V 形军衔章，表明他是一名代理伍长；其下的红白两色袖标表明他是一名值周兵。

① 1933 年长城抗战之后，根据国民政府与日军签订的《何梅协定》，东北军和国民党中央军撤出北平，在华北设立了所谓的"非军事区"，其实等于把华北拱手送给了日军。

A3：1932 年，第 6 步兵师团，第 13 步兵联队，伍长

这名伍长戴着日本从 1930 年开始配发的第二款头盔，这种头盔只小规模配发了一部分以做测试。它的形状基本上是更宽、更平的德国 M1935 款头盔，使得他可以在冬季时在其下再戴一顶毛帽。此图中出现的两种头盔同时配发，事实上，有时在一个小队里面，都可能佩戴不同的头盔。他的制服是标准的昭五式呢质冬季款。虽然此图中因为被帽子的护片遮挡住而无法看见，但在他的左右两边领章上应该都别了阿拉伯数字"13"代表的部队番号。他的携具包括一个帆布挎包、一个装在帆布袋里的早期防毒面具，以及斜挂在肩上的水壶。如果去掉帆布挎包，可以看到腰带和弹药袋并没有配备支撑带——如果装满了 120 发三八式步枪的子弹，很可能会被压得垮下来。

B：1932—1935 年，中国

B1：1935 年，作战服，大佐

这名部署在华北非军事区①大佐穿着昭五式军官版双排扣大衣，可以从大衣的横向军衔肩章上看出他的军阶。军官版的作训帽在 1935 年时已广泛装备日军，但大檐帽也偶尔可见。大衣下应该穿着昭五式军官版冬季制服，以搭配他的有马刺的黑色皮质军官骑兵靴。他装备了一把军官式旧军刀，但经常被替换为采用传统日本武士刀造型的新军刀。他的腰带上有一把套在枪套里的 1925 年启用的南部十四半自动手枪，是此时日本军官最常用的防身武器。

B2：1933 年，热河，关东军，第 8 步兵师团，少将

这名指挥他的师团在 1933 年入侵中国热河的日军少将，穿着军官版毛皮冬季大衣，在衣领和袖口上有毛皮，并且设计有可拆卸的下袖。其军衔标识按照惯例佩戴在横向肩章上。这名军官的大檐帽已经退出了现役，但有一些年龄较长、较传统的军官可能还会继续保留。这名将官携带的唯一装备是军官版的双筒望远镜。

B3: 1932年，中国"满洲"，铁路卫戍部队，一等兵

这名士兵隶属于保卫重要的铁路线路的部队，这些铁路不断遭到东北抗日游击队的攻击。为了应对中国东北冬季寒冷的气候，他穿了一件带罩帽的昭五式双排扣大衣。日军使用的毛帽虽然有许多细节上的区别，但大体设计一致。有毛皮里衬的护耳可以放下来，就像图中所示，或上翻到帽子上方以避免干扰听力，这时依然有护颊可以保护脸部。由于在站岗执勤，他的大部分装备都放在了火车上，可以看到他佩戴着为十一式（1922年）轻机枪弹夹专门设计的弹药袋。他的个人武器是右臂上套在枪套里的明治二十六年式左轮手枪。

C: 1937—1939年，中国

C1: 1938年，广州，第104野战炮兵联队，大尉

这名炮兵大尉隶属于第104师团，他身上的衣着是日军中层军官在侵华战争中的标准穿戴。他的昭五式冬季上衣上有军衔肩章，还有炮兵的黄色领章。1932款钢盔——与士兵版别无二致——按照日本陆军的方式用绑带固定。可以看到他的胸前有4根皮质绑带，其中3根分别系着他的双筒望远镜、地图盒以及水壶。第4根则协助挂着他的士兵版腰带和装在枪套里的南部十四式手枪。他的九四式新军刀装在前线军官经常使用的木/皮混合材质的刀鞘里。

C2: 1938年夏季，第108步兵师团，第117步兵联队，中尉

这名中尉穿着过渡时期的昭五式夏季上衣，其军衔章按照新的1938年着装条例，从肩部移到了衣领处。在正式启用九八式军装之后，老版的昭五式军装及其改版依旧使用了数年。这名军官戴着第一款软木遮阳盔，有时参与侵华战争的所有军阶的日军都会戴这种头盔；如果按照制服其他部分的惯例来推断，这位军官的头盔应该是自行采购的，拥有更佳的质量。他的指挥刀是装在上色金属刀鞘里的九四式新军刀，有中队指挥官特有的棕/蓝色剑索和流苏。可以看到有两根腰带支撑带协助分担他的手枪、弹药袋和佩剑的重量。

C3: 1939年，第21步兵师团，第82步兵联队，少佐

这名大队长穿着1938年款的九八式军官版作训服。他的军衔佩戴在折领上，兵种标识则是佩戴在右胸袋上方的红色的倒置"W"字V形章。此时作训帽已经作为军官和士兵的标准头部装备，替换了大檐帽，当然这名军官个人采购的作训帽的质量应该比他的士兵的帽子更高。虽然他的1934年款新军刀的造型接近中世纪时的日本武士刀，但这是当时技术的产物。有一些来自原日本大名家族的军官会将自己的真正的家传宝刀装在当时的刀鞘中带上战场（但这种年代久远、具有符号意义的武士刀的数量非常稀少，比起战后某些掮客欺骗收藏者的数量要少很多）。可以看到他的腰带采用的是缝合织物材质。这名少佐的佩剑上的剑索和流苏是棕/红色的。

一名拍摄肖像照的大佐，穿着九八式常服，搭配白色常服手套。照片中可以看到他衣领上的军衔章和胸前的各种勋章。他的勋章包括旭日章[①]、瑞宝章[②]，还有颁发给在诺门罕战役中曾与苏联红军战斗过的人员的"边境事变"纪念章。他佩戴的饰绳表明他是一名副官。

[①] 衣领中间下方的徽章，授予所谓"对国家公共有功劳者中，有引人瞩目的显著功绩内容"，至今仍在继续授发。

[②] 胸袋上左起第一枚徽章，除军人外，也授予平民。

D：1937—1939 年，中国

D1：1937 年 7 月，北平，步兵，二等兵

卢沟桥事变后，日军开始了全面侵华战争，这名士兵在第一次夏季战役占领北平后正在高呼"万岁"。他还穿着有军衔肩章的昭五式夏季版制服，但戴了一顶前面有五星帽徽的 1932 款锅形头盔。他的呢质裹腿在上部用索带捆紧，另外还用布条斜向交叉捆绑在裹腿上。他的装备包括有弹药袋和刺刀刀鞘的腰带、1935 款防毒面具包、帆布背包和老款水壶。刺刀按照标准做法安装在枪口上。日军的步兵训练中特别强调刺杀。

D2：1937 年 8 月，上海，步兵，准士官旗手

这名步兵中队的准士官旗手携带了一面与其部队规模相配的较小的旗帜。旗帜在日军中有突出作用，"激励"士兵跟随军旗投入战斗。他的制服是昭五式夏季基本款。缠在他帽子上的布条是夜战中的战地标识。因为携带了军旗，这名日军只装备了士官版的 1935 款新军刀和一支手枪。

D3：1939 年，上海，海军陆战师团，一等水手

这名登陆上海的海军陆战师团的陆战队员穿着 1937 年款"海军绿"棉布制服——这种制服比日本陆军依然还在穿着的昭五式制服看起来现代化一点。开口领的上衣下穿的是水手服，搭配普通款式的长裤、裹腿和棕色皮革登陆靴。他在右臂上的军衔标识是上衣唯一的标识，但有小部分军官还会在翻领上佩戴海锚徽章。1932 年款钢盔用普通绑带固定，但使用的是在脑后打结的海军绑定方式。在头盔正前方有海军陆战部队的早期版本的海锚徽章。他的全套装备包括海军版的"面包袋"和水壶。在他的背上有早期版本的防毒面罩，常见于入侵上海的日本海军陆战队中。他使用的三八式步枪是日本所有军队的标准装备。

（左上）1938 年，中国：一名日军少尉正在进行前线侦察，他将军衔领章佩戴在他的昭五式夏季制上衣的肩部。作为一种常见现象，他将作训帽戴在了头盔下。他手里握着一把西洋样式的军官版旧军刀，但却配了新军刀的剑饰。

（右上）1930 年代中期，中国：详见第 187 页插图 C1。这名满脸胡须的日军大尉，正在使用一具炮兵指挥官的双筒望远镜，他应该是一名炮兵，所以他的昭五式上衣的燕尾领章应该是表明这一兵种的黄色。可以看到他肩部的长条横向军衔章，以及 1930/1932 款头盔绑带的复杂绑法。这种绑法是从武士时代流传下来的。

E: 1939 年，诺门罕和中国

E1: 1939 年 6 月，诺门罕，第 7 步兵师团，第 28 步兵联队，军曹

在 1938 年和 1939 年夏季，在中国东北与蒙古边境的不毛之地参加战斗的日军深受蚊虫疟疾的侵扰。这名军曹正要戴上看起来像篮子一样的防蚊网状头罩，还戴着因为同样原因配发的手套。他的制服的其余部分是标准的浅卡其色昭五式夏季棉布制服，上有按照 1938 年条例佩戴的军衔领章。

E2: 1938/1939 年冬季，中国，战车联队，少尉

这名指挥一个战车小队的少尉穿着两件套的冬季版坦克服——有毛皮领的上衣和有围兜的连体裤，以及有毛皮里衬的靴子。他的军衔章佩戴在右胸上。他的防撞头盔是皮革覆面、毛皮里衬的冬季版，在护颊上裁出了单独的护耳，戴了一副护目镜。他套在枪套里的防身武器是外形丑陋、效果低劣的 8 毫米九四式半自动手枪。

E3: 1938/1939 年冬季，中国，工兵，大尉

这名中队长穿着标准的军官版昭五式冬季制服，还保留了老款的燕尾式领章——此处是工兵的深紫色。在上衣外，他披着一件 1938 年款军官版披风。他的军刀佩戴在纺织帆布质地而非皮革质地的腰带上，并在剑柄上缠绕了布条以作保护。

F: 1942 年，太平洋战场

F1: 1942 年 1 月，婆罗洲①，曹长

这名曹长的形象表现的是日军攻占当时在英国和荷兰控制下的富产石油的婆罗洲岛时的衣着。他穿着典型的热带版制服。他的作训帽上附有 4 片遮阳帘。他的军衔章佩戴在衬衣的领口处，但也可以在左胸袋上方佩戴一枚单独的军衔章。他的装备除了一把南部十四式手枪外，还有 1935 年款士官版佩剑，上有纯棕色剑索和流苏。

F2: 1942 年 3 月，荷属东印度群岛，爪哇岛，巴达维亚，步兵，上等兵

这名上等兵是一个步兵小组中的迫击炮手，携带了一门被称为"掷弹筒"的 50 毫米八九式膛线轻迫击炮。（盟军部队中普遍谣传说这种掷弹筒可以抵在发射者的大腿上发射，但实际上任何蠢到这么做的人都会因为强大的后坐力而把大腿股骨撞得粉碎。）他穿着热带版制服的上衣、长裤和裹腿，他的九二式钢盔上有帆布盔罩。他的腰带和颈部索袋支撑着特制的弹药袋，每个弹药袋可以装 4 枚 50 毫米炮弹；弹药的种类包括八九式高爆弹、九一式碎片雷、烟雾弹和燃烧弹，以及各种颜色的烟火信号弹。他的其他装备包括早期型号的水壶和帆布挎包。

F3: 1942 年 1 月，荷属东印度群岛，西里伯斯岛②，万鸦老，第 1（横须贺）特别空降部队，海军二等伞兵

日军在太平洋战争中少数几次空降进攻中的一次，是 1942 年 1 月 11 日由海军伞兵部队在西里伯斯岛万鸦老的荷兰控制的机场实施的——那正是日军向荷兰突然宣战之时。这支 324 人的部队成功地从 1500 人的荷兰守军手中夺取了机场的控制权。这名伞兵穿着标准的用"海军绿"棉布制成的多袋式两件套跳伞服，右臂上的红色交叉海锚臂章是其军科标识。海军版的伞兵头盔基本上是 1932 年锅形盔，但改进了内部配件，在前方有海军的海锚徽章。他的携具包括腰带和两个帆布弹药袋。他装备了一把南部十四式半自动手枪和一枚在空降作战初期使用的九七式碎片手雷。

一名日军骑兵二等兵穿着相当邋遢的九八式制服，戴着过时的大檐帽。右胸袋上方有绿色的倒置"W"字V形兵种章。这种标识并非总要佩戴。他的唯一携具是一根棕色皮带，一个装着他的九八式卡宾枪子弹的弹药袋挂在上面。

①世界第三大岛加里曼丹岛的旧称。
②印尼苏拉威西岛旧称。

成功降落之后，他才能去寻找伞降的装有步枪和冲锋枪的空投包裹。

G: 1942 年，菲律宾和马来亚

G1: 1941—1942 年，菲律宾，海军陆战师团，海军一等旗手

海军登陆作战部队在日军征服菲律宾的战斗中发挥了重要作用。图中的旗帜是日本海军的军旗，与日本陆军军旗的不同之处在于中间的太阳图案不是居中而是靠近旗杆方向。这种橄榄绿色的棉布制服是海军登陆作战部队的专用军服，图中是其1940 年款。黄色的海军海锚帽徽佩戴在卡其色头盔罩上。这套军服上的军衔标识是佩戴在右臂上的海军蓝色圆盘臂章上的红色军衔徽章。水兵的等级分别标识为一个海锚、交叉的海锚，以及——如图所示的交叉海锚上面另有梅花图案。挎包和水壶罩都采用了海军特有的泛蓝卡其色布料。他的武器是标准的三八式步枪。

G2: 1941—1942 年，菲律宾，第 48 步兵师团，第 47 步兵联队，上等兵

这是一名步枪组中的轻机枪手，他隶属的部队参加了入侵菲律宾的战役。他穿着热带版制服——可以看到他的军衔章佩戴在翻出来的衬衣领上——他的头盔用带着树枝的头盔网伪装，斜挂在身后。他的武器是基于捷克 ZB26 式设计的九六式轻机枪（类似于英国的布伦轻机枪），这款轻机枪相比之前的十一式轻机枪有很大的进步，但后者依然还在日军中广泛装备。日军生产了一种专门收纳轻机枪弹匣的特殊腰带和弹药袋，但他还没有领到此种装备。此图中他用一个斜挂的大帆布口袋来装他的 150 发机枪子弹。作为防身武器，他被配发了一支套在枪套里的手枪。这款

1937 年夏季，中国上海：日军海军陆战队的军官正在视察他们在入侵上海战斗中的部队。他们穿着该部队的"海洋绿"色的 1937 年款制服，为开领设计，搭配衬衣和领带。军衔标识佩戴在肩章上——左前方的大尉肩章上有 3 颗樱花标识，而非陆军的军衔星标识。所有人都戴着作训帽，前方缀有该兵种的海锚帽徽。

1942年春，缅甸：一名日军自行车骑手穿着短袖制服，将他的自行车扛在背上，从一座临时搭建的原木桥上跨过一条河流：详见第191页插图G3。他的软木遮阳盔是第二版。可以看到他的个人物品都驮在自行车上，并且在手把上缠绕了树叶以作掩护。缺乏运输工具的日军，一旦抢夺到民用的自行车，也会立即将其投入使用。

轻机枪装备了一把非常典型的三八步枪刺刀，但实际上只有最强壮的人才可能在肉搏战中挥舞这么重的机枪。

G3: 1942年2月，马来亚，新加坡，第5步兵师团，第11步兵联队，伍长

在太平洋战场上，日军广泛地使用了自行车作战，特别是在入侵马来亚的战斗中。当日军遭遇东南亚的酷热时，所有着装条例的条规都被打破，许多士兵的穿着都很随心所欲。这名伍长脱去了热带上衣，只穿着一件工装衬衣，军衔章佩戴在衣袋上。他的制服的其他部分是标准热带装备，包括第二版军官和士兵通用的软木遮阳盔。他的鞋子是独特的分趾鞋，用黑色帆布和橡胶制成，有两个分趾。他的步枪是短一些的有阪九八式步枪。

H: 1942年，缅甸

H1: 第33步兵师团，第214步兵联队，二等兵

作为著名的"白虎"联队中的一员，这名士兵在他的作训帽上的日军黄色五星上方别了一枚该部队的特殊徽章。许多部队都有这种特别设计的徽章，但很少有目击者对其有正式记录。他的热带棉布上衣和长裤搭配了一件无领衬衣、呢质裹腿和黑色帆布分趾鞋。作为两人枪榴弹小组中的一员，他的有阪步枪枪口上安装了九一式榴弹发射器。各种版本的步枪都可以发射4种手雷，但每一种步枪的榴弹发射器却不能通用，可以发射的手雷包括：九一式、九二式、九三式和百式，其中九二式手雷既可以用作反坦克手雷，也可以用作通用手雷。这个枪榴弹小组中的第二名成员会携带装在一个特制的五发装帆布弹药袋里的九一式枪榴弹备用弹药。

H2: 第 55 步兵师团，伍长

　　这名日军士兵穿着热带衬衣和长裤，搭配有罩网的头盔，正好显示了插图 H1 中人物的各种装备的背部细节——这也是日军步兵在行军中的标准装备，但大多数装备在投入战斗前都会卸下。他的背包是后期的帆布版。左边斜挂的是防毒面具，右臀前是帆布挎包和一个水壶。系在背包左侧的是掘壕工具，但手柄取下单独装在一个布罩里。用布条系在背包上的还有他的金属饭盒，其下可以看见他的第三个弹药袋，旁边还有装在口袋里的步枪清理工具。

H3: 第 18 步兵师团，中佐

　　这名年轻的军官将要指挥他的小队或中队在缅甸战场上发起一次进攻，他穿着一名步兵军官的全套热带作战服。在附有遮阳帘片的作训帽上，他戴了一顶后期版本的软木遮阳盔。他的军衔章佩戴在热带版衬衣的右胸上。他的热带马裤抄在军官鞋上的皮质裹腿里。除了南部十四式手枪外，他装备了一把自己的军刀。日本军官有时会携带家族世代相传的武士刀，更换一些新装备以适应现代战争（武士刀的原始附件经常采用珍贵的材料并由名匠打造）。

日本陆军 1931—1945 年

1942—1945 年

The Japanese Army 1931-45 (2)
1942-45

防守中的日本陆军

在经过 6 个月的太平洋战争后，日本陆军为日本军国主义征服了巨大的领土。但几乎是他们在太平洋上的推进告一段落的同时，他们就发现必须防守以应对盟军的反攻——这种反攻最初是缓慢而微弱的，但力量逐渐增强并变得更有持续性。当时对于日本而言，这种防守应该是战术性的，而非战略性的，并自信已经做好了足够的准备。但遭遇了初期的挫败之后，日军发现自己必须进入全面战略防御的阶段，在缅甸、马来亚、东印度群岛、新几内亚，以及加罗林岛、马里亚纳群岛和千岛群岛，日军都转入了防御姿态。在接下来的 3 年中，日军以一种称得上残暴的决死之心保卫着这些"领土"，深刻地震撼了与之交战的对手。但最终的结果，并没有改变。

由于日军分布过广，其本应无法支撑的漫长的补给线又被盟军海空力量扼制，很快，日本不仅没有办法，也没有资源来为防御部队提供补充。日本帝国在火炮、坦克、舰艇、飞机乃至人力的产出方面，被美国全面超越。在战争的最后一年，日本本来就已经有心无力的工业体系又被美国的轰炸彻底摧毁。举个例子，1940 年日本生产了 1023 辆坦克，但 1945 年却只生产了 94 辆坦克——而且就是这些仅有的坦克在技术层面上也已经完全落伍。

美国和日本的战争生产能力之间的巨大差距，也许用这一数据可以得到最好的概括：整个太平洋战争期间，平均到每个士兵身上的装备重量，日军是 21 磅，而美军则是 4 吨。但是，日本军国主义狂妄自大的特点使得他们无视这些明显的缺点。虽然他们的负隅顽抗除了付出巨大的生命代价之外一无所获，但在 1945 年 8 月时，仍有 200 万日军准备防守"本土"，直到盟军在广岛和长崎投下两颗原子弹，才迫使日本政府认识到任何抵抗都是徒劳的。（尽管这样，仍有一小群日本军官准备破坏裕仁天皇的投降广播。）

虽然篇幅有限，但还是有必要对这些战役的特点做一些阐述。1942 年中期时，日本陆军在那些初期被其击溃的盟军中获得了"不可战胜"的评价，但一旦盟军开始反攻——新几内亚的瓜达卡纳尔岛——日军的弱点就开始暴露，而且随着时间的推移，这些弱点产生了致命的影响。

除了不惜一切代价发动疯狂的进攻外，日军指挥官其实缺乏战术上的想象力；而当进攻失败之后，他们也只是简单地重复这一举动，直到整个部队无力再战。在日军等级森严的氛围中，军官阶层担心因为承认困难或

这名一等兵穿着早期版本的热带上衣，有褶皱明贴胸袋，两侧都有通风缝——放大后可以看到在右臂下有隐约可见的通风缝纽扣。他在上衣下穿了一件棉布衬衣。他的作训帽是早期的呢质版本，有一根看上去很新的帽带，但很快就会显得皱巴巴的。

东条英机，日本大多数侵略战争的发起者和领导者。照片中的他穿着将官版的九八式上衣，搭配大檐帽和马裤。他胸前的徽章是他自1902年首次担任步兵军官开始漫长的军事生涯的体现。作为日本法西斯的代表人物，他在1936年成为中国"满洲"日军的总司令①，1940年成为日本陆相。从1941年起，东条英机任日本首相，并继续兼任陆相和内务相，是发动太平洋战争的主要罪人。在太平洋战场上的一系列失败后，东条英机于1944年7月辞职，但继续对日本政府施加着巨大的影响力。当日本投降时，他试图自杀，但未能成功。在国际军事法庭的审判中，他被定为甲级战犯，于1948年12月在东京被绞死。

① 此处有误，东条英机在1935年9月出任关东军宪兵司令官，到1937年接任关东军参谋长职务。

可能的失败而没有脸面，因此他们的报告总是过分乐观。指挥官下达命令，但却并不真的去努力监督执行。日本陆军缺乏重型火炮，也并不能很好地利用火炮——只是单一强调火炮对步兵的直接支援。这样的思想也存在于对坦克的使用上。盟军的战术思维很快就超过了日军。盟军大部分装备的质量和水平都在稳步提高，但日军的绝大部分装备都还停留在1930年代早期水平——质量的差距也变得越发明显。

从一开始，日军的后勤供应计划和执行力就存在问题；1942/1943年冬季，新几内亚岛上的数万名日军或多或少都因为补给不力而忍饥挨饿——而且这远远不是最后一次。在日本陆军和海军中存在钩心斗角的较量，因此也对战役的连续性带来了严重损害，而这种连续性的重要保证就是军队内部的紧密合作。日军1941/1942年间的制空权很快就受到了盟军的挑战，并瞬间失去，这也要归罪于糟糕的战略、战术以及后勤供应的不稳定。面对美军跨越太平洋实施的反击，日本战时大本营并不能规划出更好的应对措施，只能强调深挖壕沟、寸土必争，以期对盟军造成尽可能多的伤亡。从西方人的观点来看，这完全就是彻底的绝望；但在日本人眼中，为帝国光荣战死反而是一种荣誉。

除了这些缺点，日本陆军直到战争最后都表现出了在战术方面的特点。最值得恐惧的敌人当然就是那些完全无视生命、宁为玉碎的士兵——而这种"玉碎"文化在日本军队中非常流行。盟军发现几乎不可能活捉日军战俘，"至死方休"成了日军的准则而非单纯的一句口号。当所有抵抗的方法都失败后，他们会在散兵坑里自杀了结。1945年前，只有很少数量的战俘是来自被击败了的日本军队——他们大多是横尸千百的战场上那些不能动弹的重伤员——而且从未俘虏过少佐以上的日本军官。正是因为这样，每一处战场上的每一个日军盘踞点都必须一个个地清理，先是炮火轰击，然后用坦克、机枪、炸药包、喷火器和手雷逐一消灭。这种残忍的战术带来了盟军的巨大伤亡，在经历了这样的血战之后，很少还有盟军步兵会有手下留情的想法也就毫不奇怪了。

日军负隅顽抗的阵地通常坑道数量巨大、位置良好并且坚固而隐蔽。他们在伪装和隐蔽方面的天赋是一流的，他们的火力控制纪律也非常良好，并且善于从失败中汲取教训。在塔拉瓦岛上，日军沿着岛岸修满了防御工事。但当美国海军陆战队在日军布防的登陆地点的另一面开始登陆时，大部分防御计划实际都浪费了，而且岛中央并没有可以从各个方向发起反击的多面堡垒。但在贝里琉岛及其之后的岛屿防御中，日军就改变了策略。后来的大部分日本防军都在岛上纵深部署，用机枪堡、深挖的碉堡、内部联通的隧道以及改造过的自然洞穴构建起复杂的内陆防御工事。虽然基本上处于防御状态，但日军的战术中总是包括了对丢失的阵地立即发起的敢死冲锋反击。日本士兵是勇敢、纪律严明而又冷血的，他们非常善于夜战、渗透、伏击，诡计多端。

年表

由于这一阶段存在多个并行的战线，为了清晰起见，先列出总览，再对各个战役进行简介。

1942—1945 年，太平洋和东南亚战役

1942 年

6月4—6日，中途岛海战。日本海军损失了 4 艘航空母舰和数百名经验丰富的飞行员，这一沉重的打击使日本海军一蹶不振，并丧失了最初的战略主动性。虽然大多数日军都已经在夺取的领土上开始固守以防备可能的盟军进攻，但还是发动了两次进攻作战。

6月7日，日本军队在阿拉斯加的阿留申群岛登陆阿图岛和吉斯卡岛。

7月21日，日本第十八军在新几内亚的布纳登陆。

8月7日，所罗门群岛：美军在瓜达卡纳尔岛登陆，海战和陆战持续了很长时间，交战双方都竭力援助和补给自己的岛上部队。

9—12月，新几内亚：澳大利亚军队和美国援军迫使日军转入防守。

12月17日，英国/印度军队开始从缅甸西北部的若开海岸发动进攻。

1943 年

1月22日，新几内亚：日本在布纳的抵抗宣告终结，这是盟军对日本的第一次陆战大捷。

2月1—9日，所罗门群岛：日军从瓜达卡纳尔撤离。

2—3月，缅甸：英军在若开的攻势被遏制，但第一次"钦迪特"①远征成功地渗透到了日军防线后方。

3月8日，中国：日军渡过长江，向湖北和湖南发起进攻。

4—5月，缅甸：英军从若开撤退。

1943 年秋季，缅甸的若开前线：日军步兵穿过一片沼泽区。他们都卷起了袖子，卡其色衬衣有着多种色差。上等兵（左）的左袖上可以看到军衔标识——在一枚模糊不清的某种臂章上方，绣在方块补丁上的军衔章。三个人背着背包，上等兵则背着帆布大包——见第 245 页插图 F3。

① 钦迪特，是"二战"中英军在缅甸战场成立的空降游击旅，指挥官为奥德·温盖特，曾与国民党新一军在缅甸战场上并肩作战。

4月18日，日本联合舰队司令山本五十六的专机在所罗门群岛的布干维尔被美军飞机击落，山本五十六身亡。

5月30日，阿留申群岛：日军对美军在阿图岛的登陆行动发起自杀式反击。

6—7月，所罗门群岛：美军在新乔治亚登陆。

8月15日，阿留申群岛：美军特遣部队登陆吉斯卡岛，发现日军已经撤离。

8月25日，所罗门群岛：新乔治亚岛上的日军被全歼。

日军战时大本营此时决定采取"新策略"，希望在缅甸、马来亚、婆罗洲、菲律宾、新几内亚西部、加罗林、马里亚纳、小笠原、琉球和千岛群岛实行所谓的"周界防御"——其他已占领的领土上也必须以一种牺牲型的防御战斗至最后一人，以期苟延残喘并使盟军的伤亡最大化。

盟军在太平洋战场上的力量则划分为了3个方向。麦克阿瑟将军（西南太平洋）继续肃清新几内亚；哈尔西将军（南太平洋）则要夺下北所罗门群岛、俾斯麦岛和阿德默莱尔蒂岛，孤立日军在新不列颠岛上的拉包尔基地；然后两者联合解放菲律宾。尼米兹海军上将（中太平洋）则采取"跳岛作战"的方式，通过吉尔伯特岛、爱丽丝岛和马绍尔群岛，直达马里亚纳群岛。在印度/缅甸边境上，英国/印度军队则继续致力于解放缅甸，同时探查日军防御。盟军还继续援助蒋介石领导的国民党军队，希望中国远征军能够在缅甸北部的战斗中发挥重要作用。

10月，日军在华中发起进攻。

11月1日，所罗门群岛：美军在布干维尔登陆。

11月20—23日，吉尔伯特岛、爱丽丝岛：1.8万人的美国海军陆战队夺下了塔拉瓦环礁；日军负隅顽抗，给美军造成了3000人的伤亡损失。

12月15—26日，所罗门群岛：美军在新不列颠岛的格洛斯特角登陆。

1944年

1月，缅甸：英军向若开进攻。新几内亚：澳大利亚军队全歼休恩半岛的日军。

1月31日至2月4日，马绍尔群岛：美军登陆部队占领了夸贾林和马朱罗。

2月18—23日，美军攻占埃尼威托克岛。

2月6—26日，缅甸：日军对在若开地区的英军发起的反击失败。

2月29日至3月20日，美军在阿德默莱尔蒂岛登陆，但最终肃清当地抵抗势力耗费了10周时间：日军死亡3280人，被俘75人。

3月5—12日，缅甸：英军开始第二次"钦迪特"远征。3月8日，日军开始对英帕尔发动新的进攻。

4月22日，美军在新几内亚的霍兰迪亚登陆。

4月，中国：日军发动"一号作战"攻势。

6月15—17日，马里亚纳群岛：美军在塞班登陆。

7月9日，塞班被美军占领。

7月11日，缅甸：日军第十五军对英帕尔发起的攻势失败后，开始撤退。

7月21—24日，马里亚纳群岛：美军在关岛和天宁岛登陆。

8月1日，天宁岛被肃清。

8月10日，关岛被肃清。

9月15日，帕劳群岛：美军在贝里琉岛登陆，遭遇了日军精心准备的内陆防守。

10月12日，贝里琉岛的进攻基本结束。

10月，缅甸：英国/印度共同组建的第14集团军发起进攻，在8个月的推进后，将日本缅甸方面军向南和向东赶入了泰国境内。

10月20日，菲律宾：美军首次登陆莱特岛。

10月23—26日，莱特湾海战中，残存的日本海军几乎被全歼。

11—12月，菲律宾：在季风气候以及日军的顽抗中，美军在莱特岛上缓慢推进。

11月27日，帕劳群岛：贝里琉岛终于被完全肃清。

12月15日，菲律宾：美军在民都洛岛登陆。

12月25日，日军下令从莱特岛撤退。

1945年

1月9日，菲律宾：第一支美国部队在林加延湾登陆吕宋岛。

1月29日，更多的美军军队在西海岸登陆。

1月31日，美军在马尼拉湾南部空降。

2月4日，菲律宾：美军从吕宋岛的每个滩头阵地发起进攻——将该岛一分为二——逐渐包围马尼拉郊区。

2月4日至3月3日，马尼拉巷战。

2月15—16日，美军在巴登半岛和科雷希多登陆。

2月19日，小笠原群岛：美军在硫磺岛登陆。

3月8日，菲律宾：美军在棉兰老岛登陆。

3—8月，被围困在吕宋岛和棉兰老岛上的日军被层层包围。

3月27日，硫磺岛终于被肃清。

4月1日，琉球群岛——日军本土外的最后防线：美军在冲绳登陆，最初没有遇到抵抗，但该岛由日本第三十二军驻防。

5月29日，冲绳日军防线的重要阵地被攻克。

1943年3月,为了对抗英军的第一次"钦迪特"远征,日军士兵正在缅甸的舒皮山上攀爬。他们混搭穿着各色衣物。所有人都戴着有遮阳帘的作训帽,有的人把热带上衣装在背包里,只穿着衬衣行军。队列最前面的日军手臂受伤,用一面"旭日"旗包裹起来吊在胸前。日军士兵很擅长在这样的地形中行军,而且就算有可以利用的道路,他们也经常缺乏可供使用的运输工具。

6月19日,第一次有大规模的日军部队自愿投降。

6月30日,冲绳岛上的有效抵抗宣告终结。

8月6日,美国陆军航空兵在广岛投下原子弹,造成8万人死亡,相近人数受伤。

8月8日,苏联向日本宣战。8月9日,在长崎投下第二颗原子弹,造成4万人死亡、6万人受伤。8月14日,日本同意无条件投降。8月15日,裕仁天皇向国民广播宣布投降决定。

9月2日,在东京湾的美军战舰密苏里号上,日本正式签署了投降协议。

主要战役年表

缅甸,1943—1945年

1942年12月,英国/印度军队沿着缅甸西北的若开海岸发起进攻。

1943年

2—3月,若开攻势停滞;但一支英国/印度混合编成的特种旅进行了第一次"钦迪特"远征,渗透到日军后方,并成功撤退(虽然伤亡不小)。

4—5月,日军第55师团在若开发动反攻,夺下了孟都,迫使英军撤回印度。

1944年

1月,英军再次进入若开地区。1月7日,日本大本营发布作战计划,要求日军第十五军向英军的关键基地英帕尔发起进攻,同时第55师团在若开发起第二次反攻。

2月6—26日,因为被包围的英国/印度军队获得了持续的空中补给,日军的若开反攻失败。

3月6日,史迪威将军指挥的中国驻印军在缅甸北部的孟关,对日军第18师团获得大胜。

3月8日,日军开始英帕尔攻势;第33师团进攻铁丁,第15师团进攻英帕尔,第31师团进攻关键的科希马。在这次攻势中,日军缅甸方面非常缺乏运输工具,以至于征召了1.5万头牛。

3月5—12日,第二次"钦迪特"远征中,温盖特将军指挥的4个英军旅中的2个在日军后方的伊洛瓦底江空投,为中国驻印军吸引了第18师团的部分兵力。

4月5日至6月底,一小支英军部队在科希马被包围,一直坚守到4月18日援军赶到。之后盟军在此地与第31师团展开血战,持续了2个月之久。

在中国战场上的一处废弃的建筑内，一个日军机枪组准备趁拂晓微光发起偷袭。所有人都穿着九八式夏季上衣，搭配薄长裤和裹腿，帆布盔罩上有的附有盔网。中间一人的右胸口袋上方隐约可见红色的步兵倒置"W"字V形兵种章。比较特别的是，前景中的日军士兵端的是一挺M1918A1款勃朗宁机枪，应该是从国民党军队中缴获的。

4月19日至6月底，在距离英帕尔很近的地方，日军第15师团无力再进，转入防守。

6月22日，英帕尔—科希马的交通线被再次打通。6月26日，钦迪特特遣部队占领孟拱。

7月11日，由于后方受到威胁，损失了6万人（英军损失了1.7万人），并且补给非常缺乏的日军第十五军开始撤退。

8月3日，中国驻印军占领密支那。

9月24日，日军南方军①总司令寺内寿一元帅②命令缅甸方面军的中村明人中将固守缅甸南部，但不可能指望任何补给；本田指挥的第三十三军固守腊戌；第十五军防守曼德勒、密特拉和上伊洛瓦底江；第二十八军防守从仁安羌到仰光的下伊洛瓦底江。

1944年10月至1945年5月，缅甸战场的转折点到来。斯利姆将军指挥的英国第14集团军开始转入反攻并在整个季风季节中持续推进。在英军的左翼，中国驻印军也向南推进。从1945年1月起，英军的一个军也从右侧沿着若开海岸推进。虽然实力悬殊，并且从未真正长时间阻止盟军的进攻，但这些数量逐渐减少、衣不蔽体、饥肠辘辘的日军还是负隅顽抗，并多次发起试图冲破包围网的反攻。

12月3日，英国第14集团军从3个地点渡过钦敦江。

1945年

1月7日，英国第14集团军抵达瑞波。

1月14—16日，第14集团军在伊洛瓦底江建立了渡江桥头堡。

1月22日，从印度通往中国的补给线路再次被打通。

3月3日，密特拉被盟军占领，溃退的日军从曼德勒向南逃离。

3月4—28日，日军第三十三军在密特拉附近发动大规模反击。

3月9—20日，曼德勒被盟军占领。斯利姆将军麾下的部分部队向南

①南方军为日军总军级。"二战"中日军总共设置了6个总军，是日军最高编制，为战略战役集团，包括中国派遣军、关东军、南方军、本土第1总军、本土第2总军和航空总军。日军缅甸方面军为南方军下属编制。

②日军元帅，曾任日军华北派遣军司令，侵略华北。1941年后任日军南方军总司令。1946年作为甲级战犯嫌犯在被远东军事法庭审判前病死。

日军雪橇部队正在千岛群岛巡逻，这是日本本土列岛的北部防线——这张照片提醒我们日本陆军面对的极端天气，除了炎热和潮湿，还有类似在阿留申群岛、中国东北、华北地区的寒冷。这些日军在九八式制服外罩着白色防寒服，并且有白色的盔罩。虽然在这一时期的日军宣传中经常出现雪橇部队的身影，但其实在大战中他们并没有发挥战斗作用。

抵达锡当河，切断了日军第二十八军向西的退路。

4月6—20日，日军第三十三军在瓢背被分割包围并大部分就歼。

4月23—30日，通往仰光路上的同古、勃固被盟军占领。

5月6日，英国第14集团军与若干地区的部队会师，包围了锡当河以西的日军。

7月3—11日，日军第三十三军的残余部队，为了协助被围困在同古附近的日军第二十八军的突围，发起了牵制性进攻，但都以失败告终。1.8万名日军中只有不到6000人狼狈地逃过锡当河。

9月11—12日，日本南方军在仰光和新加坡正式投降。

中国，1943—1945年

虽然大量的日军部队在中国东北及南方沿海执行占领任务，并不断地被游击队（主要是共产党领导的游击队）袭击，但依然能够腾出手来在南方对蒋介石的国民党军队发动周期性的进攻。蒋介石拥有美军的空中支援，并且依靠美军补给，但却勉强接受了将美国顾问史迪威将军任命为缅甸的中国远征军的主要指挥官。（蒋介石全力提防与限制中国共产党——他只是在表面上联共抗日。）在北方，日本关东军依旧控制着傀儡政权"伪满洲国"。到1945年中期时，侵华日军将会累计付出114万人死亡、24万人失踪和29.5万人受伤的代价。[①]

1943年

3月8日，日军渡过长江，向湖北、湖南的大米产区发起进攻。中国远征军参加缅甸战役。

1944年

4—9月，日军发动"一号作战"攻势，25万日军从北向南进攻，广州的5万日军也向西进攻。实际参战的中日两国军队近百万人。日军的进攻目标之一是要摧毁美国在中国境内的B-29轰炸机机场。虽然有美国空军的援助，但国民党军队还是在湖南省被日军打得丢盔弃甲，日军于6月占领长沙，9月占领衡阳。但美军的B-29机群转移到了马里亚纳群岛，并在10月从天宁岛机场起飞轰炸日本本土。

---

① 关于"二战"中在中国战场上被击毙的日军人数，一向没有准确统计。美军战后统计约44万人，国民政府统计约48万人。但也有部分数字统计超过100万人。此处数据为原书数值，仅供参考。

缅甸战场上的一名日军军官正在检阅步兵。他们穿着标准的热带短袖制服,可以看到,尽管都背着背包,但前景中的两名日军只穿着底衫。所有人都在作训帽和背包上插着树叶进行伪装。最右边的一名日军带着一把锯木头的锯子,右数第4名日军装备着一把缴获的汤姆逊冲锋枪,右数第3人携带着一挺早期的6.5毫米十一式轻机枪,其余人都装备着有阪步枪。

1945年

4月5日,苏联告知日本,《互不侵犯条约》将在一年后过期。

(8月6日,美军在广岛投下原子弹。)

8月8日,苏联向日本宣战。第二天,拥有4500辆坦克的76个苏联红军师从东、西北和西方3个方向攻入东北。尽管关东军誓死抵抗,但苏联红军很快歼灭了日军。中国共产党领导的武装力量也向东北挺进。

8月21日,日本关东军最终投降。

南太平洋及西南太平洋
所罗门群岛:

1942年

8月7日,美国海军第1陆战师在瓜达卡纳尔登陆,在亨德森机场附近建立起了桥头堡。主要由建设部队组成的2200人的日军进行了轻微抵抗。18日,隶属于日军第7师团的市来大佐指挥的第28步兵联队第2大队在美军阵地东部登陆,同时,第5横须贺海军陆战队的500人在西面登陆。21日,市来大佐的部队在泰纳鲁河口发起的进攻被击退并被歼灭。29日,从布干维尔赶来的日军第十七军的首批增援部队抵达:川口将军的3000人的第35旅团(3个大队。包括第28、124联队);第十七军的百武晴吉中将负责全面指挥。

9月12—14日,川口在向被称为"血腥山脊"的珊瑚脊发起的进攻中被击退。

10月,日军第2、第38师团的首批部队登陆。

10月23—25日,日军对亨德森机场外围的进攻被击退。

209

12月9日，美国陆军第23师接替了海军陆战队，接着美军第十四军的剩余部队陆续登陆。

1943年

1月8—24日，美军在奥斯丁山和马坦尼考河附近发起进攻，将残存日军赶入了瓜岛西部。

2月1—9日，日军从瓜岛撤退，在7个月的战役中，付出了2.5万人阵亡、4万人受伤的代价。

8月21—25日，美军在付出1094人阵亡的代价后占领了新乔治亚岛，消灭日军2500人。

11月1日，美军某部第一批6.2万人登陆布干维尔岛，当时该地有日本第十七军的4万人在内陆负隅顽抗。

12月15—26日，美国海军陆战队在新不列颠岛登陆，此处有1万名日军驻防。美军成功地在格洛斯特角的机场附近建立起了大片的滩头阵地。但内陆的战斗却持续了数月之久。

1944年

3月8—24日，布干维尔岛上的1.5万名日军发起反攻，付出8000人阵亡的代价后失败。残兵逃入内岛。虽然直到1945年9月岛上最后的日军正式投降后，零星的战斗才最终结束，但布干维尔岛从1944年5月起就算基本肃清。

吉尔伯特群岛和爱丽丝群岛：

1943年

11月20—23日，得到拥有1.8万人加强编制的美国海军第2陆战师，夺下了塔拉瓦环礁中的主要岛屿——比休岛。仅有2600人的日本海军步兵在海滩周围掘壕以待，但基本没有防御纵深。他们几乎战斗至最后一人，使美军付出了1000人阵亡和2000人受伤的代价，其中大部分都是损失在海岸登陆初期。交战双方都从这场第一次重要的反登陆作战中汲取了经验。之后日军会在岛屿内陆建立复杂而坚固的防御体系。在同一时间段，美国陆军部队在微弱抵抗的情况下占领了马金岛。

新几内亚：

1942年

3月8日，日军在新几内亚东北海岸登陆。

5月4—8日，日军侵略部队从拉包尔向莫尔兹比港启航。该港是澳大利亚在新几内亚南部海岸至关重要的港口，是在与日本海军珊瑚海海战失利后重建的。

7月21日，来自日军第十八军的第20、第51师团的13500名日军，开始在北部海岸的布纳附近登陆。他们试图从科科达小径穿过欧文斯坦利山，这里几乎称得上是地球上最恶劣的地形。整场战役充满着血腥味儿——近距离的丛林战斗且补给困难。

8月16—31日，小股澳大利亚军队的奋勇战斗迟滞了日军的进攻。澳大利亚第7步兵师的部分部队赶来支援。日军在萨拉毛亚登陆。

8月26日至9月6日，由2000名日本海军陆战队在米尔恩湾发起的登陆进攻被击退。

9月6日，日军迫使澳大利亚部队从科科达小径撤退至伊米塔山脊。

9月23日，澳大利亚军队从伊米塔山脊发动反攻。已经疲饿交加的日军且战且退，被迫撤回到北方海岸。

10月，美军第32步兵师和澳大利亚第6步兵师的部分部队抵达。

12月23日，澳大利亚军队攻克布纳。

1943年

1月，美军第41步兵师和日军第41师团分别登陆。1月22日，盟军进入沙那纳达。

5—8月，澳大利亚军队向防守莱城和坦布山的日军发起进攻。

9月11—15日，莱城和沙那纳达被盟军攻克。日军被封锁在狭窄的休恩半岛。当月，澳大利亚第9步兵师登陆。

10月2日，澳大利亚军队攻克日军控制的芬什港。

10月16—19日，日军第20师团发起的反攻被击退。

1943年11月至1944年1月31日，澳大利亚军队正面推进，美军迂回登陆，突破了日军第20、第51师团的抵抗，将其赶出了休恩半岛。10月间，1.3万人的日军部队有3100人被击毙，5000人受伤，另在退入内陆的过程中因为饥饿和疾病有数千人死亡。1943年12月，日军第36师团抵达，接着在1944年4月第35师团也抵达新几内亚。

1944年

4月22—24日，盟军沿着北方海岸和近海岛屿向西北方向发动攻势。5月27日，美军在比亚克岛的登陆进攻遭到1.1万人日本守军的激烈抵抗。该岛于6月30日被攻克，但实际上直到8月20日岛上的残敌才被完全肃清。

被困在内陆山上的日军无力参与战斗，很大程度上被双方遗忘，最终在1945年9月投降。新几内亚总计17万人的日军部队中，最少有14.8万人死亡。一名隶属于日军第20步兵师团、第79步兵联队的士兵供述，他所在的联队在1943年1月1日从韩国的釜山出发时有4320人，另外还有约7000人的援兵随后赶来，但最后只有包括他在内的67名幸存者得以返回。

菲律宾

1944 年

10 月 20 日，拥有 20 万人的美国第 6 集团军开始在莱特岛登陆。

10 月 23—26 日，残存的日本海军力量在莱特湾海战中被歼灭。

当时才抵达菲律宾不久的日本将军山下奉文，统帅这一地区拥有 30 万之众的日本第十四方面军[①]。但最初部署在莱特岛上的只有铃木将军指挥的日本第三十五军，约 2 万人。由于季风气候，美军未能获得制空权，使得 4.5 万名日本援军登陆莱特岛。最终在莱特岛上参战的日军计有 6 个师团的部队另加独立部队。11 月，大雨、泥泞的地形，以及日军顽强的防守和充满攻击性的反攻，使得美军向岛内的推进非常缓慢，每一条山脊和河谷都成为必争之地。

12 月 6—7 日，日本空降兵向美军控制的机场发起空降偷袭，同时美军从南北两个方向发起总攻。

12 月 10 日，美军占领了日军位于奥尔莫克的增援港口。

12 月 15 日，美军在民都洛岛登陆。

12 月 19 日，铃木将军获知，吕宋岛上的日军再也不能向他派出一兵一卒的增援或是补给。他剩下的 1.5 万人部队被赶入了莱特岛的西北角。

12 月 25 日，铃木下令残存的日军用一切方式撤退。麦克阿瑟将军宣布莱特岛的抵抗终结，但实际上，零星的战斗还是持续了 4 个月之久。

对菲律宾本岛吕宋岛的战役，日军投入了比其他任何太平洋岛屿都多的部队，而美军兵力的投入则是"二战"中仅次于西北欧战场的规模。虽然很多部队都被严重削弱，并且缺乏食物、弹药和运输工具，但吕宋岛上的日本守军毕竟还有 25 万人之多。山下奉文将军计划放弃中部平原和马尼拉，在以下 3 个要塞区域布防重兵以抵御盟军的进攻："尚武集团"（15.2 万人）防御北面的碧瑶、中央山脉以及卡加延河谷；"振武集团"（8 万人——其中包括不属于山下奉文直接指挥的负责防卫马尼拉的日本海军陆战队）防守马尼拉东部山区；另有"建武集团"守卫克拉克以西的山区。以及巴登半岛。与之前一样，日军的部队、火炮和坦克都在这些防守区域被精心布置严阵以待。

1945 年

1 月 9 日，美国第 6 集团军的首批部队在西海岸的林加延湾登陆。美军第十四军向南进攻马尼拉，只遭遇了微弱的抵抗。而美军第一军从东面

1944 年 5 月的英帕尔攻势中，一个隶属于日军第 33 师团的喷火器小队正沿着一条战壕小心翼翼地推进。日军这场号称要"打进印度"的攻势最终失败，并使得缅甸战场的局势逆转。前景中的日军在背上携带了一个小队级金属水箱，在底部隐约可见水龙头；当他从一个阵地转移到另一个阵地时，口渴的日军士兵可以从他这里装满自己的水壶。至于他的个人水壶，则是早期版本的。

[①] 即原日本第十四军，1944 年升格为方面军。

和北面的迂回则要缓慢一些，战况也更激烈。

1月23日，美军第十四军在班班地区遭遇了"建武集团"日军的顽强抵抗，之后在克拉克西部山区也遭遇日军阻击。

1月28日，美军第一军在茶布朗山区遭遇日军"尚武集团"的抵抗，但在圣曼努埃尔击退了日军的大规模反击；并歼灭了日军第7坦克联队。"尚武集团"由此被阻挡在该地，不再对美军左翼构成威胁。

1月29日，美军第十一军在巴登半岛北方的西海岸登陆。

1月31日至2月2日，克拉克空军基地被盟军攻克。美军第11空降师空投至马尼拉湾南面。

2月1—8日，日军第6、第10坦克联队被歼灭，圣何塞被盟军攻克。美国第一军抵达东海岸，将吕宋岛一分为二。

2月3日，美军第十四军抵达马尼拉的北部郊区。

2月4日至3月3日，为争夺马尼拉，双方展开了血腥而残酷的巷战，这座城市几乎被夷为平地。1.7万名日本海军陆战队员在海军少将岩渊三次的指挥下防守该城（这违背了山下奉文的命令），最终有1.6万日军被击毙，美军则有1000人阵亡，5500人受伤；菲律宾平民中有超过10万人死于炮火和日军屠杀[2]。

2月15日，美军在巴登半岛登陆。

2月16日，美军在有5000名日本海军部队防守的科雷希多空降并登陆。

2月28日，科雷希多被攻陷，日军仅有19名幸存者。

3月8日，美军登陆有4.3万人防守的棉兰老岛。

随着马尼拉湾和克拉克空军基地被盟军占领并

日本陆相杉山元抵达菲律宾的一座机场，山下奉文（右）向其表示欢迎。杉山元穿着九八式军官版常服，在右肩上挂着将官饰绳。山下奉文则穿着军官版热带制服——图中的斑点是雨水的痕迹——戴了一顶质量上乘的软木遮阳盔，可以看到头盔前方的金色五星徽章。

在1941/1942年间指挥日军第二十五军入侵马来亚半岛时，山下奉文表现出了作为日军优秀战地指挥官的能力（也有当地英军指挥官不能胜任的原因）。尽管他在1944年秋天就被任命为菲律宾日军的总司令，但在12月前他的防御部署一直受到阻挠——此时莱特岛已经被盟军攻克——干扰的主要来源是日本陆军元帅、有伯爵爵位的南方总军司令官寺内寿一，从他设在西贡的指挥部对菲律宾防御部署指手画脚。在部分美国人眼中，与臭名昭著的"731部队"的指挥官石井四郎比起来，山下奉文在战后被处决的下场很值得讨论[1]。他被定下的主要罪状之一的大屠杀，其实主要责任应归于岩渊三次指挥的日本海陆战队，这些部队在山下奉文已经下令撤出的马尼拉与美军进行了血腥巷战。在太平洋战场和亚洲战场上，总计有4000名日本人因战争罪被逮捕，其中在1946—1951年间，有1068人被处决或死在牢狱中。

---

[1] 石井四郎是日军中将、关东军防疫给水部长、"731部队"的组建者。日本战败后，他用大量细菌实验的数据与美国政府交易，成功逃脱战犯审判，后于1959年在东京病死。山下奉文则被定为甲级战犯，处以绞刑。两者都是日本法西斯战犯，犯下了滔天罪行，对山下奉文的量刑并无不当。

[2] 马尼拉之战前，山下奉文命令日军全部撤出马尼拉，并宣布此地为不设防城市。但岩渊三次指挥的海军部队及3个大队的陆军拒绝服从命令。菲律宾平民死伤10万人，其中被日军屠杀和死于炮火的人数难以准确计算。但战后远东军事法庭裁定日军在马尼拉犯下了屠杀罪。岩渊三次在马尼拉被攻克后自杀身亡。

启用，吕宋岛上所有 3 个防守区域以及棉兰老岛上的日军都被封锁在荒野之地，直到 8 月集体投降。他们不断地遭遇重大伤亡。到投降时，总计 25 万人的日军只剩下约 6 万人。美军地面部队在菲律宾也有 8000 人阵亡，3 万人受伤。

中太平洋：

1944 年

1 月 31 日至 2 月 4 日，美军登陆部队夺下了夸贾林、那慕尔和马朱罗岛（马绍尔群岛）。驻扎在夸贾林环礁上的日军有 1750 人，另有 5000 名准备战斗的劳工；那慕尔有 2000 日军，但只有 600 人接受过军事训练，另有 1000 人为劳工。马朱罗未设防。美军总计伤亡 1800 人，日军伤亡 8000 人。

2 月 18—23 日，美军占领托尼威托克岛；3500 人的日本驻军拒不投降，全部被歼灭，美军付出了 1200 人的伤亡的代价。

6 月 15—17 日，美军在塞班岛（马里亚纳群岛）遭遇了顽强的抵抗和反击，该地有 4.3 万名日军。

7 月 7 日，4000 名塞班岛日军发动自杀式攻击，给美军带来大量伤亡，但有 3000 日军被击毙。7 月 9 日，塞班岛被美军控制，美军阵亡 3674 人，受伤 10437 人。日军则只有 2400 人侥幸活命。日本当局还逼迫本地居民自杀，在 8000~10000 人的塞班岛平民中有包括妇女儿童在内的 4000 人被夺去了生命。

9 月 15 日，美军在贝里琉岛登陆（帕劳群岛），此岛有来自日军第 14 师团和部分海军部队的 1 万 ~1.2 万人驻守，修筑了蜂巢型的隐秘工事。这些日军在岛上以狂热的姿态抵抗美军登陆并在坦克支援下发动反攻。当美国海军陆战队终于抵达山脊后，不得不在坦克和喷火器的支援下一个个地清除日军据点。在第一周内，美军第 1 海军陆战团就付出了 1749 人的伤亡。贝里琉——长度仅有 6 英里——在 10 月 12 日被宣布占领，但直到 11 月 27 日前都未完全肃清残敌。最终只有 361 名日军存活。

1945 年

2 月 19 日，来自美国海军陆战队 3 个师的 3 万名士兵在小笠原群岛的硫磺岛登陆。此处的日军是拥有 2.1 万人的第 109 师团，由工兵在岛内建立了大规模防御阵地，另外还有海军部队的支援，统一归日军栗林中道中将指挥。

2 月 23 日，至关重要的折钵山被盟军攻下，但围绕着日军坚固的防守碉堡和洞穴系统的激战还在继续。

3 月 4 日，在硫磺岛还处于激战的情况下，美军的第一架 B-29 轰炸机在该岛刚夺取的机场降落。

3 月 14 日，硫磺岛宣布被占领。

3月27日，日军最后的抵抗被粉碎。这个仅有5英里长、3英里宽的火山岛，使美军付出了包括近7000人战死在内的2.5万人伤亡的代价。最终只有1000余名日军存活。

4月1日，拥有5万人的巴克纳将军的美军第10集团军——这只是由7个陆军和陆战队师以及支援部队组成的18.3万大军中的第一批次——几乎未遭抵抗就在冲绳岛（琉球群岛）的东海岸登陆。此地被日本战时大本营视为本土列岛外的最后防线——也是在面临最终登陆本土之前最后削弱盟军的机会。日军牛岛满中将指挥的8万人的第三十二军——主力为第24、第62师团，以及虽然独立但强大的海军部队，另有3万人的非正规部队——在距离这座60英里狭长海岛的南部海岸10英里的首里地区构筑了严密的防御工事。在第一个星期内，美军的推进很迅速（但在海岸线上，大群日本飞机对美军舰队实施神风自杀攻击，造成了美国海军的严重损失）。到4月7日，已有两座美军机场投入运行。

4月9日，美军3个师向首里防线发动进攻，日军壁垒森严的防御体系和交错纵横的战壕抵挡了美军炮兵、空军和海军的狂轰滥炸。在顽抗的同时，日军反复发动反攻。

4月16—21日，美军占领西海岸附近的伊江岛，5000日军伤亡。

4月20日，冲绳岛北部被全部占领。

5月3—5日，日军在南部战线发动大规模反击，并配合空袭行动，最终失败，5000日军阵亡，日军第27坦克联队被歼灭。

5月22日，冲绳岛上暴雨倾盆，美军推进速度被延缓。

5月27日，冲绳岛首府那霸被占领。

5月29日，首里防线的中部关键阵地被美军突破。至此，已有6.25万名日军被美国部队击毙。残兵——包括1.1万名步兵——退缩至南部的最后防线。

6月4日，美军海军陆战队在小禄半岛登陆，迂回攻击日军防线的左侧。

6月18日，巴克纳中将被日军炮火击中身亡（在大战期间阵亡的美军最高军衔将领）。

6月19日，在美军的饱和攻击中，出现了第一支自愿投降的日军部队——约340人。

6月21日，约10200日军投降。

6月22日，牛岛满自杀。至此，冲绳岛战役基本结束，但在9月的最后一周内还是有零星的战斗，又有9000日军被击毙，2900人被俘。在冲绳岛上的日军总伤亡人数约在11万~12.97万人之间，其中绝大部分死亡。

1946年2月22日，马来亚，吉隆坡：参加这场投降仪式的有（从左到右）日军第7方面军总司令坂垣征四郎，参谋长绫部橘树，以及其他三名参谋军官。所有人都穿着深绿色棉质热带制服，搭配浅卡其色的作训帽。他们将要向盟军军官缴上佩剑，前三人将佩剑裹在有装饰的袋子里以示尊重。在1945年9月日本投降后，类似这样的投降仪式在各地陆续举行，持续了数月之久。

当然，有的部队从未投降；有些日军老兵穷极一生躲在丛林中负隅顽抗。日军少尉小野弘男就一直躲在菲律宾的鲁班岛中，直到1974年他的前指挥官向他下达直接命令后才走出丛林投降；而躲在泰国丛林中的田中清明和桥本重行两人更是到1990年1月才投降。

就如同在塞班岛一样，其中还有大量被日军强迫自杀的本地居民。美军第10集团军则有7613人阵亡和失踪，31807人受伤。

组织

日本陆军的作战编制和部队体系已在上一篇中进行了介绍。随着战争进程的发展，日军漫长战线上的部队实力和装备状况都在不断恶化——再加上至少在纸面上，日军组建了许多新的师团来为所谓最终日本本土列岛的大决战做准备——因此任何想要概括综述日军在此阶段组织和装备水平变化的企图都是徒劳无益的。

装甲部队

与大战期间的西方军队不同，日军并没有进行机械化改造。他们的陆军依然只是一支有中型火炮支援的步兵部队，许多运输工具都还停留在骡马阶段。尽管在1942年早期的马来亚战役中日军坦克部队取得了重大成果，但日本还是坚持将装甲力量拆分担任步兵支援的任务，只是相当于移动的碉堡。日本对成立可供调动的大规模独立装甲部队一直没有什么兴趣——除了在诺门罕前线对阵苏联时以外。当在1939年夏季的中国东北与外蒙古边境上被苏联红军教训之后，日军才开始将他们分散的坦克联队整合为大一点的坦克集群，但并非标准编制。1942年7月，部署在中国东北的日军坦克集群终于被改建为第1、第2战车师团，每个战车师团有两个战车联队，每个联队下辖两个战车大队，另有一个摩托化步兵联队和一个摩托化炮兵联队，官方编制拥有87辆轻型坦克、249辆中型坦克和40辆备用坦克。当年晚期，在中国战场上成立了第3战车师团，并在日本本土的千叶坦克学校成立了第4战车师团。只有第2、第3战车师团成建制地分别参加了1944—1945年菲律宾战役和1944年在中国战场上的战斗——在菲律宾的吕宋岛上，第2战车师团还是被拆分为了3个独立的联队级战斗集群。

步兵

这一阶段的日军标准步兵师团还是沿袭了"乙"种师团的"三三制"编制方式。3个步兵联队各自下辖3个步兵大队，另有支援和勤务部队。1944年时，师团编制已经从2万人削减到了1.6万人。但真实战场上的编制情况则根据实情大相径庭。经常会根据需要，从更高编制的直属部队中加强各种支援部队。

一名隶属于第47步兵联队的少佐穿着呢质九八式军官版制服拍摄肖像照。在衣领的军衔章后缀有阿拉伯数字"47"的徽章——尽管着装条例上有此要求，但这样的部队番号标识其实很少见到。他右胸口袋上方的红色布质倒置"W"字V形章为步兵兵种章。1940年之前，第47步兵联队都隶属于第6"熊本"师团，之后转隶第48"台湾"师团。这支部队最后在婆罗洲被消灭。

1944年乙种步兵师团

总共1.6万人、3466匹马/骡，包括：

3个步兵联队，每个联队2850人；

1个野战炮兵联队，2360人；

1个搜索联队，440人；

1个工兵联队，900人；

1个辎重联队，750人。

武器：6867支步枪，273挺轻机枪，78挺重机枪，264具50毫米掷弹筒，14门37毫米或47毫米反坦克炮；18门70毫米火炮，12门75毫米火炮；36门野战炮/榴弹炮——75毫米、105毫米、150毫米；16辆装甲车或坦克。

可以看到，在标准步兵师团中并没有迫击炮的编制，也许是因为每个步兵联队都有4门75毫米火炮，而每个大队都有2门70毫米火炮，所以迫击炮并非必需[1]。虽然日军也广泛使用过各种口径的迫击炮，但通常都是由更高编制司令部直接控制的独立迫击炮大队。但是在某些情况下，迫击炮也会配属或替换师团属炮兵联队的火炮。

在日军的战斗序列中还包括许多独立的步兵旅团或混合旅团。这些旅团由少将指挥，编制及装备用于执行某一具体任务或部署——从在幅员辽阔的中国占领区执行卫戍和内务任务，到在太平洋或缅甸战场上进行直接战斗。这些旅团的人数从3000人到6000人不等，装备水平也不一致，从只有轻武器的旅团到配备各种步兵炮的旅团，甚至可能加强配属迫击炮、火炮、防空和战车部队。美军情报机构曾经列出了日军旅团的大致编制：

独立步兵旅团

总共5580人，包括：

5个步兵大队，每个大队931人（每个大队下辖4个步枪中队，另有1个重武器中队；共有36挺轻机枪、36具50毫米掷弹筒、4挺重机枪、4门20毫米炮）；

1个炮兵部队，360人（2个炮兵或迫击炮中队；每个中队有4门75毫米或105毫米火炮，或4门150毫米迫击炮，又或8门90毫米或81毫米迫击炮）；

1个工兵中队，180人；

1个通信中队，180人。

一群日军坦克手在分享清酒，预祝在即将到来的战斗中获胜。所有人都戴着在侧面有调节拉绳的夏季版防撞头盔，戴着坦克手护目镜。右边和中间的人的左胸上有名牌标识。

在中国战场上，日军坦克几乎没有对手，因此日本也没有发展现代坦克和战术的需求。虽然在1941/1942年间对抗缺乏合适的坦克和反坦克武器支援的盟军时还算颇有威力，但日军7.5吨重的九五式战车——有37毫米主炮和最厚只有12毫米的装甲厚度——甚至还不如美军的M3A1斯图亚特轻型坦克。而15吨重的九七式战车有57毫米主炮和25毫米装甲，在1943—1945年间完全无法匹敌盟军使用的M3李式和M4谢尔曼式坦克。虽然在1942年5月，有一批先进一些的九七改坦克抵达菲律宾，使用了47毫米主炮，但在1944年6月之前并没有投入与盟军的战斗。在亚洲和太平洋战场上的美军和英军汲取了之前的教训，在所有前线上都将坦克部队作为重要的"碉堡破击"的手段。而日军继续以一种毫无想象力的方式使用坦克，经常或多或少地偏重于防守，把它们分散布置在坦克掩体中，进一步削弱了其功效。他们发起过的最大装甲部队反攻，是在塞班岛由第9坦克联队的九七改坦克进行，也不过只使用了区区44辆坦克。

---

[1]"二战"中，除了50毫米掷弹筒外，日军确实很少装备专门的迫击炮。但其70毫米火炮和75毫米火炮都是具有高抛角的步兵曲射炮，很大程度上能够代替迫击炮的功效。

独立混成旅团

总共 3800 人，包括：

5 个步兵大队，每个大队 580 人（每个大队下辖 3 个步枪中队，另有 1 个重武器中队；共有 12 挺轻机枪、16 具 50 毫米掷弹筒、8 挺重机枪、2 门 37 毫米反坦克炮、2 门 70 毫米火炮）；

1 个炮兵部队，415 人（3 个炮兵中队，每个中队有 4 门 75 毫米或 105 毫米火炮）；

1 个工兵中队，221 人；

1 个通信中队，128 人。

部署

就像在第二次世界大战的所有军队中一样，日军实际部署到某个特别区域或某项行动中的部队组成范围相当复杂，远不是按规定要以师团作为基本单位那样简单。例如，根据乔治·福尔蒂所著《日本陆军手册 1939—1945 年》中引用的美军资料，在 1943 年早期的西南太平洋战场上，日军的部队番号和部署就非常复杂。这份名单中包括 3 个完整的师团和第 4 个师团的一部分，另加 1 个独立混成旅团；但还有例如 1 个反坦克大队、2 个迫击炮大队和 6 个野战炮大队在内的额外师团属部队；另有 2 个反坦克炮、4 个防空、6 个探照灯中队；1 个工兵集群和 10 个工兵联队另加一些更小规模的工兵部队；2 支海军基地防御部队和 4 个通讯线卫戍部队。另加大量的通讯、辎重、建设、军械、医疗和其他特种勤务部队。因为篇幅所限，本书列出的只是师团、旅团和部分联队的番号。其既有在 1945 年 9 月日本战败时的部署情况，也有更早期这一部队被歼灭时的部署地。以上资料大部分来源于其他军事史学者的著作。

日军步兵在一名拖着新军刀的军官的带领下冲过一片开阔地带。所有人都穿着衬衣，两名下等兵戴着普通的 1932 年款钢盔，军官戴着后期型号的软木遮阳盔。所有人都只携带了最少的战斗装备。

特别部队

宪兵队

日本陆军臭名昭著的宪兵队扮演着其他国家的军事警察的角色，但是，他们的其他任务和力量编制则远远超出普通宪兵的范畴。除了控制和约束日本士兵的普通宪兵角色之外，从 1881 年成立时开始，他们就要负

表1：1945年9月，日本陆军和海军陆战部队，部署情况

IIB 和 IMB= 独立步兵和独立混成旅团
IGU= 独立卫戍部队
IR 和 TkR= 步兵和战车联队
SNLF、NBF、NGU= 特设海军登陆部队、海军基地部队和海军卫戍部队

缅甸和暹罗（泰国）

缅甸方面军——第24、72 IMBs；第二十八军——第54师团；第三十三军——第18、31、49、53师团，及第2、4师团部分，第105IMB；第十五军（暹罗）——第15、33、56师团。
第18方面军，原第三十九军（暹罗）——第4、22、37师团部分，及第29IMB。

中国

第6方面军——第27、47、64、68师团，第7IIB、第22IMB；第十一军——第34、132师团，第85、88IMBs，第5、11、12IIBs；第二十军——第13、58、116师团，第81、86、87IMBs，第2IGU。
华北方面军——第118师团，第3战车师团，第1、8、21IMBs，第2、10IIBs；第一军——第114师团，第3IMB，第14IIB，第5IGU；第十二军——第110、115师团，第4骑兵旅团，第92IMB、第6、13IGUs；第四十三军——第5、9IBMs，第1IIB，第9、11、12IGUs；蒙古驻防军——华北特别驻防部队，第2IMB，第4IGU。
中国派遣军——第6IIB；第十三军——第60、61、69、70、133师团，第6、62、89IMBs；第六军——第3、34、40、65、161师团，第84IMB；第二十三军——香港和海南驻防部队，第104、129、130、131师团，第19、22、23IMBs，第8、13IIBs。

台湾

第10方面军——第9、12、50、66、71师团，第12、75、76、102、103IMBs。

印度洋

第7方面军——第46师团，第26IMB，第25IIR，第4IMR，第2NGU；第三十七军（婆罗洲）——第56、71IMBs；第十六军（爪哇）——第48师团，第27、28IMBs；第二十五军（苏门答腊）——第2近卫师团，第25IMB；第二十九军（马来亚等地）——第94师团，第35、36、37、70IMBs。

印度支那

第三十八军——第2师团部分，第21师团，第22师团部分，第55师团，第34IMB。

日本

第5方面军：第二十七军——第7、42、88、89、91师团，第43、69IMBs。
第11方面军——第72、142、222、322师团，两个IMBs；第五十军——第157、308师团。
第12方面军——第321师团，七个IMBs；第三十六军——第81、93、201、202、209、214师团，第1、4战车师团；第五十一军——第44、151、221师团；第五十二军——第3近卫师团，第147、152、234师团；第五十三军——第84、140、316师团。

东京防卫军——第1近卫师团；东京湾司令部——第354师团。
第13方面军——第153、229师团，3个IMBs；第五十四军——第73、143、224、355师团。
第15方面军——第144、255师团，4个IMBs；第五十五军——第11、155、205、344师团；第五十九军——第230、231师团。
第16方面军——第25、57、216师团，第4、98、107、118、122、125、126IMBs；第五十六军——第145、351、312师团。
第五十七军——第86、154、156、212师团；第四十军——第77、146、206、303师团。

南韩

第17方面军——第120、150、160、320师团；第五十八军——第96、111、121师团。

伪满洲国和北韩

第1方面军——第122、134、139师团；第三军——第79、112、127、128师团；第五军——第124、126、135师团；第四军——第119、123、149师团，第80IMB。
第3方面军——第108、136师团；第三十军——第39、125、138、148师团；第四十四军——第63、107、117师团。
第三十四军（北韩）——第59、137师团。

南太平洋和西南太平洋

第8方面军：第十七军——第39IMB；所罗门群岛——布干维尔岛，第6师团、第38IMB，另有原瓜岛和科隆班加拉残军，第13、229IR 一部；新不列颠岛，第17、38师团，第39、65IMBs；新爱尔兰岛，第40IMB；新乔治亚岛，第38师团的第229IR，第6吴市SNLF；吉尔伯特群岛，塔拉瓦，第7佐世保SNLF，第3NBF。

新几内亚和北澳大利亚

第2方面军：第十八军——新几内亚，第20、35、36、41、51师团，第2、5SNLF；比亚克岛，第222IR，第19NGU，第28SNBF；第二军——安汶岛等，第5师团；哈马黑拉岛，第32师团；西里伯斯岛，第57IMB。

菲律宾

第14方面军——第61IMB；第三十五军——莱特岛和棉兰老岛，第1、16、26、30、100、102师团，第54、55、68IMBs，第32NBF；吕宋岛"尚武集团"——第10、19、23、103师团，第2战车师团，第58、79IIBs；"建武集团"——第1突击集群，第10师团下属第39IR，第2摩托化IR；第四十一军——"振武集团"——第8、105师团，另有第31马尼拉海军防卫部队。

中太平洋

第三十一军——第49、50、51、52、53IMBs；小笠原群岛（硫磺岛），第109师团，第2IMB、第145IR、第17MIR、第26TkR、NGF；马里亚纳群岛，第43师团，第1、3横须贺SNLF，第47IMB、第55NGU；第29师团，第5IR、第135IR一部；贝里琉岛，第14师团；加罗林群岛，特鲁克岛，第52师团；马绍尔群岛，夸贾林环礁，第6NBF。
第10方面军：第三十二军，琉球群岛——冲绳岛，第24、62师团，第44IMB，SNBF、第27TkR；第28、45、59、60、64IMBs。

两名宪兵队军官正在用南部十四式手枪进行射击摆拍——关于这支陆军神秘部门的照片很少。两人都穿着热带制服，搭配色差很大的作训帽。不同寻常的是，两人都没有佩戴通常的有红色字符的白色识别袖标——见第240页插图A3。宪兵队的兵种色为黑色。像大多数日本军官一样，他们穿着棕色皮革高帮靴；宪兵队使用的通常是骑兵款。

责控制亚洲占领区的人民。1937年时，日本宪兵队共有315名军官和约6000人。从1942年开始，为了控制新近占领的"领土"，他们的规模扩张到了约3.5万名军官和士兵，其中约有10700人部署在日本本土，18300人部署在中国和朝鲜，480人部署在印度支那，1100人部署在马来亚，940人部署在暹罗（泰国），540人部署在缅甸，830人部署在菲律宾，1080人部署在荷属东印度和婆罗洲，745人部署在中国台湾，90人部署在太平洋岛屿上。

宪兵队要负责监管所有的盟军战俘和平民囚犯，接管军方的各地集中营。他们还要负责侦探和消灭当地人中的所有反日活动和反日思想；要建立间谍网络；签发通行证；征用民间财物，强征壮丁；还要为军队提供"慰安妇"。在中国和整个东南亚，宪兵队还要负责反游击作战，因此宪兵队长期招募本地伪军来协助他们。（日军对伪军的态度很恶劣，并且伪军最高只能升到军曹级别。）

在1942—1945年间，日本宪兵队要对部分（并不是全部）日军对平民和盟军战俘犯下的残暴罪行负责。他们被认为是某种独立力量（他们被授权可以逮捕比自己军阶高3级以内的日本军人），落入他们的手中就意味着严刑拷打和秘密处决。他们直接卷入了许多犯罪行为，比如走私毒品和假货。他们另一个臭名昭著的犯罪行为是在东北哈尔滨平房区负责运行731防疫给水部队（"731部队"），并在此进行了惨无人道的活人生化试验。

日本宪兵队的成员是从各个兵种中抽调的，在宪兵队军校接受一年的军官训练和6个月的士官训练后，分别授予宪兵佐官、宪兵曹官和宪兵上等兵等军衔。如果需要时，宪兵队也会从各个兵种抽调下等兵执行任务。宪兵队通常规模较小，有三种基本编制。每个方面军有一个由少将或大佐指挥的宪兵司令部。每个军则有2个或3个战场宪兵队，每个战场宪兵队有22名军官和352名宪兵，有一名中佐指挥。这些人员会被分为由一名大尉或中尉指挥的65人的宪兵小队。更进一步则分成由一名少尉或准尉指挥的20人的宪兵小分队。

日本海军有自己类似于宪兵队的组织，被称为"特警队"，由于日本海军也在大量占领区中执行卫戍任务，因此这一组织的职责内容与宪兵队基本一致。特警队在日军中的地位没有宪兵队高，但同样残暴，特别是他们对待婆罗洲百姓的手段臭名昭著。特警队经常与宪兵队一起行动，在新加坡还成立了一支50人的特警队以专门对抗共产主义游击队。

海军陆战部队

日本海军并没有像美国海军陆战队这样的编制,但当需要时会挑选一些战舰战斗中队执行地面任务。这些战斗中队被合并成2000人的"陆战队",通常下辖4个中队,每个中队有6个小队。日本陆战队首次大规模部署是在1932年的上海战役中,之后在1930年代广泛参加了侵华战争的各个战役。他们并没有按照陆军标准进行训练,但经常能为日军提供战场上急需的人力资源。

在太平洋战争爆发时,日军组建了一些"特设"陆战队以执行特别攻击任务。其中一个例子是有750人的第1"舞鹤"特设陆战队,参加了夺取威克岛的战斗。有的特设陆战队规模要大一些,有的则小得多——例如参加了入侵达沃港口的陆战队就只有60人,成员来自黑潮驱逐舰和神通轻巡洋舰的舰员。

在成功占领太平洋的岛屿后,特设陆战队则经常被指派执行卫戍驻防任务,以应对可能的盟军反攻。这些特设陆战队被分为3种不同编制,应对各种任务,从前线作战到工程建设:后一种部队是二线部队,主要职责是担任劳工,但当遭遇进攻时也会拿起武器参加战斗。日本海军陆战队的类型如下:

特设海军登陆部队,746~3251人

特设海军基地部队,1000~3000人

海军基地部队,1000~3000人

海军戍卫部队,200~2000人

海军防卫部队,200~500人

与日本陆军一样,日本海军特设陆战队的人员素质也在太平洋战争中不断下降。负责防守太平洋各岛屿的部队通常缺乏必要的步兵训练。但是,在防守时,他们的装备还算不错,有各种火炮和自动武器,并且经常盘踞在良好的防御工事中。在这种情况下,他们的战斗水平和表现尚属顽强,1943年11月20—23日之间的塔拉瓦环礁之战就是典型的例子。

塔拉瓦环礁的日本守军是第7佐世保特设陆战队的1497人和第3特设海军基地部队(从原第6横须贺特设陆战队更名而来)的1100人。另外还有第111建设部队的1247人和第4舰队建设部门的970人——后者大多数是朝鲜劳工,并没有什么战斗价值。指挥官是第111建设部队的村上中佐。日本人和朝鲜人在比休岛的周边修筑了大量可以互相支援的工

在太平洋某个岛屿上,海军士兵正在一个原木搭建的阵地上操纵13毫米口径的九三式双管重机枪。虽然在激烈的战斗中,更换弹匣降低了连续射击的能力,但这种武器能提供不错的通用防守火力。这些士兵都穿着薄棉布衬衣和半马裤组成的热带制服。可以看到炮手的右胸口袋上方有名牌标识,在帆布盔罩上也有海军陆战部队的海锚图标。

事。有的工事是由树干和沙子构成，其上的覆面厚达 7 英寸；其他的则有厚达 16 英寸的混凝土加固。这些防御工事之间用开放式战壕和机枪掩体连接，周围布满铁丝网、地雷、原木和混凝土障碍物及反坦克壕。除了步兵中队携带的普通步兵支援武器外，共有超过 50 门从 37 毫米到 205 毫米口径的火炮，以及约 30 挺单管或双管 13 毫米重机枪，围绕着外滩阵地层层密布。7 辆九五式轻型坦克埋在隐蔽战位里。大多数掩体都在美国海军和空军的轰炸中受损不多，当美国第 2 海军陆战师发起登陆作战时，日本守军以惊人的决心抵抗了 3 天半之久。在不到四分之一平方英里的珊瑚和砂

这是一张日本海军伞兵的合照，可能拍摄于 1942 年日军占领古邦后。他们采用了步兵式装扮，戴着跳伞钢盔，穿着标准的海军绿作战服，右袖上有海军蓝色布质圆章，其上有军衔标识。由于时间尚早，所以他们装备的应该不是可以拆卸的 7.7 毫米九九式步枪改进版二式伞兵卡宾枪，之后这种枪成为其标准装备。可以看到伞兵特殊的帆布弹药袋，以及军衔章——初级水手（红色交叉海锚）和上等水手（红色海锚，其上有黄色樱花）——详见附表。

石间，美国海军陆战队付出了 1005 人阵亡或失踪，以及 2296 人受伤的代价。所有 4836 名守军中只有 136 人存活——其中 129 人是朝鲜人。这场激烈的战斗说明，至少有一些日本海军陆战队有能力与日本陆军中最精良的部队一较高下，并且在那场战斗的最后阶段，很多人在他们的阵地上自杀，以表达自己对天皇所谓的"忠诚"。

在太平洋战争的剩下阶段中，日本海军陆战部队占据了日本岛屿守军的很大一部分。在塞班岛，第 1、第 2 横须贺特设陆战队的伞兵组成了一支单独的部队作为普通步兵参战，并最终被全歼。海军陆战部队——大部分是炮手——还参加了硫磺岛的防守。在冲绳岛守军中也有 1 万人的海军陆战部队，他们在太田海军少将的指挥下，在小禄半岛负隅顽抗，对盟军造成了 1600 人的伤亡。如前文所述，有 1.7 万人的海军部队在马尼拉进行了血腥残酷的巷战——他们也要对屠杀平民负责。当盟军横越太平洋时，漏下了很多较小或不那么重要的岛屿，这些岛上的日本海军陆战队最终在 1945 年 8 月日本战败后投降。

陆军和海军伞兵

在 1930 年代晚期，日本陆军和海军都开始发展自己的空降部队，这

一进程在日本大本营被德国在 1940 年的闪电战役中对伞兵力量的运用所吸引后大大加快。到 1941 年底，日本有大约 1.4 万名经过训练的伞兵部队。

陆军伞兵最主要的空投行动发生在入侵荷属东印度期间，位于苏门答腊岛的巴邻庞。1942 年 2 月 14 日，日军第 1 伞降突击联队的 425 人被空投在该地机场，同时第 2 伞降突击联队也在巴邻庞镇附近着陆，占领了这一重要的石油产区。

海军的空降部队——是海军陆战部队的一部分——事实上比日本陆军的空降部队更强。第一支部队是横须贺第 1 特设陆战队，成立于 1941 年 9 月，共有 520 人。这支部队于 1942 年 1 月 11 日在荷属东印度西里伯斯岛的万鸦老机场成功进行了空投。成立于 1941 年 10 月的横须贺第 2 特设陆战队，有 746 人，但从来没有进行过空投作战。成立于 1941 年 11 月的横须贺第 3 特设陆战队有 849 人，参与了 1942 年 2 月 20 日入侵荷属西帝汶岛的战斗，空投了 630 人。这次针对该岛的澳大利亚和荷兰守军的战斗还算成功，但代价非常高：日军被击毙 550 人——占了参战人数的 87%。

与盟军和其他轴心国军队的空降部队一样，日本伞兵在空降行动中的损失比例非常高；日军后来认为这些训练要求很高的士兵一旦损失很难得到补充，这样的代价和他们取得的战果比起来得不偿失。与德国一样，日本后来决定将伞兵简单地作为精英轻步兵使用。海军伞兵因此在太平洋岛屿上执行防守任务。如前文所述，横须贺第 1、第 3 特设陆战队的伞兵组建的联合部队在 1944 年 6—7 月的塞班岛战役中被全歼。后来以陆军的第 1、第 2 空降旅团成立的第 1 突袭集群在 1944 年 12 月被派往菲律宾以步兵作战方式战斗。这个集群有 1 个航空旅团——但飞机总是短缺；以及 4 个编制不满的突袭联队——2 个伞降联队，2 个机降联队，共有 5205 人。1944 年的空降突击联队有指挥小队（80 人）和通信小队（30 人），3 个步枪中队（每个 155 人）以及 1 个重武器中队（125 人）。从这支第 1 突袭集群开始，日军陆续组建了一些空降敢死队——"玉碎"特种部队，来执行特别攻击任务。

"玉碎"特种部队

1944 年末开始，陆军伞兵开始组建"玉碎"特种部队，其主要任务是攻击美军机场。1944—1945 年间，美军在太平洋和亚洲战役中拥有的制空权确实至关重要，但日军这种认为发起局部突袭就可以扭转局势的想法无异于天方夜谭。尽管如此，在富永恭治中将的指挥下，这些特种部队还是采用运输机或改造过的轰炸机伞降或机降的方式渗透到目标机场附近。"玉碎"特种部队的首次行动，是在 1944 年 12 月 6—7 日，第 1 突袭集群的 750 人搭乘——每架飞机 13 人——Ki-57 运输机飞向菲律宾的各个机场,包括杜拉格的两座机场和莱特岛塔克洛班的两座机场。这基本上就是自杀任务。他们被命令摧毁尽可能多的美军飞机,然后坚守阵地战至最后一人。尽管有 300 名日军敢死队在一个目标机场附近着陆,但其余飞机都被击落。这些着陆的日军进行了几小时抵抗后就被全部歼灭,并没有造成什么实际的破坏。

"玉碎"部队实施的最出名的行动,发生在 1945 年 5 月 24 日/25 日夜间,9 架三菱 Ki-21 轰炸机起飞攻击冲绳岛上的读谷机场,每架飞机上搭乘了 14 名日军敢死队员。虽然 4 架飞机被击落,但其余 5 架飞机在机场成功迫降。在"玉碎"敢死队员发起的进攻中——他们装备着冲锋枪、白磷手榴弹和炸药——摧毁了 7 万加仑的航空汽油,摧毁了 9 架并损坏了 26 架美军飞机。

日军曾计划在 1945 年 8 月 9 日对在塞班岛、天宁岛和关岛的美军 B-29 轰炸机基地实施大规模空袭,动用 200 架运输机,搭载 2000 名"玉碎"敢死队员,但这些飞机刚被征集起来就全部被击毁在地面,计划因此取消。

一名日军伍长从印度尼西亚的一辆公车上下来,一旁的女性司机按照日本占领军的要求对其鞠躬。这名日军穿着卡其色夏季衬衣,在左袖上可以看到军衔章,右胸袋上方则有兵种章。在衬衣下他还穿了一件纯白色衬衣,衣领外翻盖住了他的军衔领章。他的裤子是骑兵马裤,搭配的是一条看上去应该是骑兵款的佩剑腰带。

外国辅助部队

"高砂"挺身队

日本社会有严重的种族歧视,所有的"外人"都被认为比最低等的日本人还要低劣。日本陆军并不愿意使用日本占领区的人力资源,但唯一的

日本陆军航空兵的奥山大尉在机场接见一群即将发动自杀攻击的"玉碎"敢死队员。敢死队员的制服自行涂上了伪装图案——见第 246 页插图 G2。在左侧一人的身上,可以看见帆布手枪套附在特别的二式弹药携具的右臀处。这些敢死队中很多人都装备着百式冲锋枪。"玉碎"敢死队员还另有一套特殊的短上衣,在上部和前襟上有额外的口袋。

例外是从中国台湾的"高砂族"①中征召的突袭部队。这是一支中国台湾的高山土著民族,因其卓越的战斗技巧而闻名。"高砂族"人被迫征集入伍,成立了以日本人为基干的第1、第2"挺身队",并在日本陆军中野学校接受游击战训练。训练之后,第2"挺身队"被派往新几内亚的莫罗泰岛,担任丛林向导和追击游击队的任务。第1"挺身队"则在派往新几内亚的途中,因为美军于1944年10月在莱特等登陆,而被滞留部署在菲律宾的吕宋岛上。在菲律宾战役期间,美军的空中优势未能发挥:空军作战行动因为倾盆大雨和对大多数飞机而言都太过松软的地面而被阻碍,但日本空军从菲律宾其他岛屿起飞的飞机则尝试掌握了制空权。日军指挥部因此决定用第1"挺身队"进攻美军主要的空军基地布劳恩机场。为此将第1"高砂"挺身队改称"薰空挺身队",计划让他们在机场附近迫降,并用敢死队摧毁尽可能多的美军飞机。这一计划最终失败,只有极少数飞机成功降落,"高砂族"敢死队员要么被当场击杀,要么逃入丛林深处消失得无踪无影。

① "高砂"一词在日语中是风景美丽之意,1923年,时为皇太子的裕仁抵达台湾,用"高砂"一词称呼台湾原住民。1936年,日本驻中国台湾总督府将原住民的称谓从"蕃人"改为"高砂族"。

日军中的韩国人

朝鲜从1910年开始就是日本的殖民地,其人民也就成为日本人。可以预见的是,朝鲜人被日本人公开种族歧视,反对他们担任任何军事责任。但到了1942年,人力资源的缺口迫使日本做出了改变:有约20万朝鲜人接受了日本征兵委员会的体检,其中13万人被征召入伍。大多数朝鲜人被定义为支援和建设角色,通常配属在劳工部队,在太平洋岛屿上修建防御工事和机场。这些朝鲜人主要是在1000人左右规模的海军平民工兵和建设部队中服役,由1名日本军官和100名武装的日本监视者管理。

其他朝鲜人也会被部署在日本本土担任支援勤务,以期能解放更多的日本人力投入战斗。他们被日本人认定更像工人而非士兵,很少配发步枪。但是当兵源短缺到一定程度时,在新几内亚和缅甸战役的最后阶段,还是有一些小规模的朝鲜人部队与日军一起在战场上战斗。

与这些劳工相区别的是在日军部队中担任支援勤务的朝鲜"军事化平民"部队,他们有自己的制服和标识。从事这类勤务工作的日本平民通常都是志愿者,而朝鲜人则都是被拉的壮丁。在整个大战期间,这种朝鲜征召兵共有15万人,其中8万人在海军服役,7万人在陆军服役。

在大规模征召朝鲜人之前,已经有一小部分朝鲜志愿者在日军中服役,其中约有3000人是在盟军战俘营担任警卫。这些朝鲜仆从部队在他们的日本主人那里获得的待遇极低,并经常被残忍对待——即使按照所有日本士兵忍受的标准来说,都算得上是虐待。作为发泄,他们对待盟军战俘就更加血腥和残酷。战俘营警卫的地位比最低军衔的日本士兵还要低,一名日军士官就有权领导这些部

日军占领下的中国台湾"高砂"挺身队的士兵正在摆拍宣传照,挥舞着他们的传统土著刀。他们穿着代替热带制服的训练罩衣,搭配标准的1932年款钢盔。在他们胸前的帆布口袋里,装着试图用来击毁盟军飞机的手雷和炸药包。

队。例如，一个战俘营的韩国警卫共有 30 人，指挥官不过是一名日军上等兵。

1945 年，"满洲"和日本

关东军

1945 年 8 月，面对苏联红军的日本关东军早已徒有其表。其大部分条件稍好的部队和重型装备都被转运到了太平洋战场。从 1944 年 2 月起，关东军有 12 个师团被调走，包括其第 2 战车师团被派往了菲律宾。两个其他师团被分别派往了华中和台湾地区。与此同时，大部分关东军的空中力量都被调往了菲律宾。

从纸面上来看，关东军依然拥有很强的实力，大约有 70 万人，但任何近距离观察者都可以为它挑出无数弱点。被派往这一地区的援兵主要是由年长者和身体条件欠佳的士兵构成，这些人员在之前都被认为是不适合执行军事勤务的。其他补充兵则是来自平民，包括未成年的学生，以及退伍后在"满洲"地区生活的年长日本殖民者。据说，当苏联红军攻入"满洲"时，关东军中 25% 的士兵都是 10 天前才被征召入伍的。这些部队的人员素质低下，装备也不充分，并没有真正的战斗力，只能进行象征性的抵抗。1945 年 8 月时，号称有 24 个师团的关东军的真实战斗力最多只相当于 8 个师团，而且士气低迷，新兵则称自己是"肉弹""玉碎队""满洲孤儿"和"被粉碎的人"。

1945—1946 年，日本本土防御计划

盟军曾计划：在 1945 年 11 月执行代号为"奥林匹克"的作战行动，登陆日本南面的九州岛；接下来则会是"短号"作战行动，在 1946 年 3 月 1 日登陆日本本州岛。上述计划准备使用超过 3000 艘船只，如果执行，将是人类历史上规模最大的两栖登陆行动。美军为"奥林匹克"行动指派的美国第 6 集团军，指挥 3 个海军陆战师、1 个装甲师和 9 个步兵师。美军估计对九州和本州的登陆——两者合称"落日"行动——会付出至少 25 万人伤亡，日本被认为会以极度的狂热防守本土。

日本方面则制订了"决号"作战计划，企图实施全民防御。日本的男女高呼着"一亿玉碎"的口号，准备负隅顽抗到最后一人。他们被日本的军国主义宣传所蛊惑，坚信如果被美国人生擒，将会遭遇最残暴的对待，被鼓励以死抗争，成为靖国神社里的"英灵"。这种宣传在日本人的思维

位于日军占领的荷属东印度的某处盟军战俘营的朝鲜看守。他们很不寻常地打扮一新，穿着夏季衬衣，搭配马裤和作训帽；两人按照日军方式将白色衬衣衣领翻出。在左胸袋上方佩戴了他们的名牌标识，左臂上有看守兵的红白色徽章。

中根深蒂固，并且已经在塞班和冲绳造成了大量惨剧。

日军征集起来试图防御本土的力量数字大得惊人。在日本本土的正规陆军和陆军航空队约有 235 万人之多，包括：53 个师团、23 个步兵旅团、2 个战车师团、7 个战车旅团。为了防空，另有 4 个防空师团；为了应对内卫问题，将宪兵队也扩充至 2 万人。在正规军之外，还有 225 万人的陆军劳工部队、130 万人的海军劳工部队，以及 25 万人的特设卫戍部队。

但是，这些荒谬的数字并不是事实的全部。武器供应非常紧缺，随着战争进入末期，天空中满是美军的轰炸机，只有极少数的新步枪得以生产。武器被迫实行配给制：每 10 名新兵中只有 1 把步枪，会配给最有经验的人。大多数新征兵被送去进行劳动，徒劳地等待配发武器。日本高层曾希望如果武器生产可以恢复，在 1946 年 2 月时，应该可以为新征兵提供足够的步枪、机枪和火炮。

日本的作战计划是在盟军登陆后继续进行抵抗，特别是东京要战斗到底。位于城市西边的天皇皇宫将成为防御体系的中心。1945 年 6 月，东京防守军成立，负责首都卫戍。并将长野县某地设为临时皇宫，计划天皇在此处继续指挥抵抗。虽然这一计划并没有实施，但日本在本州岛的松代①象山地区修筑了规模宏大的地下大本营，在战争结束时，已经挖掘了 6 英里长的地道。日本的许多计划都只停留在理论上，因为这个几近被完全摧毁的国家的后勤系统已经完全崩溃了。

民兵

除了正规军以外，日本还从所有有行动能力的平民之中征召了数量庞大的民兵，被编入各种民兵部队，其纸面统计数据高达 2800 万，男女皆有。有以下 3 种层面的民兵组织：

特设卫戍部队——由曾有正规军服役经验的人组成，配属给正规军担任劳工和其他支援勤务。如果遭遇攻击，他们必须利用手边的任何武器投入战斗。

独立民兵中队——主要从预备役中征召，同样主要承担劳工任务，但当被攻击时必须要像战斗部队一样投入战斗。

1944—1945 年，日本本土：一名日本陆军士官正在训练一群女性志愿者使用竹枪，以准备应对盟军的进攻。他穿着基本的 1938 年款制服，搭配棕色皮革及踝鞋和高裹腿。他唯一可以被看见的武器是铝制刀柄的 1935 年款士官版新军刀（可以看到是系在上衣的带扣袢带上），他也许还在右臀上别有一把手枪。

①松代也在长野县。

平民志愿军——基本上包含了所有的成年人口，即 15~60 岁之间的男子和 17~40 岁之间的女子。他们必须执行所有政府布置的任务，包括从事粮食生产。同样，当美军开始攻击后，他们也会被要求用任何配发或能找到的武器投入战斗。

美军在 1945 年使用原子弹这一事实曾在战后引起过巨大争论。支持使用原子弹的人认为，如果盟军被迫登陆日本本土包括美国、英联邦在内的盟军士兵、陆战队员、水手和飞行员的牺牲人数将远远大于使用原子弹带来的平民伤亡——事实上，日本平民已经被灌输了自杀式抵抗的思想。除此之外，日军已经下令处决所有盟军战俘，并且有些地方已经开始执行。在冲绳岛和其他地方发生的经历，更加支撑了这一观点。

制服和装备，1942—1945 年

热带制服

这一阶段，日本陆军的大部分战役都发生在热带区域，因此从 1930 年代起日军发展了一种轻质的热带制服。原有的昭五式制服只是简单地追加设计了一款轻质夏季版，但九八式制服则有专门的热带版。

这套制服包括一件棉质上衣，以搭配各种款式的长裤和短裤，以及轻质版的作训帽。热带上衣为开口领设计，有两个胸袋和两个腰袋；既有暗袋设计版，也有明贴袋设计版，但口袋翻盖都是采用的木质或塑料纽扣扣合。有 5 颗前襟扣，最上面一颗通常不系，并将衣领翻开。在上衣两侧都有通风片以助空气流通；当用一颗小纽扣闭合这些通风片时，它们看上去就像几个垂直的口袋。布质军衔章形式的军衔标识佩戴在上衣衣领上方，虽然开始时的尺寸与呢质九八式冬季上衣相同，随着战争的进程，尺寸经常缩水。

热带衬衣使用的是轻质棉布，设计宽松，有利于空气流通。两侧各有一个通风缝口，用小纽扣扣合。军衔章通常佩戴在衣领上，但有时也会在左胸袋上方或左臂上单独佩戴一个军衔章。

搭配热带制服穿戴的裤子既有轻质版的标准半马裤，也有简单的短裤。虽然大多数士兵都将他们的马裤在小腿处绑紧并抄进裹腿里，但有时也采用蓬松的方式穿着。当采用蓬松方式穿着时，经常被描述为"长短裤"，并搭配穿着一双中等长度的袜子。真正的短裤为标准长度，堪堪高于膝盖，也是用各种颜色的棉布制成。

头部装备通常是轻质版的标准作训帽，看上去总是皱巴巴的。皮质颏带通常都是采用的劣等材料或者由于战时物资短缺而被替换为布质。这种帽子通常会附有 4 片遮阳帘。

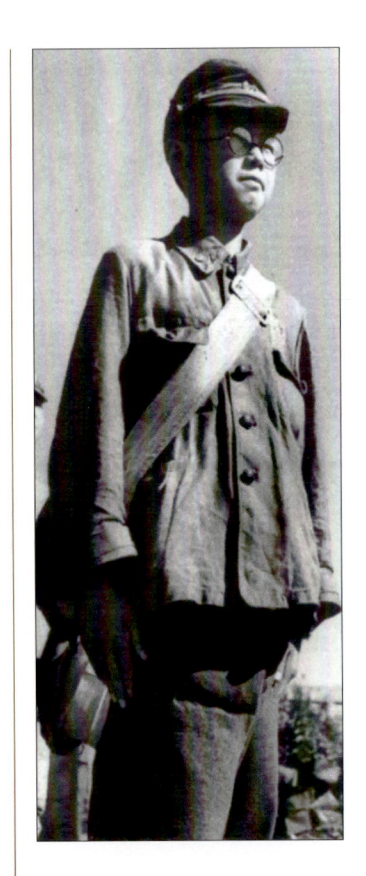

1945 年：作为日军防守本土列岛的疯狂举动之一，儿童"志愿者"也在计划之列。这名男孩穿着破烂的准军事制服，包括到处可见的作训帽，其上有一个类似飞翼徽章的东西。可以看到他的衣领上有另外一个徽章和两根杠。帆布背包里可能装着燃烧弹，这也是他唯一可用的武器。

脚部装备既有标准的棕色猪皮及踝鞋，也有浅黑色帆布和橡胶质地的分趾鞋，还有草鞋。不在战场上的日本士兵通常喜欢穿自己觉得最舒服的鞋，而在战场上或行军中则必须穿皮鞋。

热带制服的官方标准色是一种卡其色，但由于各种原因，其实际色差很大，从浅沙色到丛林深绿色都有。在设计和颜色上的各种区别主要是因为物资短缺造成的。分布在漫长战线上的日本守军其实相互孤立，经常不得不依赖本地补给，对面料和质量的挑剔根本就是奢望。

军官版热带制服

军官版热带制服包括一件热带上衣、衬衣、马裤，搭配军官鞋及裹腿或是高帮皮鞋。上衣基本上与九八式冬装一致，但使用了更薄的布料。开领设计，有四颗绿色或棕色塑料材质的前襟明扣。军衔章通常佩戴在衣领下半部，并且经常尺寸略有缩水。在上衣下会穿一件白色衬衣，衬衣领翻出上衣领外（因此才会在上衣领下部佩戴军衔章）。军官版马裤采用的是同样的轻质布料。

在战场上，军官通常穿着短袖上阵，他们的军衔标识会佩戴在卡其色衬衣的衣领上。在作战时，他们经常穿半马裤搭配裹腿以及士兵式及踝鞋的军官版。与士兵一样，军官的制服也有很大色差，但最受欢迎的是绿—卡其色。军官们自己采购制服，并且经常能够从他们驻守的地方获得新的衣物，因而比起低阶军人，他们更容易保持鲜亮的外表。

军官版1943年款（三式）上衣

除了因为战时物资短缺被迫带来的改变外，在整个太平洋战争时期，日本军服并没有太大的变化。唯一的例外是1943年启用的三式军官上衣。它采用了与九八式制服一样的设计，但在保留衣领军衔章的同时，启用了新的袖口军衔标识（见第233页表2）。

Figure 20. Tropical uniform with loose shorts (left), light-weight uniform (center), tropical uniform (right).

《美国陆军作战手册》中的标准照，可以看到3种不同的日军热带制服搭配方式（从左到右）：热带衬衣、半马裤，没有抄进绑腿里（有时将这种裤子称为"长短裤"）；宽松穿着的热带衬衣，绑腿裹紧的半马裤，搭配分趾鞋；热带上衣、衬衣、半马裤搭配绑腿。每个日军士兵的穿着往往取决于他们的军需部门到底能够供应什么样的衣物。

1942年，菲律宾：一群日军军官合照纪念他们征服马尼拉。所有人都穿着有军衔领章的热带衬衣，左侧一人还穿了一件白色汗衫。在他们的左胸袋上方都佩戴了名牌标识。前排的两名军官穿着棕色皮质裹腿，说明他们有可能来自骑兵部队，也有可能来自宪兵队。

短缺与权宜

在热带丛林的潮湿环境中，由于布料会腐烂，所有制服都磨损得很快。如果日军部队不能获得新的制服——随着战争进程，这种情况越发普遍——他们很快就变得衣衫褴褛。在新几内亚的一支日军从前线撤下时，他们的制服都已经磨损，因此穿着米袋代替。日军也很难穿上缴获的盟军物资，因为日本士兵的平均身高不足，通常不到5尺3英寸（1.6米）。

补给线被盟军攻势切断的日军驻防部队很快就发现他们难以获得任何新的装备和制服，对于那些驻扎在偏远的太平洋岛屿上的日军来说更是如此。几乎从这些外围据点建立起的那一刻，事实上他们就已经被孤立了。衬衣和短裤都是用任何可行的材料制成，作训帽则经常是用草编。从1943年初开始，新几内亚的日军以及1944—1945年间的缅甸战场上的日军，都经历了长时间的必需品短缺。

即使那些处于补给线供应范围内的部队也受到了影响，从1942年开始，日本被迫使用了大量替代原料来生产装备。从太平洋战争一开始，皮革就特别短缺，各种涂胶布料被用来制作腰带和弹药袋（由于皮革会受潮变形，这些材料其实更实用）。

丛林装备

一开始，日本士兵有很好的特别丛林保护装备、携具和药品。一名士兵的配件包括一套净水设备、防蚊头罩、手套和驱虫剂。净水器是一根长管，

230

可以将受污染的水过滤后注入士兵的水壶；搭配的一小瓶化学药剂可以在匆忙时刻净化大量的水。防蚊头罩和手套在丛林沼泽中非常必要，手套是用薄布料制成的，在手掌部位开缝，方便穿戴者使用步枪扳机。随着战争的推进，这些装备逐渐从前线消失，后勤系统甚至连食物和药品这样的基本必需品都无法稳定地提供。日军部队大规模地患上了各种热带病，而且也得不到很好的照顾。

佩剑

从 1934 年开始使用的早期版本陆军"新军刀"直到大战结束都还在使用，但也启用了一些新的版本。1945 年款士官版新军刀反映出日本在原料特别是铝方面的短缺；它是之前版本军刀的通用版，使用了工厂化生产的钢制刀身和木质剑柄。这种款式的军刀被配发给日本本土列岛的部队，作为其最后防御准备的一部分。在 1944 年和 1945 年还启用了两种军官新军刀的缩水版，设计基本没有太大变化。

宪兵队制服

宪兵队军官根据所在区域的不同，通常穿着标准的九八式军官制服的冬季版或热带版。最初他们穿骑兵制服，搭配骑兵马裤和黑色长筒骑兵靴。所有的这些制服上有一个共同的佩饰，就是白色或浅卡其色的袖标，上有红色的"宪兵"二字——见第 240 页插图 A3。在九八式上衣衣领上，宪兵队军官有时会佩戴一小块金色金属质地的八角日出徽章，位于军衔章以下；这款"白光"徽章为一轮有 32 道光芒的太阳形状，其中 8 道长光、24 道短光。

从被占领的亚洲地区征召的宪兵仆从兵穿基本的热带制服，搭配短裤。但在荷属东印度地区征召的宪兵仆从兵有他们自己的识别袖标；上面除了普通的"宪兵"日本汉字外，其下另有"MP"字母，代表荷兰语中的"宪兵"。

海军陆战部队制服

日本海军陆战部队从 1930 年代早期开始，就穿着用"海洋绿"的棉布制成的登陆制服，分为军官、士官、士兵 3 种。基本制服包括一顶陆战部队版的作训帽、开口领上衣、半马裤、裹腿和登陆靴——及踝靴。从 1930 年代中期开始配发的钢盔是 1932 年款，以海军方式绑扎绑带，并涂装为橄榄绿色；在头盔前方有海锚帽徽，其设计在 1942 年后进行了小幅度修改。通常他们会在头盔外再罩一个帆布盔罩，其前方有布质黄色海锚徽章。作训帽上的椭圆形绿色布质底上也会有布质黄色海锚徽章。用同样的"海洋绿"布料覆盖的软木遮阳盔也被配发给了陆战部队军官，其上有

一名年轻的日军少尉在即将离开本土前与家人合影，他穿着三式（1943 年款）军官版制服——可以在上衣的袖口处看到棕色的军衔环，以及棕色圆盘中的金色刺绣星。他隶属于第 48 步兵联队，这可以从他佩戴在军衔领章后的阿拉伯数字部队番号看出来。这支来自福冈的联队隶属于第 12（久留米）师团；1945 年时，该师团是驻扎在中国台湾的第 10 方面军的一部分。有意思的是，他的军衔领章上的金星位置靠前而非惯常的居中。

黄铜海锚帽徽。

1933款海军军官版上衣为开口领设计，有2个明贴胸袋和2个腰袋，前襟4颗黄铜扣，军衔标识佩戴在肩带上（见第234页表3）。其后的1935年款和1937年款上衣变化很小，但搭配穿戴的是绿色棉质衬衣和黑色领带（有些资料表明1933年款上衣搭配的是蝴蝶结）。1940年款上衣启用后，将肩带上的军衔标识移到了衣领上部；后期生产的该款上衣则将缩小了的军衔章改到衣领下部。1940年款上衣在背后还有一个布质假腰带。

搭配这4种军官版制服穿的长裤是一种灯笼裤或半马裤样式的裤子，在小腿部分用7颗小纽扣扣合；通常覆之以黑色高裹腿搭配黑色军官版登陆靴，当然也有搭配黑色皮质长筒靴的。

海军士官的上衣与军官版采用同样的设计，在1930年代中的几次修改内容也完全一样。1933年款上衣有肩章带，但军衔标识却佩戴在右袖上，有一个藏蓝色布质圆章，其上是金色刺绣的交叉海锚图案。1933年款上衣为单领设计，但1935年款上衣和其后的版本采用了传统的翻领设计。1937年款上衣依然把军衔标识佩戴在右袖上，但在肩章带上增加了黄铜金属海锚徽章。1940年款上衣启用时，肩章带被取消，金属海锚徽章移到了衣领上；而自1942年11月起，又启用了新的右袖臂章。海军士官版上衣下穿的衬衣，既有在方形领周围有黑色飘带的白色水手服（1933年款、1935年款），也有普通的带扣有领衬衣（1937年款、1940年款）。海军士官的半马裤搭配绿色呢质绑腿和棕色皮质及踝靴。

士兵版的1933年款和1935年款上衣都是短款设计。前者用一颗纽扣，后者用一根布质绑带在腰部收紧。1937年款和1940年款上衣则恢复标准长度，有2个胸袋和2个腰袋，军衔标识佩戴在右袖上。1933年款、1935年款和1937年款制服下穿的衬衣是在方形领周围有黑色飘带的白色水手服。搭配1940年款上衣的是用绿色或浅棕色棉布制成的标准带扣有领衬衣。搭配1933年款和1935年款上衣的长裤是直筒剪裁样式，在后部有2个小口袋；用绑带在小腿固定，抄进绿色呢质绑腿里。1937年款和1940年款制服长裤是标准的半马裤样式，同样搭配呢质绑腿和棕色皮鞋。

热带制服包括用色差很大的卡其色或绿色布料制成的衬衣、短裤和作训帽。制服的颜色从最初的"海洋绿"到橄榄绿都有，但和陆军制服一样，

在这张照片中，这名日军自行车骑手显示出在战争后期日本军队的士兵有多么窘迫。由于抵达前线的补给物资近乎于没有，普通士兵通常自行修补自己的制服。这名士兵就戴了一顶几乎已经无法辨识的软木遮阳盔，看上去就像一顶草帽，但上面还是有黄铜五星徽章。他的热带衬衣早已烂如破布。

表2：1938—1945年，日本陆军军衔标识

军官和一级准尉佩戴长菱形领章，有两个版本，分别启用于1938年5月31日（18毫米×40毫米）和1943年10月12日（将官，39毫米×40毫米；其他军衔，25毫米×40毫米）；军衔星平均分布。士兵在1938—1945年间佩戴18毫米×40毫米的矩形领章；军衔星从前端向后平均分布。从1941年起，部分领章在底部新增了一个兵种色条纹。从1943年起，军官增加了袖口军衔标识。

将官（1—4）：金色编织军衔章，金色金属内缘，红色布质外缘；1~3颗银色金属星。3根棕色袖口环；1~3颗金色编织星。（1）彩色珐琅右胸章。

佐官（5—7）：红色布质领章，金色金属边缘；2根中宽度金色编织条纹；1~3颗银色金属星。2根棕色袖口环；1~3颗金色编织星。

尉官（8—10）和准士官（11）：红色布质领章，金色金属边缘；1根中宽度金色编织条纹；1~3颗，或没有（11）银色金属星。1根棕色袖口环，1~3颗或没有（11）金色编织星。

下士官（12—15）：红色布质领章，1根中宽度黄色布质条纹；1~3颗或没有（15）银色金属星。

兵（16—20）：红色布质领章，1~3颗金色金属星。红黄2色（16）或白色边缘的红色（18），上袖V形章。

1. 元帅（元帅）1938年
2. 大将（上将）1943年
3. 中将（中将）1938年
4. 少将（少将）1943年
5. 大佐（上校）1938年
6. 中佐（中校）1943年
7. 少佐（少校）1938年
8. 大尉（上尉）1943年
9. 中尉（中尉）1938年
10. 少尉（少尉）1943年
11. 准尉（一级准尉）1938年*
12. 曹长（二级准尉）1938/1943年
13. 军曹（军士）1938年
14. 伍长（上士）1943年
15. 兵长（代理上士）1940/1943年**
16. 代理伍长上等兵（代理上士）1938年***
17. 上等兵（上等兵）1938/1943年
18. 代理上等兵（代理上等兵）1938年***
19. 一等兵（一等兵）1943年
20. 二等兵（二等兵）1938年

注：
*1940年9月15日前为"特务曹长"
**1940年9月15日后启用
***1940年9月15日后废除

表3：1931—1945 年，日本海军军官衣领及袖口军衔标识；1931—1942 年，海军士官和水手军衔臂章

日本海军采用与陆军同样的军衔，为区别于陆军，加上了"海军"的前缀。军官和准尉佩戴领章和黑色袖口编织军衔环，军衔环上方有个卷圆图案。这种标识在 1933 年前都佩戴在他们的蓝色常服和登陆制服上；1945 年前，在 1940 年款绿色作战上衣配左军衔领章。

海军登陆部队的海军士官和水手在他们的绿色 1933 年款衬衣和 1937 年款、1940 年款作战上衣的右臂上方佩戴军衔章。其设计图案在 1942 年 11 月后做了修改。

将官（1—4）：深蓝色领章，金色宽编织带；1~3 颗银色金属樱花。2 根黑色款袖口环，1~3 根中袖口环。（1）彩色珐琅右胸章。

佐官（5—7）：深蓝色领章，两根金色中编织带；1~3 颗银色金属樱花。3~4 根中型、2 根中型加 1 根窄型黑色袖口环。

尉官（8—10）和准士官（11）：深蓝色领章，1 根金色中编织带；1~3 颗或没有（11）银色金属樱花。2 根中型、1 根中型加 1 根窄型，1 根中型、1 根窄型黑色袖口环。

下士官（12—14）：深蓝色圆形章上，红色编织樱花、兵种图案（海锚）、花环。

兵（15—17）：深蓝色圆形章上，红色编织樱花、兵种图案。

1. 海军元帅（海军元帅）
2. 海军大将（海军上将）
3. 海军中将（海军中将）
4. 海军少将（海军少将）
5. 海军大佐（海军上校）
6. 海军中佐（海军中校）
7. 海军少佐（海军少校）
8. 海军大尉（海军上尉）
9. 海军中尉（海军中尉）
10. 海军少尉（海军少尉）
11. 海军准尉（海军准尉）
12. 一等水手（海军上士）
13. 二等水手（海军中士）
14. 三等水手（海军下士）
15. 一等兵（海军一等兵）
16. 二等兵（海军二等兵）
17. 三等兵（海军三等兵）

（右上）太平洋上的瑠鲁小岛的海滩上，一个日本海军陆战部队机枪小组正在拍照。这个小岛上的 3700 名守军于 1945 年 9 月 14 日向美军投降。他们都穿着后期版本的陆军式海军陆战部队上衣，采用卡其色布料，有腰部插袋设计。战争末期的海军陆战部队衣物色差巨大，从标准的"海洋绿"到橄榄色都有。在图中的三顶作训帽上都可以看到晚期的黄色刺绣海锚帽徽。这些日军装备着安装了三零式刺刀的有阪步枪和 1 挺九六式轻机枪。他们的腰带既有皮带，也有（左）涂胶布料腰带。

（右下）许多日本卫戍部队被允许在官方投降后继续保留武器，这是因为他们是盟军唯一可以用来维护当地公共秩序的组织——这种情况在某些地方甚至持续了数周之久。这是一队在执行巡逻任务的日本海军陆战部队，他们只装备着木棒，在盟军监察员的指挥下担任临时警察。他们穿着颜色各异的热带制服，可以清晰地看到作训帽上的海锚徽章和右臂上的 1942 年 11 月版的军衔章。

很难做出统一的描述。在大战的最后一年,已经很少能见到标准的"海洋绿"衣物了。1940年和1942年启用的新的军衔标识系统佩戴在军官的上衣或衬衣翻领上,士官和士兵则佩戴在右袖上。

当参加作战行动时,海军陆战部队佩戴陆军标配的棕色皮带和弹药袋,但另有可以装步枪弹夹的16袋弹药袋。作战携具通常包括背包、挎包、水壶;包和水壶罩的颜色按照官方标准应该是泛蓝的卡其色而非陆军的绿色,但在战争后期,海军陆战部队也用了标准的陆军配发品。

陆军伞兵制服

陆军伞兵有一些在不同环境中穿着的特殊衣物,包括跳伞服、无袖跳伞罩衣、防撞头盔和高帮拉索跳伞靴。跳伞服是连体衣,有弹力袖口和裤口设计,还有一根帆布腰带,而且在左胸上有一个单独的拉链口袋。军衔标识佩戴在衣领上;左袖上佩戴一个有红色图案的白色或卡其色圆形章(其图案看上去像两根交叉的长杆,就快要冲破圆形章的边缘);右胸上则是黄色刺绣张开双翼的老鹰,这也是日本陆军伞兵的象征符号。

在跳伞服外,士兵们还要穿无袖的跳伞罩衣,其基本设计参考德国带袖跳伞罩衣。长度及膝,有一个分开的后摆,可以用一些按扣固定在大腿上,以形成罩裤的形式。前襟由5颗按扣固定,衣领处也由同样的方式固定。在大腿前方有2个横向拉链口袋。军衔标识佩戴在罩衣衣领上。有些例子中可以看到在右胸上配有圆形伞兵章。

陆军伞兵佩戴一些型号不同的跳伞头盔。第一款是无檐设计,用纤维制成,外面罩以帆布。第二款是金属头盔,同样有帆布盔罩,前方有黄色五星图案。有资料表明,德国式的跳伞钢盔也被小规模配发给了日本陆军伞兵。在夜战中为了识别军官,会在其头盔后部涂上一个白色的圆圈。伞兵的携具还另有帆布弹药斜袋。

海军伞兵制服

海军伞兵穿两件套的"海洋绿"跳伞制服。上衣为开口领、暗扣设计，有2个翻盖褶皱胸袋，在前方和侧面有4个小腰袋。上衣的唯一标识是军衔章，佩戴在右袖上。有一些夹克在右胸上有一个大口袋，在左胸上有一个手枪袋。长裤设计有帆布吊带，在大腿外侧设计有2个带扣翻盖明贴腿袋；在左腿前方有1个小一点的口袋，在右腿前方有1个窄的弹匣袋。钢盔通常是被涂装成"海洋绿"色的1932年款锅形盔，有改进后的内部配件，在前端有海军海锚标识。钢盔下是一顶特别的作训帽，护耳上有专门裁剪的框体，露出耳朵。高帮扣带跳伞靴的士兵版是棕色皮革，而军官版是黑色皮革。

携具包括穿过胸前的帆布宽弹药带，以及系在跳伞挽具的特制跳伞包，用来在跳伞时携带8毫米口径的百式冲锋枪。

"玉碎"敢死队上衣

这支空降突击敢死队穿着特制的上衣（见插图G2）。采用了绿一卡其色棉布，有4颗木质或塑料前襟扣，粗制滥造地手工涂抹了一些深绿色和棕色的伪装图案。有2个胸袋、4个腰袋——侧袋要大一些，前袋要小一些。

"高砂"挺身队制服

这些组编于中国台湾的部队穿着标准的日本陆军热带制服，没有特殊标识，唯一能够显示他们民族归属的是传统的土著刀（见第246页插图G3）。当"高砂"第1挺身队改建为"薰空挺身队"时，他们的热带衬衣被染成了深绿色，也有些人将手套染成了黑色。其军官在袖子上绣有白色环，并在头盔后方用白色荧光涂料涂有白色识别环，以方便夜间辨识。士兵则在右臂上佩戴白色布质袖标。

（左上）一张两名日本海军伞兵的合影。左边一人穿着海军白色制服，另一人则穿着用硬质绿色棉布制成的两件套跳伞服。

这种跳伞服可能有好几个版本，在上衣和裤子的口袋数量上有所区别，且并没有都投入过实战。他的跳伞头盔上有海军的帽徽——海锚与樱花——在头盔下戴了一顶有颈部附片的作训帽。

表4：1931—1945年，日本海军军官肩章；1942—1945年，海军士官、水手臂章

1945年前，军官和准尉在白色夏季常服上佩戴深蓝色布质肩章，1940年前也会在绿色作战上衣上佩戴此款肩章，之后则改为领章。

1942年11月以后，海军士官和水手在白色、绿色和蓝色制服的右臂上方都佩戴臂章。

将官（1—4）：深蓝色肩章，金色宽编织纹路；1~3颗银色金属樱花。（1）珐琅右胸章。

佐官（5—7）：深蓝色肩章，2根中型金色编织纹路；1~3颗银色金属樱花。

尉官（8—10），以及准士官（11）：深蓝色肩章，1根中型金色编织纹路；1~3颗银色金属樱花。（11）1根窄型金色编织纹路。

下士官（12—14）：1~3根黄色军衔杠，花环和兵种徽章（图中的海锚为水兵兵种徽章），兵种色樱花（黄色＝水兵），深蓝色盾章。

兵（15—18）：2根、1根或没有黄色布质军衔杠，兵种徽章，兵种色樱花，深蓝色盾章。

1. 海军元帅（海军元帅）
2. 海军大将（海军上将） 
3. 海军中将（海军中将） 
4. 海军少将（海军少将） 
5. 海军大佐（海军上校） 
6. 海军中佐（海军中校） 
7. 海军少佐（海军少校） 
8. 海军大尉（海军上尉） 
9. 海军中尉（海军中尉） 
10. 海军少尉（海军少尉） 
11. 海军准尉（海军准尉） 
12. 一等水手（海军上士） 
13. 二等水手（海军中士） 
14. 三等水手（海军下士） 
15. 兵曹（代理海军下士） 
16. 一等兵（海军一等兵） 
17. 二等兵（海军二等兵） 
18. 三等兵（海军三等兵）* 

注：
*1942年11月至1944年间，无徽章。

（左下）这是一名"高砂"族"薰空挺身队"的日本干部——可能是一名伍长或二等准尉，正在喝酒预祝前往菲律宾的突击任务成功。他穿着标准的热带制服，但将他的衬衣染成了深绿色，以增加在野外的隐蔽度——详见第246页插图G3。在他衬衣的袖口上，加上了白色的袖口标，以使他的手下能够辨识。他胸前斜挂的是"敢死饰带"，表明他愿意为天皇牺牲的决心。他装备着一把新军刀，而其他的中国台湾征召兵则使用他们的土著刀。

日军中朝鲜人制服

不论是作为仆从军还是看守，朝鲜人都穿着基本的日本热带制服。由于他们的地位很低，通常配发的是质量最差的服装，并且在物资开始短缺时，很少有机会获得新的配发品。在日本海军和陆军中服役的朝鲜人没有民族标识，通常也不会获得像日本人那样的正式军衔。监管战俘的朝鲜看守会被授予"看守兵"的基本军衔，其标识通常是在左肩上佩戴一个白色的布质圆盘，其上缀有一颗红色的五角连线星（见第240页插图A1）。这同样是朝鲜看守中最低的军衔，可以简单地翻译为"征召兵"。

1945年，关东军

此时关东军大量的新兵很少能够获得军事服装。所有可能获得的制服衣物混搭平民衣服成为常态；鞋子非常珍贵，所以新兵要么穿着自己的平民鞋，要么自己动手编草鞋。如果可能，他们会戴作训帽，但钢盔很少配发，而且只有军官才能拥有。关东军竭力向其新的征召兵提供任何种类的武器，但是就连步枪都数量不足，以至于任何轻武器都可能配发给士兵。许多防身武器和机枪配发数量有限，并且掌握在训练学校手中。许多人的装备不过是自制的剑和匕首，甚至连削尖的竹竿都数量不足。尽管如此，这种早已过时的武器却被日本的荒木贞夫[①]吹嘘成有强大的信仰力量。他夸口说，如果能够配发三千万竹竿枪，打败苏联都不在话下！

就如同在其他战场上一样，关东军也配发了自制的燃烧弹、"刺杆炸药"（见第246页插图G1）、一些其他自杀性武器。重型装备数量几乎等于零，大多数炮兵部队装备的都是本地自制的迫击炮；其他炮兵部队甚至装备着古旧的博物馆藏品火炮（并不是夸张，就是字面意思），这些火炮对炮组成员的威胁比对敌人更大一些。

民兵

1944—1945年间在日本本土上组建的日本民兵穿着各种可能获得的准军事化制服。由于日本是一个高度制服化的社会，许多民兵都有一些从诸如平民自卫队和大学校服等得来的官方制服，大多数都是由低劣的战时布料制成。大量民兵，特别是女性，没有得到任何配发品，只能穿着自己

一队日本女学生在战争的最后一年接受一名军校指导员的训练。尽管照片不够清楚，无法辨识这名指导员到底来自哪个军校，但很有可能来自陆军士官学校，其人员通常穿棕色呢质制服，搭配有红色帽墙的大檐帽。

[①] 日本大将，侵华战争的推动者，曾任日本陆相。战后作为第一名被审判的日本甲级战犯，以一票之差逃脱绞刑，被判处无期徒刑。

的衣物。日本当局建议女性民兵穿着农民在稻田里劳作时的蓬松的灯笼裤式的"裙裤",据说能够得到"皇后的祝福"。大多数民兵的识别标识不过是一个简单的白色袖标。

各种武器的优先配给权毫无疑问属于正规陆军部队。大多数情况下,每10名民兵只能获得一把过时的步枪,而且弹药还非常有限。大多数人都只装备简单的竹枪。其他人则有一些剑、长矛、戟以及弓箭,这些武器都是日本封建时期的遗留品。民众还被鼓励练习搏斗技巧,以期必要时他们可以赤手空拳杀死盟军士兵……有些日本人真诚地相信,如果全民族可以用各种可能的武器做好战斗的准备,并愿意承受任何规模的伤亡,最终将能击败盟军的进攻。

占领军
1: 1943 年，荷属东印度，泗水，盟军战俘营，朝鲜看守
2: 1943 年，缅甸，第 54 步兵师团，师属兽医部队，大尉
3: 1942 年，马来亚，宪兵队，准尉

1942—1943年，所罗门群岛和新几内亚
1：1943年，新几内亚，第20步兵师团，上等兵
2：1942年，所罗门群岛，瓜达尔卡纳尔岛，第2步兵师团，二等兵
3：1942年，瓜达尔卡纳尔岛，第124步兵联队，狙击手

1942—1944 年，中国
1：1944 年，第 63 步兵师团，大尉
2：1944 年，第 110 步兵师团，骑兵军曹
3：1942 年，第 40 步兵师团，二等兵

C

1944—1945 年，缅甸和中国
1：1945 年 1 月，缅甸，伊洛瓦底江战役，第三十三军，少将
2：1944 年 2 月，缅甸，若开，第 55 步兵师团，大尉
3：1944 年 4 月，中国黄河，中国派遣军，步兵，上等兵

1943—1944 年，太平洋岛屿
1：1944 年夏季，千岛群岛，第 91 步兵师团，二等兵
2：1943 年，所罗门群岛，布干维尔岛，第 38 独立混成旅团，少佐
3：1943 年秋天，吉尔伯特群岛，塔拉瓦环礁，第 7 佐世保特设海军登陆部队，代理海军军曹

1944—1945 年，菲律宾和缅甸
1：1945 年 1 月，菲律宾，吕宋岛，第 2 战车师团，坦克手，军曹
2：1945 年 7 月，缅甸，锡当河，第 54 步兵师团，少尉
3：1945 年 1 月，菲律宾，吕宋岛，第 10 步兵师团，一等兵

1944—1945 年，太平洋防御
1：1945 年 2 月，硫磺岛，第 109 步兵师团，二等兵
2：1945 年 5 月，冲绳，"玉碎"敢死队，伍长
3：1944 年 11 月，菲律宾，莱特岛，"薰空挺身队"（第 1"高砂"挺身队），一等兵

G

1945 年，日本防御
1：东京防卫军，第 1 近卫师团，军曹
2：千叶，炮兵学校，学员志愿兵
3：第 155 步兵师团，上等兵

(上)阿留申群岛的阿图岛上的一名日军指挥官和他的参谋人员合影。大多人都穿着在折领上佩戴军衔章的九八式制服;有意思的是,右起第二位军官还穿着昭五式制服,立领设计,军衔章横向佩戴在肩部。尽管在 1938 年着装条例启用后这些老款军服还继续使用了一段时间,但在此图拍摄的 1942 年夏季,应该已经完全退出了现役。

虽然阿留申群岛的面积足够为日军的下一步军事冒险提供可能的基地和立足点,但其实它真正对于日本并没有太高的军事价值。尽管它距离日军掌控的最近的海军基地——千岛群岛的幌筵岛也有 650 英里之远,但阿图岛和更大一些的吉斯卡岛上的日本驻军还是分别有 2600 人和 8000 人之多。当美军于 1943 年 5 月 30 日在阿图岛登陆时,日军进行了疯狂的抵抗,最后发动了大规模自杀式冲锋,有 2351 名日军步兵被击毙,只有 28 人被俘——这提醒了美军,如果日本部队被下令固守某地,无论其真正的军事价值大小有无,都不能减损日军的抵抗疯狂程度。8月15日,共 3.4 万人的美国 / 加拿大的特遣部队在吉斯卡登陆——却发现整个日本驻军已在 7 月 28 日撤离了。

(右)对于普通日本士兵而言,衣着光鲜并非首要追求的目标。但这名日军二等兵还是穿了一套整洁的九八式棉质夏季制服。由于是当地生产,这种制服的颜色每个区域都各不相同。他的作训帽是晚期版本,3 片式结构,看上去生产质量也不怎么样。

插图图说

A:占领军

A1: 1943 年, 荷属东印度, 泗水, 盟军战俘营, 朝鲜看守

这名普通的看守兵佩戴了白色布质圆盘识别章,上面有红色连线五角星图案。在左胸上方有一个名字绣标。他非常幸运地领到了一套还算整洁的热带衬衣、长裤和作训帽,以及一双棕色及踝鞋。他的武器是古旧的 1897 年款 6.5 毫米三零式步枪,这种步枪经常配发给二线部队和仆从军。在非标准的腰带上,有一个弹药袋和刺刀刀鞘。

A2: 1943 年,缅甸,第 54 步兵师团,师属兽医部队,大尉

这名大尉——其所在的兵种提醒我们日本陆军依然非常依赖骡马运输——展现出军官的热带常服的标准形式。他的软木遮阳盔是早期型号,与欧洲殖民军队的版本很接近。在上衣翻领上有军衔章,在军衔章的下部边缘有一根小的布质条纹,使用的是兵种色——此图中为紫色。搭配上衣穿着的是一件白色棉质衬衣、黑色领带,以及热带马裤和军官的黑色高帮靴。他唯一的武器是一柄九八式新军刀。

A3: 1942 年,马来亚,宪兵队,准尉

这是一名残暴的宪兵军官,指挥着 20 人的小分队在新近占领的马来亚搜捕共产党游击队。他穿着包括衬衣、长裤和作训帽在内的热带制服,搭配棕色高帮皮鞋;他的准尉军衔章佩戴在衬衣衣领上。左臂佩戴了有血红色"宪兵"字样的白色布质宪兵袖标。这两个字有时候是版印的,有时候是贴上去的,

有时候袖标的颜色可能是卡其色。除了有时候佩戴在军衔章下的一枚小型金属徽章外，袖标是宪兵的唯一标识。他装备着一把南部十四半自动手枪和九四式准尉军刀。

B: 1942—1943 年，所罗门群岛和新几内亚

B1: 1943 年，新几内亚，第 20 步兵师团，上等兵

这名士兵隶属于 1943 年在新几内亚遭遇大溃败的第 20 师团，至少有 1 万日军丧生。他穿着相当蓬乱的热带衬衣和短裤，搭配卡其色呢质绑腿，以及黑色的有着明显大分趾的帆布和橡胶混合质地的分趾鞋。他的作训帽上附有 4 片遮阳帘。上等兵的军衔章佩戴在衬衣的两边衣领上。作为九六式轻机枪的机枪手，他在斜挂的口袋里装了枪械清理工具。他的其他防身武器是一支南部十四式手枪。

B2: 1942 年，所罗门群岛，瓜达尔卡纳尔岛，第 2 步兵师团，二等兵

这名二等兵属于一个特别攻击小组，只携带了最少的装备——有两个 30 发装的弹药袋（在背后另有一个 60 发装的弹药袋）的腰带，以及斜挂的水壶和挎包。他穿着用薄棉布制成的衬衣和半马裤，构成经典的日军热带制服；他的军衔章佩戴在左胸袋上方而非衣领上。他在身上围了一条白色布质饰带，向他的对手和同伴表明他已准备好为天皇献身。他的武器是一支 7.7 毫米口径的九九式"短款"步枪，在丛林战斗中比之前的长版步枪要顺手许多。

B3: 1942 年，瓜达尔卡纳尔岛，第 124 步兵联队，狙击手

这支部队隶属于川口将军的第 35 旅团，在 1942 年 8 月末作为援军从拉包尔抵达瓜岛。日本陆军非常强调防守时的隐蔽性，并且——至少最初——给其狙击手配发了特殊的伪装衣物，其设计基于有数世纪历史的蓑衣。在标准的热带制服外，这名狙击手穿着两件套的缠草外套，上衣在前方用拉索紧合，并有一个大披肩覆盖肩部。他的 6.5 毫米有阪九七式步枪的 2.5 倍狙击镜安装位置靠后，以适应普通日本士兵臂长不够的特点。他在枪管上缠绕了麻绳和树叶。狙击手有时还会配发"攀树器"，是一种安装了两对长钉的简单金属框架，可以扣在鞋底，这些——配合电话线路修理员的套杆腰带——可以让这些狙击手快速地没入丛林的参天树冠中。他们经常用安全索将自己捆在树冠顶部，静待行经过的盟军部队，从前方、后方或近距离袭击盟军，直到被击毙，从未想过撤退的路线。有时候日军狙击手也会在地面上精心伪装的狙击洞里战斗。每个日军步兵班组中有两个人会被训练成为狙击手。

早在 1942 年，日本就已经感受到物资紧缺，这对军队服装产生了很大的影响。这名一等兵的棉质冬季制服的肩部、肘部和膝部都加了双层补丁，希望能够延长其使用寿命。上衣和裤子没有采用呢质里料，而使用了棉籽壳，生产日期应该在 1943 年左右；据说这种非标准的制服穿起来还算暖和。他的腰带也是采用的涂胶帆布材质，反映了皮革的短缺。

C: 1942—1944 年，中国

C1: 1944 年，第 63 步兵师团，大尉

必须记住的是，截至 1945 年战败前，日军的相当一部分都被牵制在中国战场。这名大尉隶属于日军第四十四军，部署在中国东北或者朝鲜。他穿着老款的军官版昭五式双排扣大衣，附有兜帽，军衔章从肩部移到了衣领处，其下是九八式冬季上衣和马裤。军官佩戴的作训帽与士兵版的设计一样，但稍微硬直一些，并采用了更好的材料。制服的其他部分则包括白色的军官手套和黑色军官高帮鞋。他的标准作战装备包括从右肩上斜挂下来的军官版双筒望远镜和挂在左肩下的套在枪套里的半自动手枪。腰带上有一个手枪弹药袋；与图中一样，军刀腰带通常盖在大衣下，系着他的九四式军刀，套在皮质战刀刀鞘内。

C2: 1944 年，第 110 步兵师团，骑兵军曹

在中国战场上，因为幅员辽阔，日军依然部署了骑兵部队。这名军曹隶属于驻扎在华北地区的日军第十二军下辖某师团的搜索部队。他穿着有可拆卸下袖的特制冬季外衣，其布料为厚篷布，有毛皮衣领和袖口。在右袖上有 1 根军衔杠。他的毛皮帽比起 1930 年代早期配发的版本要更整洁、更制服化一些。通常在其前端绣有一颗黄色五星

（右图）这张清晰的照片是由一名英军坦克手在 1945 年 3 月缅甸战场上的若开海岸缴获的一辆日军九五式轻型坦克中发现的。照片中是这辆轻型坦克 4 人乘员中的一人。他穿着夏季版的日军坦克手罩服，搭配软木防撞头盔和坦克手护目镜，另有呢质绑腿和皮革手套——详见第 245 页图 F1。帆布挎包里装着他的个人物品，也许作战时会直接堆在坦克里。

帽徽。他还戴着冬季手套，有单独的食指套；他的鞋子是棕色皮质骑兵靴，搭配金属马刺。他的武器是 1911 年款的 6.5 毫米四四式骑兵卡宾枪，有向后折叠的刺刀，另有一把 1899 年款骑兵马刀。备用弹药则装在骑兵特有的弹筒皮革腰部弹药袋里。

C3: 1942 年，第 40 步兵师团，二等兵

这名日军士兵隶属于日军中国派遣军的第六军。他的装备是标准的冬季站岗穿戴。单排扣九八式大衣有一个宽大的可拆卸兜帽，罩在他的作训帽上。大衣下穿着九八式冬季上衣和保暖裤。可以看到他穿着毛皮里衬的罩靴，斜挂着水壶，水壶上有特别的冬季带里衬水壶套以防止结冰。另有基本的棕色皮革腰带、一个帆布背包、标准的 6.5 毫米有阪三八式步枪——其在战斗中几乎总是在枪口安装刺刀。

D: 1944—1945 年，缅甸和中国

D1: 1945 年 1 月，缅甸，伊洛瓦底江战役，第三十三军，少将

这名第三十三军的少将——可能是其下某个独立旅团的指挥官，也可能是师团步兵指挥官——在伊洛瓦底江对抗英国第 14 集团军。他穿着军官版常服，包括 1943 年款（三式）上衣。在常服袖口上有新的军衔标识，在衣领上也有军衔章——在此图中的袖口军衔标识是 3 根棕色编织军衔环，其下有一颗金色五角星。在他的九四式新军刀上有 2 根将官版剑索：一根是纯红色，另一根则是有金色"Z"字形针脚的棕色剑索，另有黄色流苏。尽管许多高军阶军官获得了三式上衣，但更多的在偏远战区的初级军官并未能获得此套军服。

D2: 1944 年 2 月，缅甸，若开，第 55 步兵师团，大尉

到 1944 年时，各种物资的短缺开始对日军的方方面面产生了影响，包括制服。1943 年款上衣基本设计与 1938 年款相似，但采用了劣质衣料，且做工缩水。这名大佐，也许通过私人关系，获得了一件 1943 年款上衣。可以看到他的袖口军衔标识是 1 根棕色军衔环，其下有 3 颗金星。1943 年款行军马裤同样是使用劣等材料制作。他戴着黑色皮质高裹腿，搭配军官版黑色及踝鞋——在热带地区这样穿着着实让人惊异。他的剑柄——图中看不见——应该有中队长和准尉的棕色和蓝色剑索。

D3: 1944 年 4 月，中国黄河，中国派遣军，步兵，上等兵

这名日军上等兵参加了日军在 1944 年春夏两季发动的"一号作战"攻势。作为中国战场上的一名士兵，他的装备还算良好，毕竟该战场的日军并不享有新装备的优先配发权。他的制服是呢质的九八式冬季款，戴着 1932 年款钢盔。背上背了一个后期版本的帆布背包，有水平布质胸部捆带和肩带；从肩部可以看到身后已被拆卸了的掘壕铲，套在帆布罩里附在背包上。他的轻机枪是 7.7 毫米口径的九九式，启用于 1939 年，是日本在"二战"期间最好的轻机枪。可以看到在枪托下的可折叠小单脚架，在射击时能够提高稳定性。在日军伞兵中，还配发了少量可折叠枪托版的九九式轻机枪。这名机枪手在他的双腰带上携带了一支手枪、一个弹药袋和一把刺刀——轻机枪的枪管上附有标准的有阪步枪刺刀。

E：1943—1944 年，太平洋岛屿

E1：1944 年夏季，千岛群岛，第 91 步兵师团，二等兵

在太平洋战场的各个孤立岛屿上防守的日军，花费了大量的时间修筑工事以应对盟军的进攻。北太平洋的千岛群岛的短暂夏日里，这名修筑反坦克壕的日军士兵正在休息。他的热带衬衣的左胸袋上方佩戴着军衔章。他的热带裤穿得松松垮垮并且没有搭配绑腿，在腰部用一根布质腰带系紧。其热带作训帽附有 4 片遮阳帘。他穿着日本传统的自制草鞋，是日本本土农民在田间劳作时穿的鞋子，已有几个世纪的历史。

E2：1943 年，所罗门群岛，布干维尔岛，第 38 独立混成旅团，少佐

这名正在检查防御阵地的少佐穿着一件晚期版本的热带上衣（可以看到袖口的军衔标识）和马裤，搭配白色棉布开口衬衣和棕色皮鞋。他的军衔章佩戴在上衣的下领上——有时会被翻出来的衬衣领挡住。可以看到军衔领章上有一颗单独的军衔星，偶尔缀在靠前位置而非中央（如第 244 页图 E2）。他的后期版本软木遮阳盔上有白色布质帽罩，但盔带和盔缘部分为卡其色。他携带的武器是一把九四式新军刀，装在皮革刀鞘里，用两根盖在上衣下的吊带系在腰带上，另有一支装在皮质枪套里的九四式半自动手枪。军官经常自行购买防身武器，在大战前有时还会购买外国武器。他的枪套安装在一根绿色布质而非皮质腰带上，其上挂着他的野战装备——双筒望远镜、军官水壶和地图盒。

E3：1943 年秋天，吉尔伯特群岛，塔拉瓦环礁，第 7 佐世保特设海军登陆部队，代理海军军曹

这名伍长隶属于日本海军少将柴崎的驻防部队，准备防御该岛，除了作训帽上的黄色海锚图案之外，很难与日本陆军士兵区别开来。早期很显眼的"海洋绿"海军登陆部队制服此时已经让位于各种卡其色和绿色布料。右臂上的军衔章启用于 1942 年 11 月。有伪装盔网的 1932 年款钢盔上可以看见海军海锚徽章。他的"登陆靴"（及踝鞋）是黑色的，这种海军步兵穿的鞋不同于陆军的棕色版。他的基本腰带携具是标准的棕色皮革版，携带的轻武器也是陆军和海军部队通用的。

F：1944—1945 年，菲律宾和缅甸

F1：1945 年 1 月，菲律宾，吕宋岛，第 2 战车师团，坦克手，军曹

他穿着夏季版的坦克手罩服，是用薄棉布制成的连体服。军曹的军衔章佩戴在左袖上（但有时也佩戴在衣领上）。他那顶有帆布盔罩的软木防撞头盔可以用侧面的拉索调节，尽管很轻巧，但却可以在运动的坦克中保护乘员不被撞击碰伤——但显然没有什么防弹能力。呢质裹腿绑在坦克服的腿部，其下是标准的棕色皮质及踝鞋。在颈部有一副坦克手护目镜。他的防身武器是过时的二六式左轮手枪，1893 年开始配发——可以看到从身上斜挂下来的手枪索带。奇怪的是，作为一名坦克手，他还带了一把刺刀作为最后的武器。该战车师团的第 6、第 7、第 10 战车联队主要装备了 200 辆有 47 毫米主炮的九七式战车，但在 1 月末至 2 月初的一系列战斗中被一一击毁。

F2：1945 年 7 月，缅甸，锡当河，第 54 师团，少尉

该师团是日军第二十八军的主要残余力量，被快速推进的英国第 14 集团军困在了锡当河西岸。他们试图突破盟军的包围圈，但只有三分之一的人渡过了锡当河。对于这支在丛林中艰难溃逃的日军来说，这名军官的外表整洁光鲜得不真实。该师团的大多数人在战斗尾声时已经衣衫褴褛。这名军官的热带战斗制服是标准版的，他的马裤搭配了呢质绑腿和军官版的棕色及踝鞋。少尉的军衔章佩戴在右胸袋上方而非衣领上。他的钢盔背在背后，用在胸前交叉的绑带固定。图上可以看到他的军官版的带有杯子的水壶，外面有毡布套；手枪索带横过胸前，双腰带上有他的南部十四式手枪和九八式军刀。军刀柄上裹着白色布袋。

F3：1945 年 1 月，菲律宾，吕宋岛，第 10 步兵师团，一等兵

这幅画表现了在战争的最后一年，许多日本士兵使用的作战装备。裹在身上的帆布袋是老款背包的替代品，由

这名来自日军后方勤务要员养成所[①]的年轻士官生穿着各个日本军校都穿着的基本制服——详见第 247 页图 H2。他穿着用厚棕色呢布制成的冬季版制服，在衣领和肩带上都有军衔章。也不知他从何处获得了一对黑色皮质裹腿，这并非士官生的标准衣物。

[①] 这所军校实际上是日本宪兵的训练学校，后改名为中野学校，专门培养日军间谍和特务人员。

两根长绑带交叉绑在胸前。他的其他装备包括一个防毒面具包、一个晚期型号的水壶和一个用布质绑带系在帆布袋上的金属饭盒。在皮带的背后可以有三个可以装60发子弹的大弹药袋。他的热带衬衣的左袖上有1根军衔杠,其下有名牌。他的头盔有帆布盔罩,下面戴着作训帽,另有遮阳帘片。他的脚部装备是有大分趾的分趾鞋。他的武器是标配的7.7毫米九九式短款步枪。

G:1944—1945年,太平洋防御

G1:1945年2月,硫磺岛,第109步兵师团,二等兵

这名日军士兵隶属于栗林中道将军的驻防部队,正准备对向他的部队所在阵地缓慢推进的美国海军陆战队谢尔曼坦克发起自杀式攻击。他装备了一枚挑在长杆上的反坦克地雷,坚信这样就可以击毁美军坦克。他非常有限的热带衣物是晚期版本,单袋、短袖衬衣的衣领上有军衔标识,另外在绑腿和分趾鞋上穿了一条宽松的棉布半马裤。日军的分趾鞋有很多版本,但都采用了橡胶鞋底。作训帽是由本地的劣质帆布布料制成,并且没有颏带。他装了满满一帆布袋的手雷,希望在最终自杀攻击前能够造成尽可能多的盟军伤亡。

G2:1945年5月,冲绳,"玉碎"敢死队,伍长

这名从陆军伞兵中征募的空降自杀式敢死队员穿着一件特殊的手绘伪装服,搭配标准的作训帽、裹腿和棕色皮鞋。他的帆布二式挂袋式口袋可以携带额外的手雷和他的百式冲锋枪的弹匣。这款口袋设有4个装九九式手雷的小袋,1个装九四式手枪的枪套,中间的大袋用来装手枪弹匣,下面的4个小袋装冲锋枪弹匣。

G3:1944年11月,菲律宾,莱特岛,"薰空挺身队"(第1"高砂"挺身队),一等兵

这名中国台湾高山土著士兵穿着一件为这一任务专门染成深绿色的热带衬衣。右臂上有一个白色袖标,同时在头盔后部还有荧光条纹,起夜间识别的作用。有遮阳帘片的作训帽戴在头盔下。在胸前的袋子里装着炸药,在腰部则围着帆布质地的骑兵款弹药带。这些特种部队没有明显的标识,但可以携带他们自己的土著刀。他更普通的武器是一支老款的6.5毫米三八式卡宾枪,有些为伞兵使用做了改良。

H:1945年,日本防御

H1:东京防卫军,第1近卫师团,军曹

这名日军士官负责训练平民志愿者以应对盟军进攻。他的制服反映出在战争末期日本各种缩水的权宜之计。采用劣质材料的上衣只有1个无翻盖的胸袋。他装备着一支

一名美军勤务人员正在搜查已经投降了的日本朝鲜驻军。日军都穿着典型的热带制服,虽然已是1945年秋天,这些衣物称不上全新,但都还算整洁。左前方的日军士兵在翻出上衣领外的衬衣领尖上佩戴着军衔标识,正被搜查的日军士兵则在左胸口袋上佩戴着名牌标识。而所有人的右胸袋上似乎都有一个标牌,上有一个日文字符和一个阿拉伯数字"2"。

南部十四式手枪和一把1945年款士官版军刀,材料和做工都很差。可以看到近卫师团的花环五星帽徽。

H2:千叶,炮兵学校,学员志愿兵

这名十几岁的军校学员,正在接受防卫日本本州岛的训练,他穿着夏季版的军校制服,搭配老款的大檐帽。衣领上有纯红色领章,其上佩戴着一枚小的黄铜交叉加农炮徽章。学员上衣的袖口和无装饰的肩章带的长边上有红色绲边。他的携具极其简单,由于战时物资短缺,他并没有弹药袋,只能把所有东西都放在帆布背包里。除此之外他只有一个水壶和一把三零式刺刀。在轻武器如此短缺的情况下,他很幸运地被配发了一支1880年款的古老的11毫米口径村田十三式步枪——但不管怎样,这把单发栓式步枪都要好于削尖的竹枪。

H3:第155步兵师团,上等兵

这名班组长隶属于日军第十五军,穿着一件在大战末期色差巨大的热带制服。在衣领上有军衔章;在左袖上还佩戴了一枚射击熟练章——卡其色布质圆盘,有红色花环,中间是白色五星和交叉的步枪。他的步枪是7.7毫米的九九式;还有一枚九九式手雷。

出版后记

鱼鹰出版社（Osprey Publishing）位于英国牛津，是英国著名的专业出版机构，以军事历史插图书籍出版闻名于世。鱼鹰出版社已出版图书 3000 余种，其中以"武装者"（Men at Arms）系列影响最大，在世界军事爱好者心目中有崇高的地位。

鱼鹰出版社的"武装者"系列图书具有三大特点：一是大量的手绘全页插图。在该系列中，每册图书都包括至少 8 页全彩手绘插图，这些插图都出自麦克·查贝尔、斯蒂芬·安德鲁等久负盛名的军事插画师之手。二是丰富的照片与资料图片，其中许多照片都是通过鱼鹰出版社的出版才首次与读者见面的。三是选题的广度与深度兼备。"武装者"系列目前已出版超过 600 个品种，每一个品种都从军事史上的某国部队切入，同时又选取不同的历史时期或不同的军种，涵盖了从冷兵器时代到热战时期的各种军事群体。

正是因为具有这些特点，在国内军事爱好者，特别是入门群体中，"武装者"系列图书获得了很高的关注度，受到广泛赞誉。其中的全彩手绘插图，屡屡出现在各大军事论坛、贴吧的文章和讨论中。但遗憾的是，囿于各种因素的制约，国内出版机构迟迟未能引进鱼鹰出版社的"武装者"系列图书。

译者与重庆出版社高度关注这一现象级的图书，经过耗时多年的谈判，终于与鱼鹰出版社达成授权协议，在中国大陆地区独家出版"武装者"图书的简体中文版。

由于"武装者"原版的出版形式更接近于军事杂志而非军事图书，单册图书一般不超过 50 页，且定价很高，17.95 美元或者 9.99 英镑，换算成人民币均在 80 元以上，并不符合国内出版市场的一般情况。因此在引进时，我们采取了整合出版的方式，将原版图书 5—6 册合编为一册。这样既方便读者购买、收藏，同时又大大降低了定价。

我们还着力在装帧方式上进行了完善，采用双封精装、全书塑封的方式，保证图书的收藏价值和阅读手感。同时，针对原书只有全页手绘插图部分为彩色印刷的不足，我们对全部内文进行了调整，各级标题、表格、注释等采用彩色标注，全书彩色印刷，有效地方便了读者的阅读检索，提高了图书的整体品质。

在内容方面，首批引进的"武装者"系列图书聚焦于"二战"时期，在鱼鹰出版社近 50 册"二战"图书中挑选出 24 册，按照不同的战场、国家进行了重新划分、组合，最终定稿为共四卷的《世界军装图鉴：1936—1945》。

为了方便阅读过原版图书的读者对应查阅相关资料，现将本系列图书分卷与原书编号的对应关系列下：

《世界军装图鉴：1936—1945（卷一）》（苏、法）：World War II Soviet Armed Forces （1）1939-41; World War II Soviet Armed Forces （2）1942-43; World War II Soviet Armed Forces （3）1944-45; The French Army 1939-45（1）; The French Army 1939-45（2）;

《世界军装图鉴：1936—1945（卷二）》（英、意）：The British Army 1939-45（1）North-West Europe; The British Army 1939-45（2）Middle East and Mediterranean; The British Army 1939-45（3）The Far East; The Italian Army 1940-45（1）Europe 1940-43; The Italian Army 1940-45（2）Africa 1940-43; The Italian Army 1940-45（3）Italy 1943-45

《世界军装图鉴：1936—1945（卷三）》（德）：The German Army 1939-45（1）Blitzkrieg; The German Army 1939-45（2）North Africa & Balkans; The German Army 1939-45（3）Eastern Front 1941-43; The German Army 1939-45（4）Eastern Front 1943-45; The German Army 1939-45（5）Western Front 1943-45;

《世界军装图鉴：1936—1945（卷四）》（美、日）：The US Army in World War II （1）The Pacific ;The US Army in World War II （2）The Mediterranean ;The US Army in World War II （3）North-West Europe; The Japanese Army 1931-45（1）1931-42; The Japanese Army 1931-45（2）1942-45。

《世界军装图鉴：1936—1945》主要作者简介

马丁·J. 布莱利：在英国军方服役 24 年后退伍的军事摄影师，在世界各地拥有极其丰富的军旅采访履历，目前是自由撰稿人与摄影师。长时间致力于军事研究和军事收藏。曾与理查德·英格拉姆合著《"二战"英国女子制服》（1995）。他还同时为英国及其他地区的许多专业杂志供稿。目前与他的妻子和两个孩子居住在英国汉普郡。

麦克·查贝尔：出身于英国奥尔德肖特的一个军人世家。家族中连续几代人都曾在英军服役。他本人十几岁时以列兵身份加入皇家汉普郡团；1974 年退伍，曾在威塞克斯团第 1 营担任军官，驻扎于马来西亚、塞浦路斯、瑞士、利比亚、德国、阿尔斯特及英国本土。从 1968 年开始进行军事题材的插画创作，是世界知名军事插画师。麦克目前居住在法国。

菲利普·乔伊特：1961 年出生于英国利兹，从记事开始就对军事历史产生了极大的兴趣。他的第一本鱼鹰社出版物是《中国军队 1911—1949》，目前已经出版了 3 册版的《意大利军队 1940—1945》。业余时间他主要关注橄榄球和家谱学。目前他居住在林肯郡。

斯蒂芬·安德鲁：在短短数年中，他已经声名鹊起，成为军事题材插画界中的翘楚。他所创作的充满细节、逼真详实的插画，由鱼鹰社出版，成为最受欢迎的鱼鹰社插画师。他于 1961 年出生于格拉斯哥（目前他还在那里生活和工作），完全自学成才，在 1993 年正式成为自由插画师之前，曾在广告和设计机构担任初级插画师。军事历史是他关注的焦点，从 1997 年开始为鱼鹰社创作插画，作品包括《中国军队 1911—1949》以及 5 册本的《"二战"德国国防军》。

奈杰尔·托马斯：一名杰出的语言学家与军事历史学家，之前曾在诺森比亚大学担任首席讲师，目前是自由撰稿人、军事专家、军事制服研究和翻译者。他的研究方向是 20 世纪的军事和平民纪律部队的制服、组织架构，特别专注于德国、中欧和东欧地区。他因研究北约东扩问题而被授予博士学位。

伊恩·萨默尔：1953 年出生于英国曼彻斯特附近的埃克尔斯。他早期曾在泰恩河畔纽卡斯尔担任图书馆长，目前已转为全职写作。他为鱼鹰社撰写了大量的文章，并出版了数本关于东约克郡的图书，这也是他目前与妻子的居住地。

弗朗索瓦·沃维利耶：作为著名的法国军事报刊《制服与军事》的编辑，他是一位广受尊敬的法国军事史出版者与收藏者。他个人的兴趣点主要集于两次世界大战中的法国军装。

马克·R. 亨利：致力于军事历史研究，同时是一名富有经验的历史场景还原者。1981—1990 年间在美国陆军服役，担任通信军官，曾在德国、韩国和美国得克萨斯州驻扎服役。他获得了历史学学士学位，目前他是美国陆军布利斯堡博物馆馆长。他特别关注于 20 世纪的美国军事部队研究。

达尔克·帕夫诺维奇：1959 年出生于克罗地亚的萨格勒布，目前仍居住和生活在那里。作为一名训练有素的艺术家，他目前全职进行写作和插画创作，特别专注于军事题材。达尔克曾为鱼鹰社创作了大量的插画，被用于《南斯拉夫的轴心国军队 1939—1945》《U 型潜艇船员 1941—1945》《19 世纪奥地利军队的军装》等书中。